职业教育规划教材——公路与桥梁类

桥涵工程施工

主　编	高培山	曲元梅	杨万忠
主　审	张　燕	徐大众	
副主编	刘新翠	陈文超	高咏岩
参　编	赵显亮	李　静	
	丁雪松	张　多	

本书数字资源

西南交通大学出版社
·成都·

图书在版编目（CIP）数据

桥涵工程施工 / 高培山，曲元梅，杨万忠主编. —成都：西南交通大学出版社，2022.10
职业教育规划教材. 公路与桥梁类
ISBN 978-7-5643-8962-8

Ⅰ.①桥… Ⅱ.①高… ②曲… ③杨… Ⅲ.①桥涵工程 – 工程施工 – 高等职业教育 – 教材 Ⅳ.①U445.4

中国版本图书馆 CIP 数据核字（2022）第 195160 号

职业教育规划教材——公路与桥梁类

Qiaohan Gongcheng Shigong
桥涵工程施工

主　编	高培山　　曲元梅　　杨万忠
责任编辑	姜锡伟
封面设计	墨创文化
出版发行	西南交通大学出版社 （四川省成都市金牛区二环路北一段 111 号 西南交通大学创新大厦 21 楼）
邮政编码	610031
发行部电话	028-87600564　　028-87600533
网址	http://www.xnjdcbs.com
印刷	成都蓉军广告印务有限责任公司
成品尺寸	185 mm×260 mm
印张	20.75
字数	479 千
版次	2022 年 10 月第 1 版
印次	2022 年 10 月第 1 次
书号	ISBN 978-7-5643-8962-8
定价	55.00 元

课件咨询电话：028-81435775
图书如有印装质量问题　本社负责退换
版权所有　盗版必究　举报电话：028-87600562

前言

近年来,我国交通基础设施建设快速发展,桥梁在公路、铁路及城市交通中所占的比例越来越大。巨大的建设规模,需要大量的既有理论知识又有实际能力的桥梁工程专业技术人才作为支撑。由于新技术、新工艺、新规范、新设备的不断推广和应用,《公路桥涵施工技术规范》也作了全面修订,为适应现代桥梁建设要求和交通职业教育教学需求,特编写本书。

本书考察了许多已建和在建高等级公路、铁路的桥梁施工现场,收集了大量工程资料和图片等,组织了具有多年工程实践及教学经验的教师编写,聘请了常年从事工程施工的专家担任主审。为更好地体现"安全、耐久、环保、节能减排、可持续发展"的桥涵工程建设理念,国家也在努力推行装配化施工,本书在知识拓展和数字化资源中也增加了相应知识的介绍。在数字化资源部分引用了一些施工动画和施工介绍,在此对动画的制作单位和个人,表示真诚的感谢。

根据多年的工程实践和教学经验,结合近几年我院在教学模式上的不断改革尝试以及企业、毕业学生的信息反馈,教学模式必须作一些创新和改革,以使学生能够掌握一定的理论知识和必要的技能,与工程实际接轨;教学内容应形象、生动,强化技能培训,使学生能够尽快适应工程实际和市场的需要。

本书具有理论联系实际、深入浅出、图文并茂等特点,同时具有前瞻性、实用性、指导性和广泛性等优点。与以往的教材相比,本书的突破点:其一是插入了大量工程实例图片和施工实例,便于学生学习,有亲临工程现场之感;其二是以"任务驱动"为导向,简化教师讲解,强化学生"学、做"的主体，培养学生协作、动手、学习能力和综合能力，符合技能型人才教育的特点；《桥涵工程施工工作页》作为本书的配套教材，也可以工作页为主导，更好地体现"任务驱动"和以学为主的理念。

全书由山东公路技师学院高培山、曲元梅、杨万忠主编；由山东公路技师学院张燕、山东省路桥集团徐大众担任主审；山东公路技师学院刘新翠、陈文超、高咏岩担任副主编；莱西市公路事业发展中心赵显亮，山东公路技师学院李静、丁雪松、张多参与编写。

本书单元一由山东公路技师学院杨万忠、高培山、陈文超编写；单元二由山东公路技师学院高培山、曲元梅编写；单元三由山东公路技师学院曲元梅、高咏岩、丁雪松、高培山编写；单元四由山东公路技师学院刘新翠、高培山、李静、杨万忠，莱西市公路事业发展中心赵显亮编写；单元五由曲元梅、陈文超、张多编写。

本书可作为公路施工与养护管理专业与从业人员自学、培训用书，也可作为职业院校公路施工与养护及桥梁施工与养护专业中、高级工和技师教材使用。本教材为山东公路技师学院与山东省路桥集团、莱西市公路事业发展中心等企业联合开发的一体化课程教材。本书涉及内容较多，尽管我们在编写过程中反复推敲、精琢细雕，但由于时间仓促且水平有限，书中遗漏、不足之处在所难免，敬请广大读者批评、指正，提出宝贵意见，以便进一步修改完善。

编　者

2022 年 9 月

目录

单元一 桥梁基础知识

项目一 桥梁组成与类型 ······ 1
    任务 1 桥梁的组成及常用名词 ······ 1
    任务 2 桥梁的类型及常用桥型介绍 ······ 12

单元二 桥梁施工的基础内容

项目二 施工准备 ······ 43
    任务 1 施工准备 ······ 43

项目三 钢筋工程 ······ 47
    任务 1 钢筋进场检验与管理 ······ 47
    任务 2 钢筋加工 ······ 52
    任务 3 钢筋连接 ······ 57

项目四 混凝土工程 ······ 66
    任务 1 原材料的选择与配制 ······ 66
    任务 2 混凝土拌制运输与浇筑 ······ 73
    任务 3 混凝土养护与检验 ······ 79
    任务 4 混凝土冬期、雨期、热期施工 ······ 83

项目五 支架与模板 ······ 88
    任务 1 桥梁支架 ······ 88
    任务 2 桥梁模板 ······ 108
    任务 3 拱 架 ······ 125

项目六 桥梁图识读 ······ 127
    任务 1 识图方法 ······ 127

  任务2 梁式桥施工图 ………………………………………………………… 130

单元三 桥梁下部结构施工

项目七 桥梁扩大基础施工 ……………………………………………………… 133
  任务1 基坑开挖 …………………………………………………………… 133
  任务2 基底检验与扩大基础施工 ………………………………………… 140

项目八 桩基础施工 …………………………………………………………… 144
  任务1 桩基础施工准备工作 ……………………………………………… 144
  任务2 钻孔施工 …………………………………………………………… 148
  任务3 成孔检查与清孔 …………………………………………………… 154
  任务4 钢筋骨架与导管安装 ……………………………………………… 157
  任务5 灌注水下混凝土 …………………………………………………… 161
  任务6 承台（系梁）施工 ………………………………………………… 168

项目九 桥梁墩台施工 ………………………………………………………… 174
  任务1 砌体墩台施工 ……………………………………………………… 174
  任务2 混凝土墩台施工 …………………………………………………… 179
  任务3 墩（台）帽、盖梁施工 …………………………………………… 183

单元四 桥梁上部结构施工

项目十 预应力混凝土工程 …………………………………………………… 189
  任务1 先张法施工 ………………………………………………………… 189
  任务2 后张法施工 ………………………………………………………… 208

项目十一 钢筋混凝土和预应力混凝土梁式桥 ……………………………… 226
  任务1 装配式桥施工 ……………………………………………………… 226
  任务2 现浇梁式桥施工 …………………………………………………… 250

项目十二 桥面系施工 ………………………………………………………… 261
  任务1 桥面系施工 ………………………………………………………… 261

项目十三 拱桥施工 …………………………………………………………… 272
  任务1 拱桥施工 …………………………………………………………… 272

项目十四 斜拉桥、悬索桥施工 …………………………………………… 288
  任务1 斜拉桥、悬索桥施工 …………………………………………… 288

单元五　涵洞施工

项目十五　涵洞施工 …………………………………………………………… 294
　　任务 1　拱涵、盖板涵施工 ………………………………………………… 294
　　任务 2　圆管涵、箱涵施工 ………………………………………………… 300

工程案例 ……………………………………………………………………… 307

参考文献 ……………………………………………………………………… 324

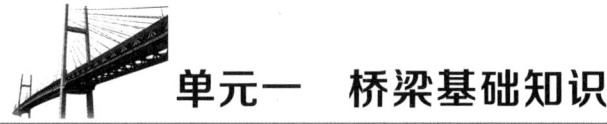

单元一 桥梁基础知识

项目一 桥梁组成与类型

任务 1 桥梁的组成及常用名词

◆任务 1-1 桥梁的组成

【工作任务】

指出某桥的组成,简单叙述各组成部分的作用。

【任务目标】

知识目标:

掌握桥梁的基本组成结构。

熟悉各构件的作用。

了解各构件的主要形式。

技能目标:

能够认识桥梁的各结构构件。

【建议课时】

6 课时。

【任务相关理论】

桥梁是一种跨越河流、山谷、道路等的结构物。随着经济和现代交通的发展,桥梁不仅在路线跨越山谷、河流、道路的立体交叉中必不可少,而且在占地、使用土方、保护自然环境、美观等方面具有较大的优势。桥梁在交通中的地位越来越重要,在公路、铁路、城市道路中所占的比例也越来越大,尤其在高速铁路、高速公路、城市轻轨、高架桥中占绝对的比例。

桥梁由上部结构、下部结构、附属结构及支座组成,如图 1-1-1 所示。

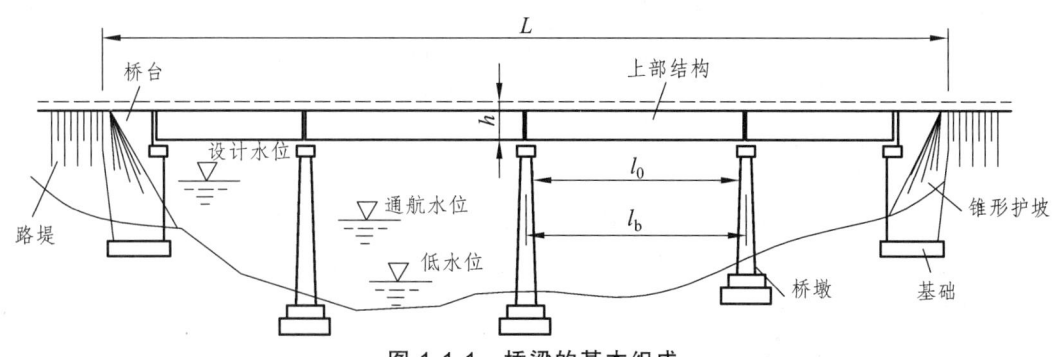

图 1-1-1 桥梁的基本组成

一、上部结构

桥梁的上部结构由承重构件和桥面系组成。

1. 桥梁的承重构件

桥梁的承重构件为梁式桥的梁或板、拱桥的拱圈、悬索桥及斜拉桥的索和梁、刚架桥的刚架等，主要承受构件的自重和桥梁的活载。

2. 桥面系

桥面系由桥面铺装、防水、排水设施、人行道或安全带、栏杆、伸缩缝等组成，如图1-1-2所示。

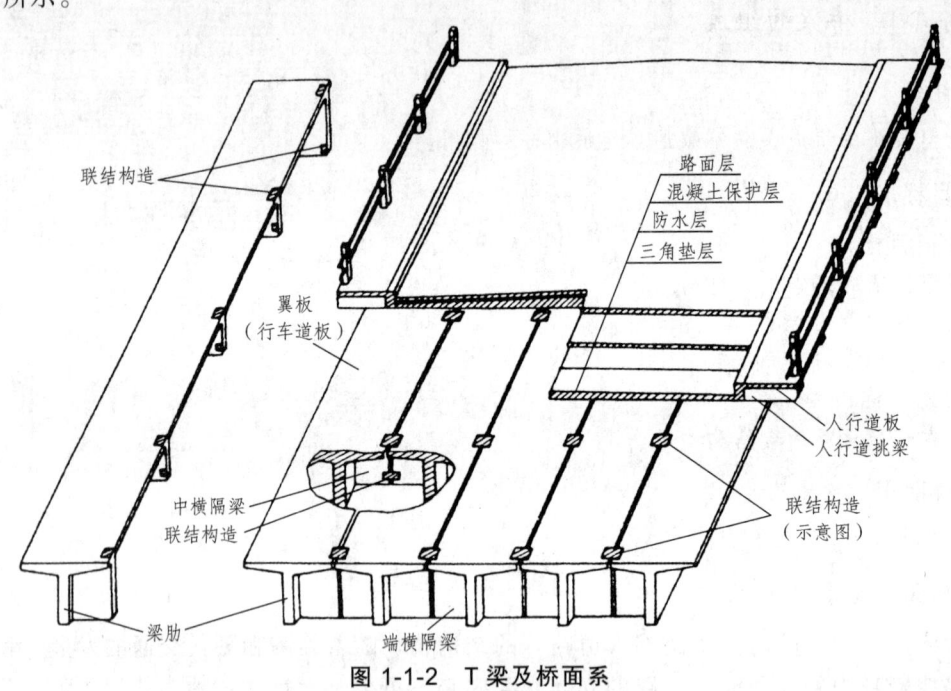

图 1-1-2　T梁及桥面系

二、下部结构

桥梁的下部结构主要由桥墩、桥台及基础组成。桥梁的桥墩与桥台合称墩台，墩台从总体上分为两种。一种是重力式墩台，这类墩台的主要特点是靠自身重力来平衡外力而保持其稳定，因此，这种墩台身体积大、质量大，可以不用钢筋，而用砌体石材砌筑、片石混凝土或混凝土浇筑；另一种是轻型墩台，这类墩台的刚度小，受力后允许在一定的范围内发生弹性变形，其建筑材料大都以钢筋混凝土和少筋混凝土为主，但也有一些轻型墩台通过验算后可用石料砌筑。

确定桥梁下部结构应遵循满足交通要求、安全耐久、造价低、维修养护费用小、施工方便、工期短、与周围环境协调和造型美观等原则。近年来，国内外的城市桥梁涌现出丰富多彩的构造形式，主要有：

（1）单柱式[图1-1-3（a）]，其截面可以是圆形、矩形、多角形等，这种桥墩的外形轻盈，视野开阔，造价经济。

（2）多柱式墩[图 1-1-3（b）]，其柱顶各自直接支撑在上部结构的箱梁底板上，柱间不设横系梁，显得挺拔有力，干净利索。

（3）矩形薄壁墩[图 1-1-3（c）、（d）]，这种墩常将表面做成纹理，从而收到美观的效果；

（4）双叉形和多叉形[图 1-1-3（e）、（f）]。

（5）T形、V形、X形[图 1-1-3（g）、（h）、（i）]等，这些形式除满足结构受力的要求外，还达到了造型美观的目的。

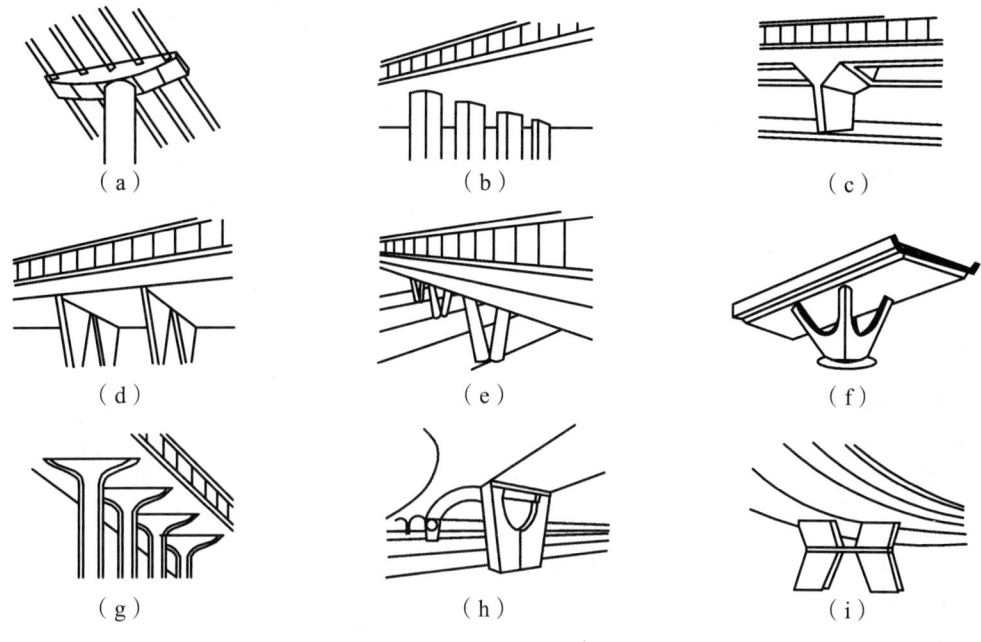

图 1-1-3　各种轻型桥墩形式

1. 桥　墩

桥梁的墩台是桥梁的重要组成部分。桥墩是指多跨（两跨以上）桥梁的中间支承结构物，它除承受上部结构传来的荷载外，还要承受流水、流冰的压力、冲击力及船舶的撞击力等。

桥墩有多种形式，根据上部结构传递的荷载大小，桥墩所处的地理环境、地质状况和水文条件等设置。桥墩按其构造可分为空心墩、实体墩。其墩身横截面形状可分为矩形、圆形、圆端形、尖端形等多种形式，如图 1-1-4 所示。

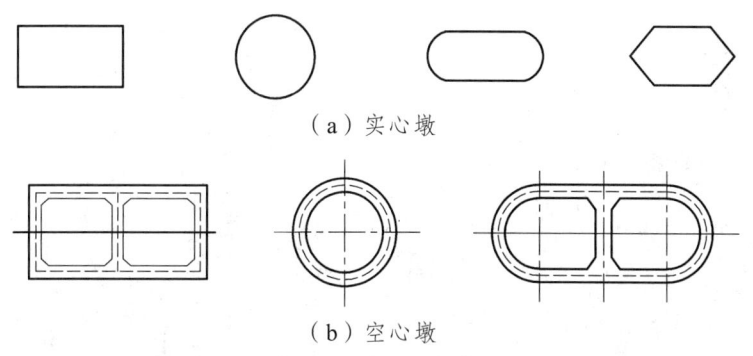

图 1-1-4　桥墩截面形式

墩身侧面可做成垂直的，亦可做成斜坡式或流线型等多种形式（图 1-1-5）。

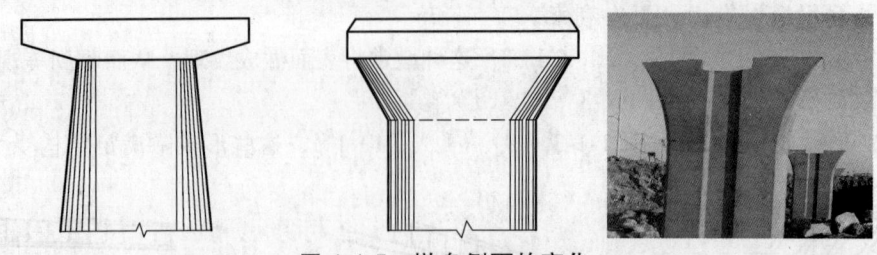

图 1-1-5　墩身侧面的变化

混凝土柱式桥墩为轻型桥墩中的常用形式。该类桥墩一般多在水深不大的浅基础或高桩承台中采用，避免在深水、深基础及漂浮物多、有木筏的河道上采用。钢筋混凝土柱式桥墩的受力主钢筋设置在墩的周边，钢筋下部插入扩大基础、承台或者与桩基础的钢筋相连，钢筋上部插入盖梁，多数柱式墩在底部桩柱连接处设置横向联系梁，在高墩、变截面墩的中部也多数加设横向联系梁（横系梁或称系梁），墩柱的顶部设置盖梁，如图 1-1-6、图 1-1-7 所示。

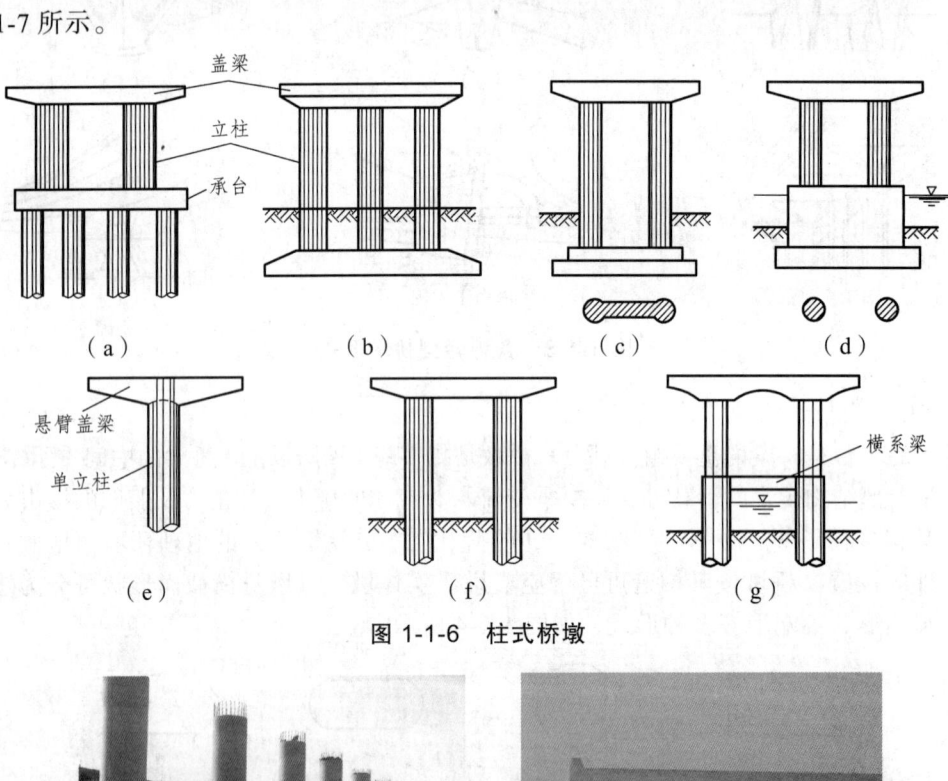

图 1-1-6　柱式桥墩

图 1-1-7 柱式桥墩实例图

重力式桥墩一般由墩帽、墩身和基础组成,如图 1-1-8 所示。

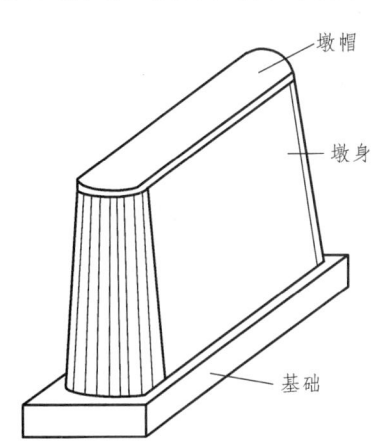 

图 1-1-8 重力式桥墩

2. 桥　台

桥台设置在桥梁的两端,与路基相连,不但承受上部荷载的自重及汽车、火车等活载,还承担路基侧的土侧压力,防止路堤填土塌落;单孔桥只有两端的桥台,而没有中间的桥墩。常用的桥台为 U 形桥台、肋板式埋置桥台,如图 1-1-9~图 1-1-11 所示。

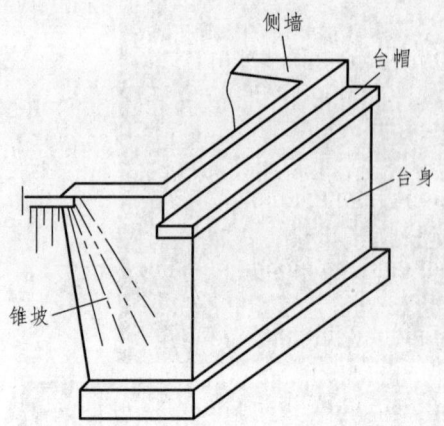

图 1-1-9 重力式 U 形桥台

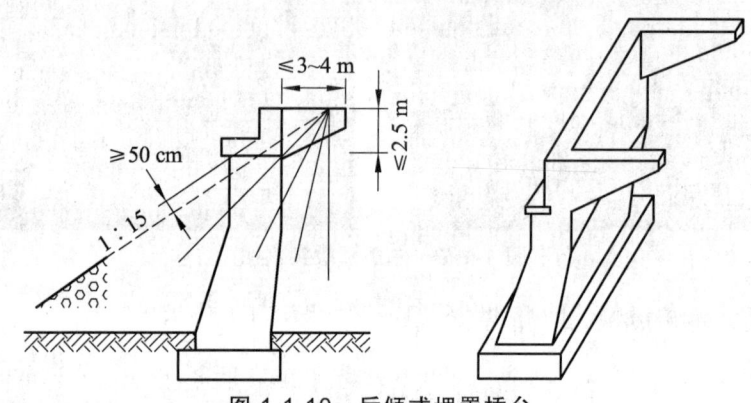

图 1-1-10 后倾式埋置桥台

图 1-1-11 肋形（肋板式）埋置桥台

3. 基　础

桥墩和桥台底部的奠基部分称为基础，基础承担了从桥墩和桥台传来的全部荷载，这些荷载包括竖向荷载（墩台、上部结构自重、车辆荷载等）、水平向荷载（汽车等产生的水平向冲击力、地震力，船舶撞击墩身等引起的水平荷载等）。

桥梁基础是桥梁的重要组成部分，基础质量的好坏（本身的刚度强度不足、倾斜、位移、不均匀沉降、开裂等）将直接影响到整个桥梁的使用性、安全性和耐久性。基础属地下工程、隐蔽工程，施工中受气候、环境、地质土质、水文等的影响，以及不可预判的因素较多，增加了施工难度。因此，桥梁设计和施工都应对基础给予足够的重视。

在桥梁工程中，通常采用的基础类型有扩大基础、桩基础、沉井基础、管柱基础和地下连续墙基础等。

（1）扩大基础。

扩大基础属直接基础，是将基础底板直接设置在承载地基上，来自墩台和上部结构的荷载通过基础底板直接传递给承载地基。其属于浅基础，通常是采用明挖的方式施工，故也称明挖基础，如图 1-1-12 所示。

图 1-1-12　扩大基础

（2）桩基础。

桩是深入土层的柱形构件，其作用是将作用于桩顶以上的荷载传递到土体中的较深处。当地基浅层土质较差，持力土层埋藏较深，需要采用深基础才能满足结构物对地基强度、变形和稳定性的要求时，可采用桩基础。桥梁基础中用得较多的桩是钢筋混凝土桩。

① 按制作方法分为预制桩和钻（挖）孔灌注桩。

预制桩又称沉入桩，沉入方法一般为锤击下沉、振动下沉、射水下沉、静力压入。

灌注桩是在现场采用钻孔机械（或人工）将地层钻挖成预定孔径和深度的孔后，将预制成一定形状的钢筋骨架放入孔内，然后在孔内灌入流动的混凝土而形成的桩基础。水下混凝土多采用垂直导管法灌注，如图 1-1-13 所示。

② 按传递荷载的形式分为摩擦桩和端承桩。

端承桩又称柱桩、支承桩，主要靠桩底地基的支撑力来支承墩台及上部结构传来的荷载，一般要嵌入坚硬的岩层一定深度。摩擦桩主要靠桩土的摩阻力来支承墩台传来的荷载。

图 1-1-13　灌注桩

（3）沉井基础。

沉井基础又称开口沉箱基础，是由开口的井筒构成的地下承重结构物。沉井基础一般为深基础，适用于持力层较深或河床冲刷严重等水文地质条件，具有很高的承载力和抗震性能。这种基础由井筒、封底混凝土和顶盖等组成，其平面形状可以是圆形、矩形或圆端形，立面多为垂直边，井孔为单孔或多孔，井壁为钢筋、木筋或竹筋混凝土，甚至由钢壳中填充混凝土等建成，如图 1-1-14 所示。

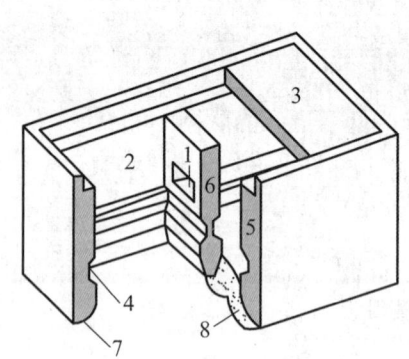

1—人孔；2—取土井；3—顶盖；4—凹槽；5—井壁；6—内隔墙；7—刃脚；8—封底。

图 1-1-14　沉井基础

沉井基础若为陆地基础，则在地表建造，由取土井排土以减少刃脚土的阻力，一般借自重下沉；若为水中基础，则沉井基础可采用筑岛建造下沉，或陆地建造后浮运至基础位置下沉。在下沉过程中，如侧摩阻力过大，可采用高压射水法、泥浆套法或井壁后压气法等使其加速下沉。

三、附属结构

为保证路堤边坡稳定、防止水流冲刷，在路堤与桥台衔接处，一般设置护坡；桥梁与路堤衔接处设桥头搭板；为引导和改变水流方向，使水流平顺通过桥孔并减缓水流对桥位附近河床、河岸的冲刷而设置护岸、导流坝等水工构造物。护坡、桥头搭板、护岸、导流坝等结构称为附属结构，如图 1-1-15 所示。

（a）护坡　　　　　　　　　　　　（b）桥头搭板

图 1-1-15　附属结构

四、支　座

支座是桥梁在上部结构与桥墩或桥台的支承处所设置的传力装置。支座的主要作用是：将上部结构的荷载传递到桥梁墩台；保证结构在活载、温度变化、混凝土收缩和徐变等因素作用下能自由变形，使上部结构的实际受力情况符合结构的设计受力图式（图 1-1-16）。梁桥的支座有固定支座和活动支座两种。支座在桥梁中的位置如图 1-1-17 所示。

公路桥梁上常用的支座有板式橡胶支座、盆式橡胶支座、球形钢支座等，如图 1-1-18 所示。

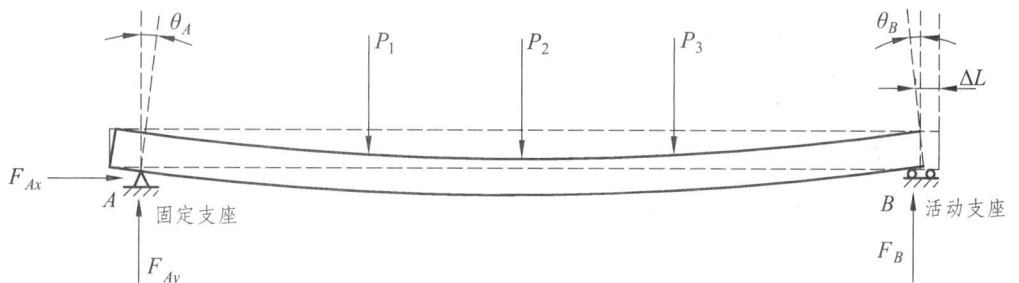

图 1-1-16　简支梁桥的受力图式

图 1-1-17　支座的位置

（a）板式橡胶支座

（b）聚四氟乙烯板式（四氟滑板）支座

（c）盆式橡胶支座

（d）球形钢支座

图 1-1-18　常用桥梁支座

◆任务 1-2　桥梁的常用名词

【工作任务】

指出桥梁某些常用名词所指的部位及含义。

【任务目标】

知识目标：

掌握桥梁的基本术语。

熟悉基本术语的用途或作用。

技能目标：

能够描绘出基本术语所指的位置。

【建议课时】

2 课时。

【任务相关理论】

河流中的水位是变动的。在枯水季节的最低水位，称为低水位；洪峰季节河流中的最高水位，称为高水位。桥梁设计中按规定的设计洪水频率计算所得的高水位（很多情况下是推算水位），称为设计水位；通航水位，包括设计最高通航水位和最低通航水位，是各级航道代表性船舶队正常运行、航道维护管理和有关工程建筑物的水位设计依据。

下面介绍桥梁的常用术语及名词。

一、长度尺寸或术语

（1）桥梁的净跨径：对于梁式桥是设计洪水位线上相邻两个桥墩（或桥墩与桥台或桥台与桥台）之间的水平净距，用 l_0 表示；对于拱式桥，则是每孔拱跨两个拱脚截面最低点之间的水平距离。

（2）计算跨径：对于具有支座的桥梁，是指桥跨结构相邻两个支座中心之间的距离，用 l 表示；对于拱式桥，是两相邻拱脚截面形心点之间的水平距离。桥跨结构的力学计算是以计算跨径为准的。

（3）标准跨径：梁桥为相邻两桥墩中线间或桥墩中线与桥台台背前缘间的距离；拱桥为净跨径，用 l_b 表示。

（4）总跨径：多孔桥梁中各孔净跨径的总和。桥梁的总跨径反映它排泄洪水的能力。

（5）桥梁总长（多孔跨径总长）：通常把梁式桥、板式桥两桥台台背前缘间的水平距离，拱式桥两岸桥台起拱线间的水平距离，其他形式桥的行车道长度称为桥梁总长，用 L_1 表示。

（6）桥梁全长（简称桥长）：桥梁两端两个桥台的侧墙或八字墙后端点之间的距离，以 L_q 表示；对无桥台的桥梁，为桥面系行车道的全长。

桥梁结构尺寸如图 1-1-19 所示。

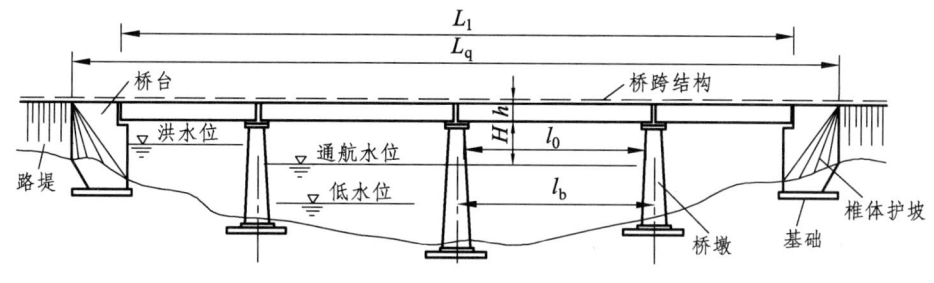

图 1-1-19　梁桥结构尺寸

二、高度尺寸术语

（1）桥梁高度（简称桥高）：桥面（行车道的顶面）与低水位之间的高差，或为桥面与桥下路线路面之间的距离。

（2）桥下净空高度：设计洪水位或计算通航水位或桥下线路路面至桥跨结构最下缘之间的距离，以 H_0 表示。

（3）建筑高度：桥上行车路面顶至桥跨结构最下缘之间的距离。（容许建筑高度：公路定线中所确定的桥面高程，对通航净空顶部高程之差。）

（4）净矢高：从拱顶截面下缘至相邻两拱脚截面下缘最低点连线间的垂直距离（f_0），如图 1-1-20 所示。

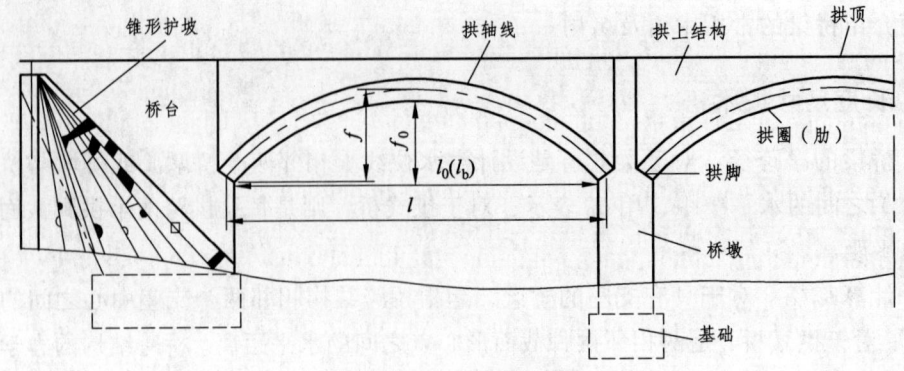

图 1-1-20 拱桥结构

（5）计算矢高：从拱顶截面形心至相邻两拱脚截面形心连线间的垂直距离（f）。
（6）矢跨比：计算矢高与计算跨径之比（f/L）。

三、宽度尺寸

桥面净宽：两侧人行道内缘间的宽度，包括桥面行车道宽度、中间带宽度和慢行车道宽度。

任务 2　桥梁的类型及常用桥型介绍

◆任务 2-1　梁桥的类型

【工作任务】

认识梁桥的各种类型及其特点。

【任务目标】

知识目标：
掌握梁桥的类型特点。
熟悉梁桥的种类。
技能目标：
能够认识各种梁桥。

【建议课时】

4 课时。

【任务相关理论】

桥梁有多种分类方法，如按承重结构的受力分、按上部结构的材料分、按承重结构的横断面形式分、按桥梁的规模和长度分、按行车道的位置分、按功能分、按施工方法分等等。其中，最主要的分类方式是按承重结构的受力分类，因为不同的受力特点决定着桥梁所使用的材料、采用的横断面形式、桥梁的跨越能力、施工方法和施工难度等。

一、桥梁按受力体系分（桥梁的基本体系）

桥梁按受力体系分为梁桥、拱桥、刚架桥（刚构桥）、悬索桥、斜拉桥、组合体系桥六种类型。

按照受力体系分类，桥梁有梁、拱、索三大基本体系，其中梁桥（图1-2-1）以受弯为主，拱桥（图1-2-2）以受压为主，悬索桥（图1-2-3）以受拉为主，也就是结构受力的拉、压、弯三种基本受力方式。另外，由上述三大基本体系的相互组合，派生出在受力上也具组合特征的多种桥型。

梁索组合体系强调主梁的受力作用，而斜拉桥（图1-2-4）尽管也是梁索组合，但其不强调主梁结构的受力作用，所以作为单独体系提出。也有将刚架桥（图1-2-5）划归梁式桥范围的。

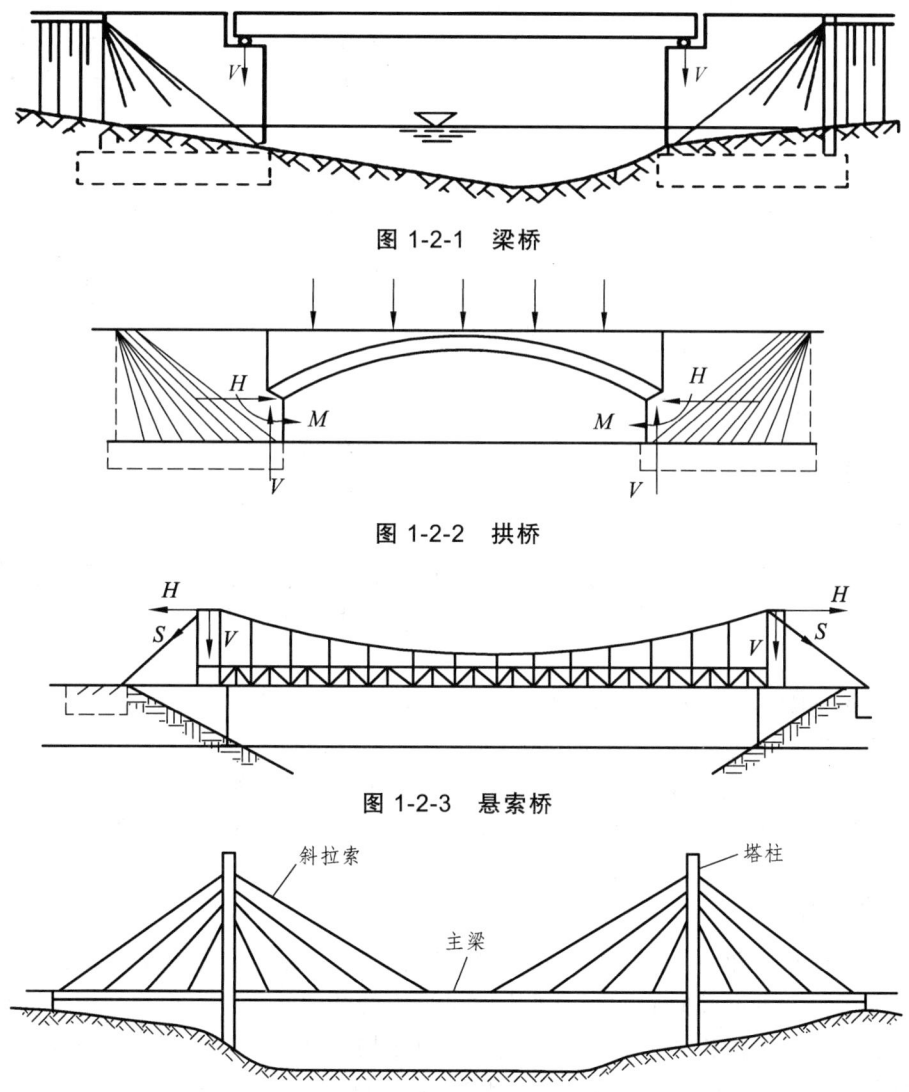

图1-2-1 梁桥

图1-2-2 拱桥

图1-2-3 悬索桥

图1-2-4 斜拉桥

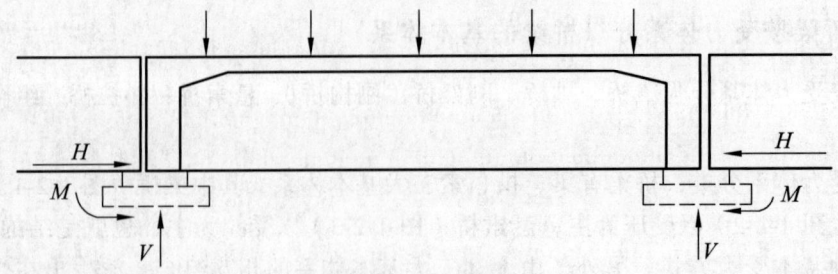

图 1-2-5 刚架桥

二、桥梁的其他分类

除了上述按受力特点将桥梁分成不同结构的体系外，人们还习惯按桥梁的用途、长度规模、建桥材料等其他方面对桥梁进行分类。

（1）按用途来划分，有公路桥、铁路桥、公铁两用桥、人行桥、水运桥以及管道桥等。

（2）按桥梁多孔跨径总长以及单孔最大跨径的不同，分为特大桥、大桥、中桥、小桥和涵洞，见表 1-2-1。

表 1-2-1 桥涵分类

桥涵分类	多孔跨径总长 L/m	单孔跨径 L_k/m
特大桥	$L>1\,000$	$L_k>150$
大桥	$100 \leqslant L \leqslant 1\,000$	$40 \leqslant L_k \leqslant 150$
中桥	$30 < L < 100$	$20 \leqslant L_k < 40$
小桥	$8 \leqslant L \leqslant 30$	$5 \leqslant L_k < 20$
涵洞	—	$L_k < 5$

注：单孔跨径系指标准跨径。

（3）按照主要承重结构所用的材料划分，有圬工桥（包括砖、石、混凝土桥）、钢筋混凝土桥、预应力混凝土桥、钢桥（钢桁架、钢箱等）、钢-混凝土组合桥、钢管混凝土桥、木桥等。

（4）按跨越障碍的性质，可分为跨河桥、跨海桥、跨线桥（立交桥）、互通立交桥、高架桥、栈桥。

（5）按桥梁结构的平面布置，可分为正交桥、斜交桥、弯桥。

（6）按行车道在上部结构的位置，分为上承式桥、中承式桥、下承式桥。

三、梁桥的类型

公路桥、铁路桥和城市桥梁中，应用最广泛的是钢筋混凝土或预应力混凝土梁式桥。

梁式体系是一种在竖向荷载作用下无水平反力的结构，梁作为承重结构是以它的抗弯能力来承受荷载的。由于外力的作用方向与承重结构的轴线接近垂直，故与同样跨径的其他结构体系相比，梁内产生的弯矩最大，通常需要用抗弯能力强的材料（钢、钢筋混凝土、预应力混凝土、钢-混凝土组合结构等）来建造。

1. 梁桥按静力体系分类

梁式桥根据受力分为简支梁（板）桥、连续梁（板）桥和悬臂梁（板）桥，如图1-2-6所示。

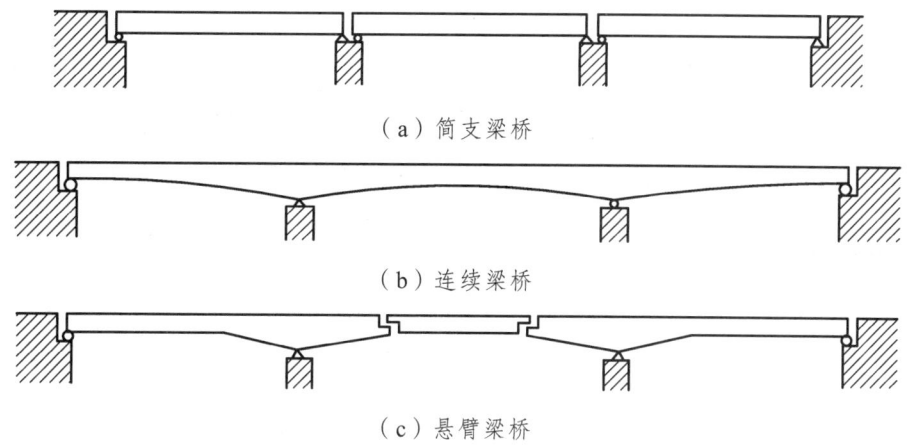

(a) 简支梁桥

(b) 连续梁桥

(c) 悬臂梁桥

图 1-2-6　梁式桥的基本体系

简支梁桥各孔单独受力，受力和构造简单，属于静定结构，便于装配化施工，在中小跨径桥梁中应用最广泛。装配式钢筋混凝土简支梁的常用跨径是 5.0~13.0 m，高跨比一般在 1/11~1/18，跨径超过 13 m 时一般采用预应力混凝土简支梁桥，通常其高跨比为 1/15~1/25。

连续梁桥（图 1-2-7）属于超静定结构，在竖向荷载作用下，支点截面产生负弯矩，从而能大大减小跨中的正弯矩，因而能缩小断面尺寸、减轻自重，增大跨越能力；由于其为超静定结构，温度变化、墩台不均匀沉降等会在梁内产生附加内力，故适用于地基良好的场合。

(a) 连续梁桥　　　　　　　　　　　(b) 连续板（梁）桥

图 1-2-7　连续梁桥

悬臂梁桥属于静定结构，受力类似连续梁，跨越能力比简支梁大，逊于连续梁桥，因行车不良，已较少使用。

2. 按横截面形式分类

从承重结构的横截面形式来看，梁式桥可分为板梁桥、肋梁桥和箱梁桥，如图 1-2-8 所示。板桥是最简单的构造形式，施工方便，分实心板和空心板，如图 1-2-9 所示。

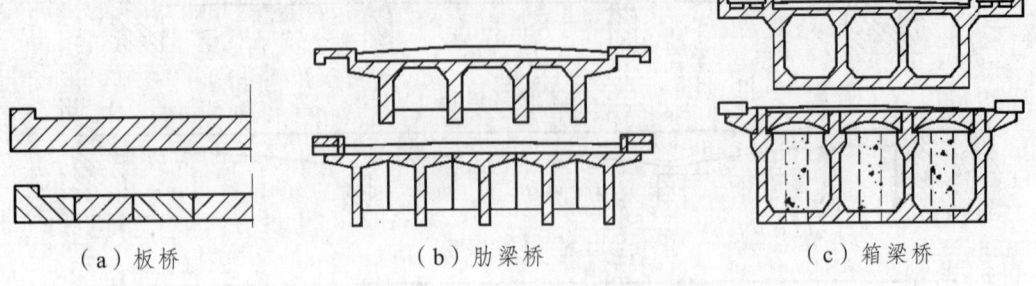

（a）板桥　　　　　（b）肋梁桥　　　　　（c）箱梁桥

图 1-2-8　典型混凝土梁桥横截面

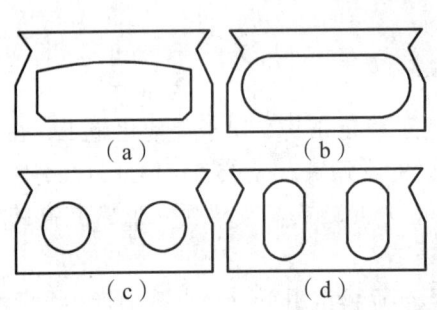

图 1-2-9　空心板桥横截面形式及实体图

肋梁桥是在板桥截面的基础上，将梁下缘受拉区混凝土很大程度地挖空，从而显著减轻了结构自重；拉、压区的距离增大，使梁的有效高度增加，因而提高了桥的跨越能力[图 1-2-8（b）、图 1-2-10]。因肋梁桥不能同时提供沿桥跨方向的正、负弯矩受压区混凝土，所以该截面只适用于简支结构。

图 1-2-10　肋梁桥（T 形梁）横断面

箱形截面不仅能为梁板的正弯矩区段提供受压区,还能为支点负弯矩区提供足够的混凝土受压区,此为其相对其他截面的优势。同时,箱形截面的抗弯、抗扭能力强,因而适用于较大跨径的悬臂梁桥和连续梁桥[图 1-2-8(c)、图 1-2-11]。

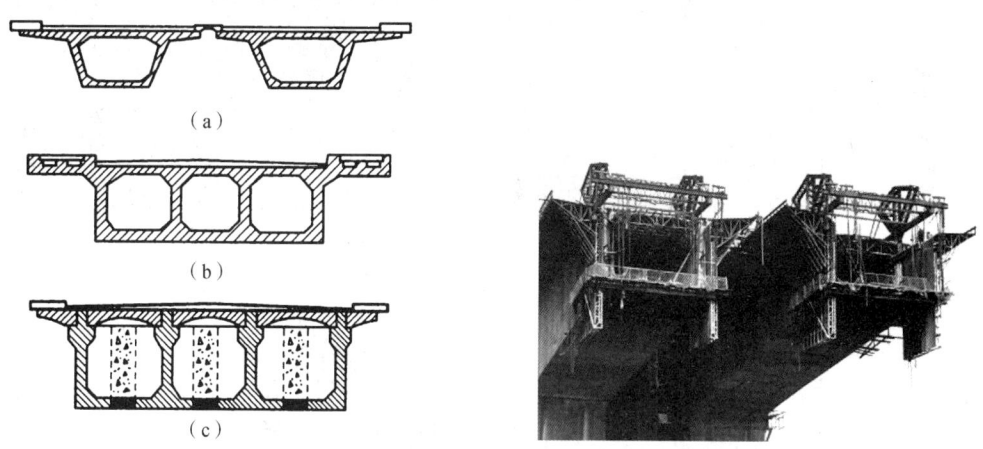

图 1-2-11 箱梁桥横截面形式及实体图

3. 按施工方法分类

梁桥按施工方法分为现浇梁桥、装配式梁桥和组合式梁桥。

现浇梁即为施工现场浇筑梁,分为整体现浇和节段现浇,如图 1-2-12 所示。整体现浇梁,即桥跨结构混凝土沿全跨、全宽都在现场进行施工。由于整体现浇,所以其整体性好,可以做成任何外形;但施工进度慢,工业化程度低,耗费较多的支架和模板材料。节段现浇不需支架,克服了桥下有水、整平场地等问题,但每一节段混凝土都需达到足够强度后才能进行下一节段施工。

图 1-2-12 现浇梁施工

装配式梁桥(图 1-2-13):上部结构在预制工厂或工地预制场分块预制,再运至现场吊装就位,最后通过铰缝细粒式混凝土灌缝施工、钢筋混凝土层施工等把构件连接成整体(图 1-2-14)。由于预制构件采用工厂化施工,受季节影响小,质量易于保证,而且还能与下部结构工程同时施工,既加快了施工进度,又能节约支架和模板材料;其缺点是需吊装和运输设备。

图 1-2-13　装配式梁桥施工

（a）铰缝施工　　　　　　　　　（b）桥面层施工

图 1-2-14　预制梁连接施工

组合式梁桥（图 1-2-15）：组合式梁桥的特点是整个截面分两个（或几个）阶段组合施工而成，也即部分预制、部分现浇。工形梁、I 字梁或开口槽形梁等预制、吊装，通过现浇混凝土接头或以弧形薄板（平板）作为现浇桥面混凝土的模板，通过现浇混凝土使各部分结合成整体。也可将此类施工方法归为预制安装施工（装配施工）的一种。

图 1-2-15　组合式梁桥

◆任务2-2　刚架桥、悬索桥与斜拉桥

【工作任务】

认识刚架桥、悬索桥及斜拉桥。

【任务目标】

知识目标：

熟悉刚架桥、悬索桥及斜拉桥。

技能目标：

能够认识各种刚架桥、悬索桥及斜拉桥。

【建议课时】

4课时。

【任务相关理论】

我们前边已经叙述了桥梁的各种分类方法及梁桥的类型，现介绍刚架桥、悬索桥及斜拉桥。

一、刚架桥

刚架桥（也称刚构桥）的主要承重结构是梁（或板）与立柱（或竖墙）整体结合在一起的刚架结构。梁和柱的结合处有很大的刚性，以起到承担负弯矩的作用；在竖向荷载的作用下，柱脚处具有水平推力，使梁内产生轴向压力，较拱桥小；梁内主要受弯，但弯矩值较同跨径的简支梁小，所以其受力介于梁桥和拱桥之间。

总体而言，刚架桥刚度大，行车平顺，节省支座费用，在悬臂施工过程中无体系转换等优点。其劣势是：

（1）薄壁台身(或立柱)除承受轴向压力外，还承受横向弯矩，并且在基脚处还产生水平推力。因此，必须要求有良好的地基条件，或者采用较深的基础或特殊的构造措施来抵抗水平推力的作用。

（2）基脚处会因预应力松弛、混凝土徐变、收缩、温度变化以及基础变位等因素影响而产生较大的次内力。

刚架桥有门式刚架桥、T形刚构桥（带挂孔的或不带挂孔的）、连续刚构桥、斜腿刚构桥等，如图1-2-16所示。刚构-连续组合体系桥为刚构和连续梁的组合体系桥，如图1-2-17所示。

T形刚构桥（带挂孔的或不带挂孔的），如图1-2-18所示，是修建较大跨径混凝土桥梁曾采用的桥型，属静定或低次超静定结构。由于T构长悬臂处于一种不受约束的自由变形状态，在车辆荷载的作用下，悬臂内的弯、扭应力较大，因而各个方向均易产生裂缝，且由于混凝土徐变使悬臂端产生一定的下挠，对行车和梁的受力都不利，目前这种结构已经较少使用。

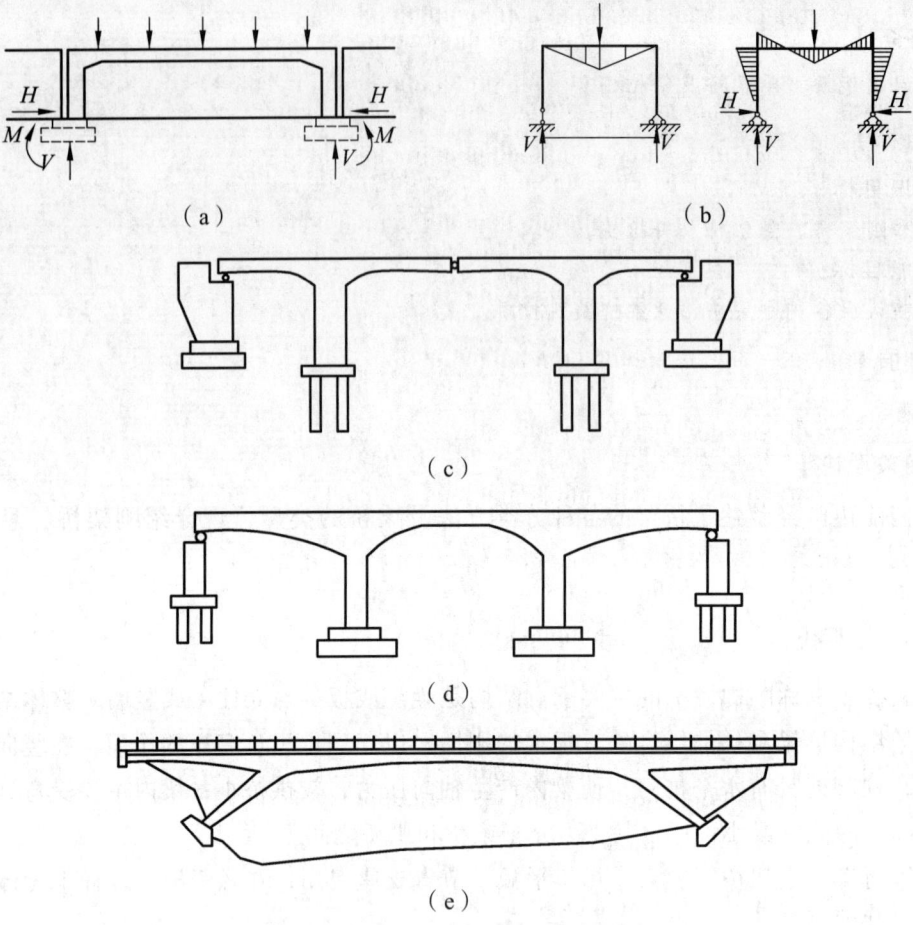

图 1-2-16 刚架桥

图 1-2-17 刚构-连续组合体系桥

图 1-2-18 T 形刚构桥

连续刚构桥（图 1-2-19），属于多次超静定，设计中一般应减小柱顶端的水平抗推刚度，使得在温度变化下结构内不致产生较大的附加内力。对于很长的桥，为了降低附加内力，相关单位往往在两侧的一个或数个边跨上设置活动支座，从而形成如图 1-2-17 所示的刚构-连续组合体系桥。

图 1-2-19 连续刚构桥

二、斜拉桥

斜拉桥（图 1-2-20）主要受力部件由承压的塔柱、承弯的主梁和受拉的斜拉索组成，其他部件有基础、辅助墩等。主梁被受拉的斜拉索多点吊起，就像一条多点弹性支承（吊起）的连续梁一样工作，从而使主梁内的弯矩大大减小，可减小主梁尺寸、降低结构自重、大幅提高斜拉桥的跨越能力，梁的高跨比可做成 1/50～1/200，甚至更小。斜拉索水平分力的存在，增加了梁的稳定性，塔、索、梁构成稳定的三角形，所以斜拉桥的刚度、抗风能力较悬索桥好；但随着跨径的增大，塔高过高、外索过长也限制了其跨越能力。

斜拉桥主梁一般采用预应力混凝土结构、钢-混凝土组合结构或钢结构，索塔大多采用混凝土结构，斜拉索用钢丝、钢绞线等高强抗拉材料。

索面形状主要有三种基本类型：辐射形、竖琴形和扇形（图 1-2-21）。

图 1-2-20 斜拉桥

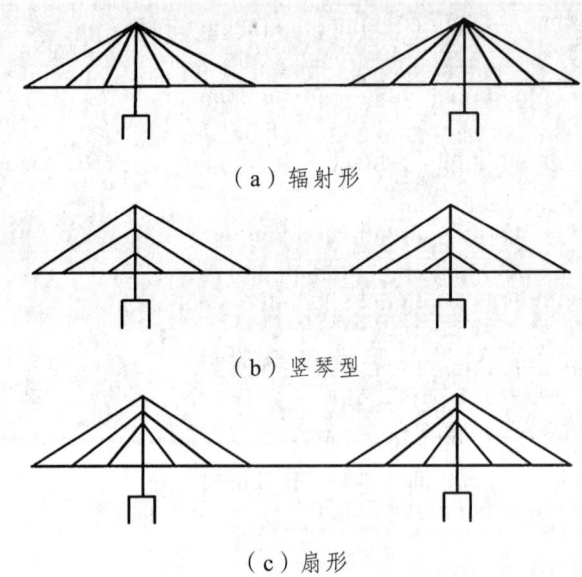

(a) 辐射形

(b) 竖琴型

(c) 扇形

图 1-2-21 斜拉桥的索面形状

斜拉桥的结构体系按照塔、梁、墩的结合方式，可划分为漂浮体系、半漂浮体系、塔梁固结体系和刚构体系。

漂浮体系[图 1-2-22 (a)]：塔墩固结、塔梁分离。主梁除两端有支承外，其余全部用拉索悬吊，属于一种在纵向可稍作浮动的多跨弹性支承连续梁。

半漂浮体系[图 1-2-22 (b)]：塔墩固结，主梁在塔墩上设置竖向支承，成为具有多点弹性支承的连续梁。半漂浮支撑体系的特点是有负弯矩，塔墩处设置支座，主梁施工时比漂浮体系方便。

塔梁固结体系[图 1-2-22 (c)]：塔梁固结并支承在墩上。固结体系最大的特点是主梁的力分布最为有利，其内力与挠度直接同主梁与索塔的弯曲刚度比值有关。一般只在一个塔柱处设置固定支座，其余为纵向活动支座。

刚构体系、T构体系的特点是塔、梁、墩相互固结，如图 1-2-22 (d) 所示。

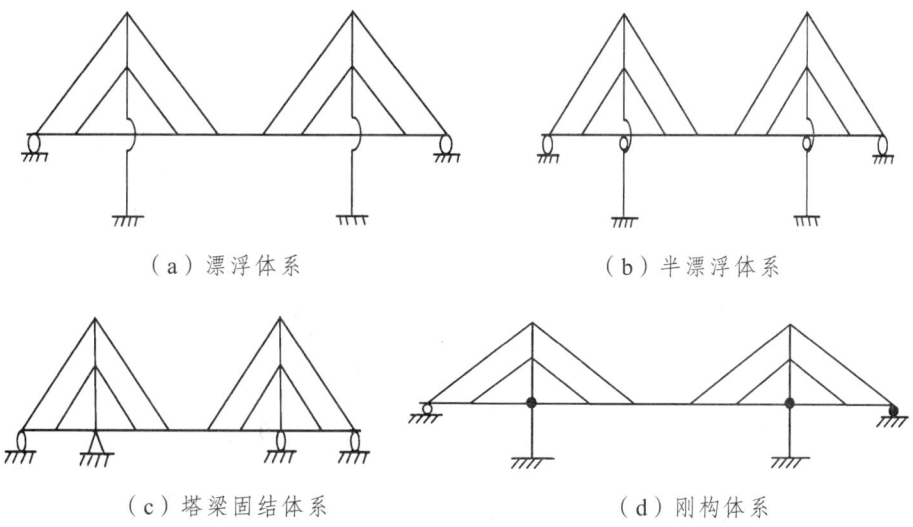

图 1-2-22 斜拉桥的结构体系

按照斜拉桥外部约束的锚固方式不同,斜拉桥可以分为地锚式、自锚式和部分地锚式三类。斜拉桥一般多采用自锚式体系;受地形、地质结构的限制,也采用地锚式斜拉桥。部分地锚式斜拉桥由边跨主梁和地锚共同承担主跨自重及活载;而全地锚斜拉桥边跨不设置拉索或不设置边跨,由地锚承担全部主跨自重及活载。

部分地锚式斜拉桥的锚碇相对于整体桥梁结构来说,其承受的外部荷载较小,拉索根数较少且分散锚固,一般可采用钢筋混凝土矩形实体结构,其构造较为简单。相关研究及试验表明:与全自锚式斜拉桥相比,部分地锚式斜拉桥主梁承受的压力和截面积大幅降低,大大节约了主梁和拉索材料的用量;在极限静横风、纵风工况下,其结构受力也有较大改善;同时,由于增加了地锚,结构总体刚度与静力稳定性均有较大幅度的提高。图 1-2-23 所示为即将竣工的丹江口水库特大桥,为部分地锚式特大斜拉桥,中跨 760 m,边跨 152 m,边中跨比仅为 0.2,远达不到普通双塔三跨斜拉桥的边中跨比 0.3~0.45。

图 1-2-23 丹江口水库特大桥

三、悬索桥

悬索桥又名吊桥[图 1-2-24（a）]，是指以通过索塔悬挂并锚固于两岸（或桥两端）的缆索（或钢链）作为上部结构主要承重构件的桥梁。悬索桥的主要受力构件由缆索、塔柱和锚碇组成，与加劲梁、吊索、鞍座、索夹等一起构成悬索桥。主梁被多点吊起，可大大减小梁内弯矩，减轻自重，同时，可充分发挥高强索的抗拉性能，其跨越能力是其他桥型无法相比的，如图 1-2-24（b）（c）所示。

（a）坝陵河大桥

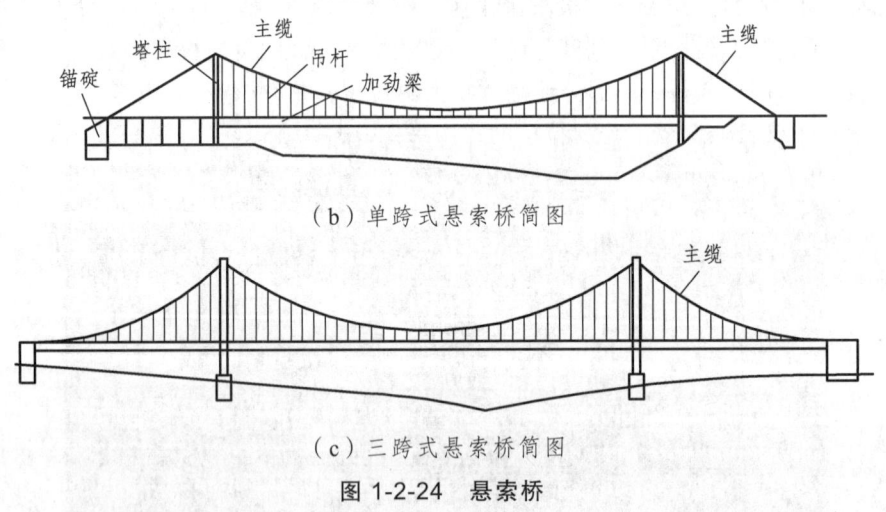

（b）单跨式悬索桥简图

（c）三跨式悬索桥简图

图 1-2-24　悬索桥

自锚式悬索桥：一般悬索桥的主缆都锚固在锚碇上，在少数情况下，可将主缆直接锚固在加劲梁上，从而取消了庞大的锚碇，变成了自锚式悬索桥。

自锚式悬索桥有很多优点：由于不需要修建大体积的锚碇，所以特别适用于地质条件很差的地区；对于钢筋混凝土材料的加劲梁，由于需要承受主缆传递的压力，刚度会提高，节省了大量预应力构造及装置，也克服了钢在较大轴向力下容易压屈的缺点；同时，自锚式悬索桥保留了传统悬索桥的外形，在中小跨径桥梁中是很有竞争力的方案。当然，自锚式悬索桥也有很多缺点：由于主缆直接锚固在加劲梁上，梁承受了很大的轴向力，为此需加大梁的截面；锚固区局部受力复杂，也加大了施工难度。

◆ 任务2-3 拱桥的构造及类型

【工作任务】

认识各种拱桥，熟悉一般拱桥的结构及特点。

【任务目标】

知识目标：

熟悉拱桥的基本特点。

熟悉拱桥的组成、类型。

掌握拱桥的基本构造要求。

技能目标：

能认识各种拱桥。

能了解常用拱桥类型的构造要求。

【建议课时】

4课时。

【任务相关理论】

一、拱桥的基本特点

拱桥也是应用比较广泛的一种桥型，其类型也较多。拱式结构在竖向荷载作用下，墩台承受竖向压力和水平推力，而拱圈两端截面除了承受竖向反力外，还承受水平推力产生的反力以及弯矩。水平反力的存在使拱内产生轴向压力，从而大大减小了拱圈的截面弯矩，使拱桥截面上的应力分布较梁桥均匀（图1-2-25），因而拱桥可以充分利用主拱截面材料强度，使其跨越能力大大增强。

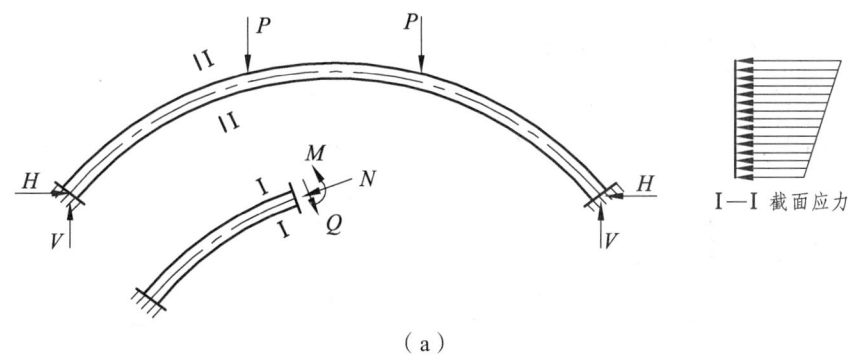

（a）

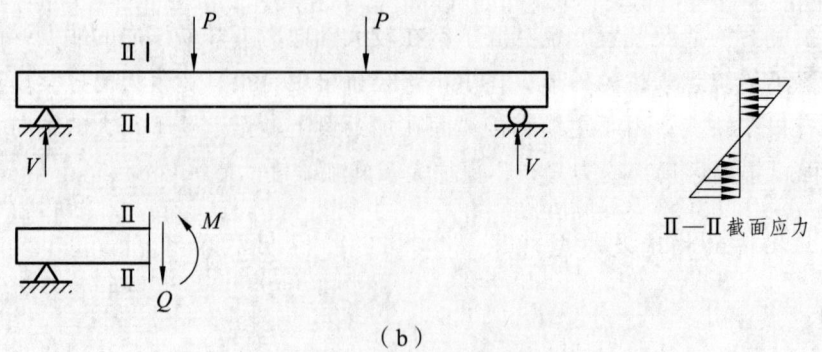

(b)

图 1-2-25 拱和梁的应力分布对比

1. 拱桥的优点

（1）具有较大的跨越能力，能充分发挥圬工及其他材料的抗压性能。

（2）构造较简单，受力明确简洁。

（3）形式多样、外形美观。

2. 拱桥的缺点

（1）有水平推力的拱桥，对地基基础要求较高，多孔连续时，为防止一孔破坏而影响全桥的安全，需要设置单向推力墩等设施，增加造价。

（2）自重较大，相应的水平推力也较大，增加了下部结构的工程量；对施工工艺等要求较高。

（3）建筑高度较高，对稳定不利；同时，在城市立交及平原地区时，因桥面标高的提高，使两岸接线长度和工程量增加。

二、拱桥的组成

拱桥上部结构一般由主拱圈和拱上建筑组成，主拱圈是拱桥的主要承重结构；下部结构由桥墩、桥台和基础组成，如图 1-2-26 所示。一般把拱圈的上曲面称为拱背，下曲面称为拱腹，拱圈截面形心的连线称为拱轴线。

矢跨比（f/L）是反映拱桥受力特性的重要指标，在同样的条件下，矢跨比大的拱桥产生的水平力小。一般将矢跨比大于等于 1/5 的拱桥称为陡拱，矢跨比小于 1/5 的称为坦拱。

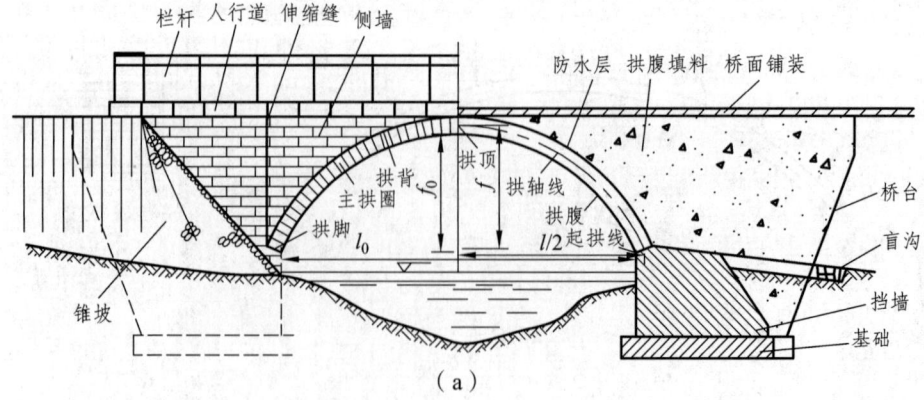

(a)

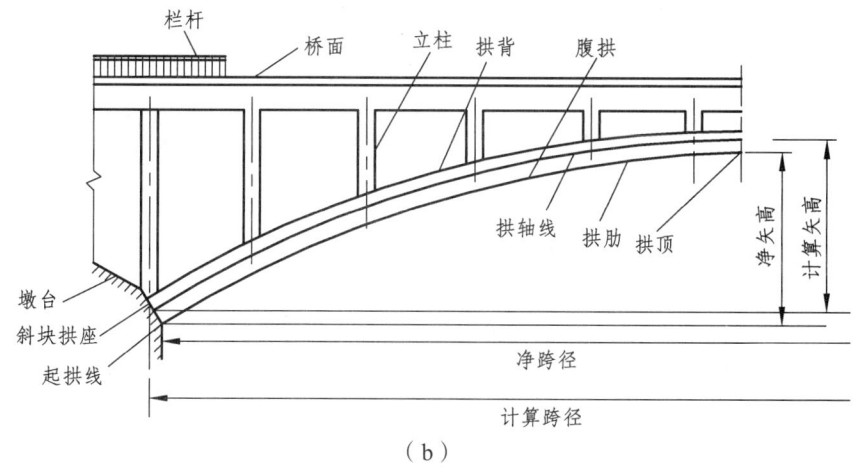

(b)

图 1-2-26 拱桥的组成

三、拱桥分类

（1）按主拱圈使用的建筑材料分：圬工拱桥、钢拱桥、钢筋混凝土拱桥、钢管混凝土拱桥、型钢混凝土拱桥等。

（2）按行车道位置分：上承式拱桥、中承式拱桥、下承式拱桥，如图 1-2-27～图 1-2-29 所示。

图 1-2-27 上承式拱桥

图 1-2-28 中承式拱桥

图 1-2-29 下承式拱桥

(3) 按拱轴线形式分：圆弧拱桥、抛物线拱桥、悬链线拱桥。
(4) 按拱上结构形式分：实腹式拱桥、空腹式拱桥。
(5) 按拱圈横截面形式分：板拱桥、肋拱桥、箱形拱桥、双曲拱桥。
(6) 按结构受力图式分：简单体系拱桥、组合体系拱桥和拱片桥。
(7) 按有无铰分：三铰拱、两铰拱、无铰拱。

四、主拱圈构造

拱圈是拱桥的主要承重构件，可用块石、混凝土、钢筋混凝土、钢、钢管混凝土等材料做成，拱轴线根据跨径、材料等的不同，可选择抛物线、悬链线、圆弧线等形式；主拱圈沿拱轴线可做成等截面或变截面的，其横截面形状可以是矩形、箱形等，我们可按主拱圈横截面形式把拱桥分为板拱、肋拱、箱形拱、双曲拱等，如图1-2-30所示。

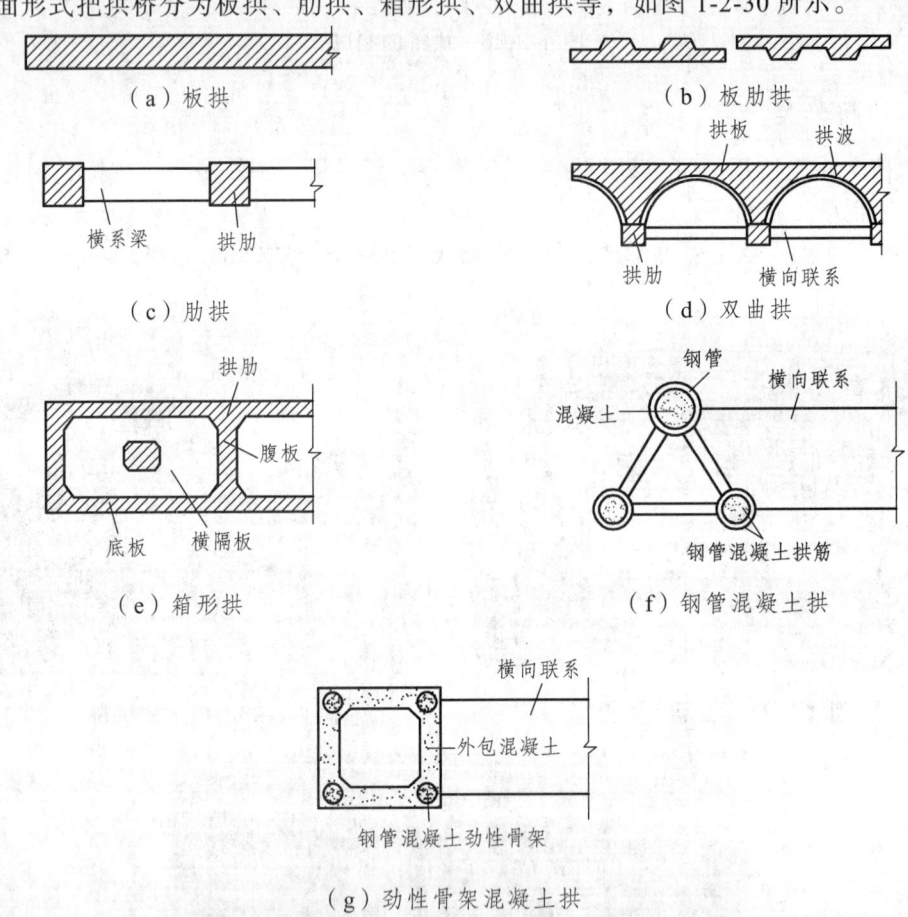

图 1-2-30 主拱圈横截面形式

1. 板拱桥

主拱圈采用矩形实体截面的拱桥称为板拱桥，其构造简单、施工方便，但在相同截面面积的条件下，实体矩形截面抵抗矩比其他形式截面的小。板拱桥有石板拱、混凝土板拱、钢筋混凝土板拱等，如图1-2-31所示。

图 1-2-31 板拱桥

2. 肋拱桥

肋拱桥是在板拱桥的基础上发展形成的，为获得较大的抵抗矩，将板拱分成两条或多条分离的、高度较大的拱肋，肋与肋间用横系梁相联，肋上设立柱，立柱上设横梁以支承行车道部分，共同组成肋拱桥的上部结构，如图 1-2-32、图 1-2-33 所示。

拱肋是主要承重结构，可由混凝土、钢筋混凝土、钢管混凝土、劲性骨架混凝土等材料做成。拱肋的截面形式可分为实体矩形、工字形、箱形、管形等，如图 1-2-34 所示。

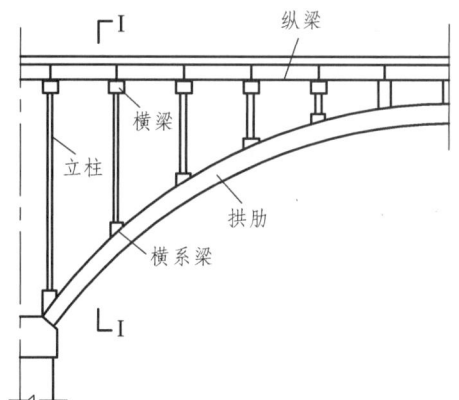
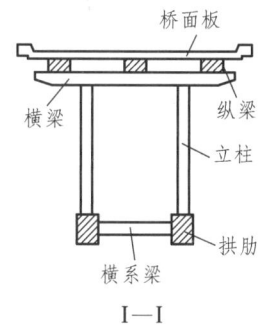

图 1-2-32 肋拱桥布置图

图 1-2-33 肋拱桥

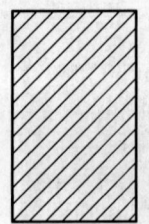  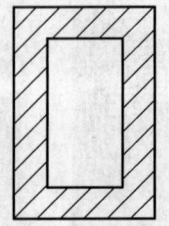 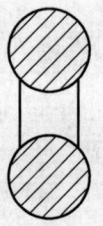 

图 1-2-34 肋拱拱肋截面形式

矩形截面构造简单、施工方便，一般仅用于中小跨径的肋拱。肋高可取跨径的 1/40 ~ 1/60，肋宽为肋高的 0.5 ~ 2.0 倍。工字形截面，常用于大、中跨径的肋拱桥，肋高一般为跨径的 1/25 ~ 1/35，肋宽为肋高的 0.4 ~ 0.5 倍。管形肋拱是指采用钢管混凝土结构作为拱肋的拱桥，其肋高与跨径之比常在 1/45 ~ 1/65。

3. 箱形拱桥

箱形拱桥截面挖空率大，节省材料；形心轴靠中适应主拱正负弯矩变化；主拱整体性好，抗扭刚度大，稳定性好；便于预制拼装施工，适合大跨径拱桥。图 1-2-35 为箱形拱桥截面示意图，图 1-2-36 为箱形拱闭合箱的构造图。

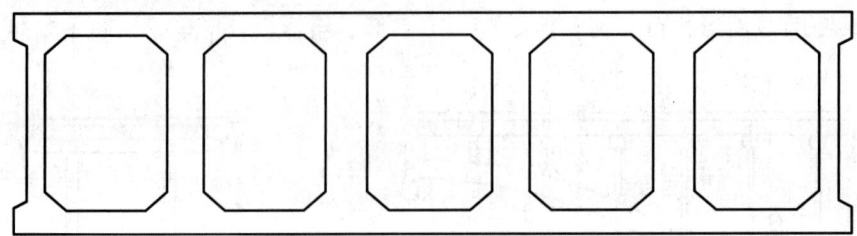

图 1-2-35 箱型截面形式

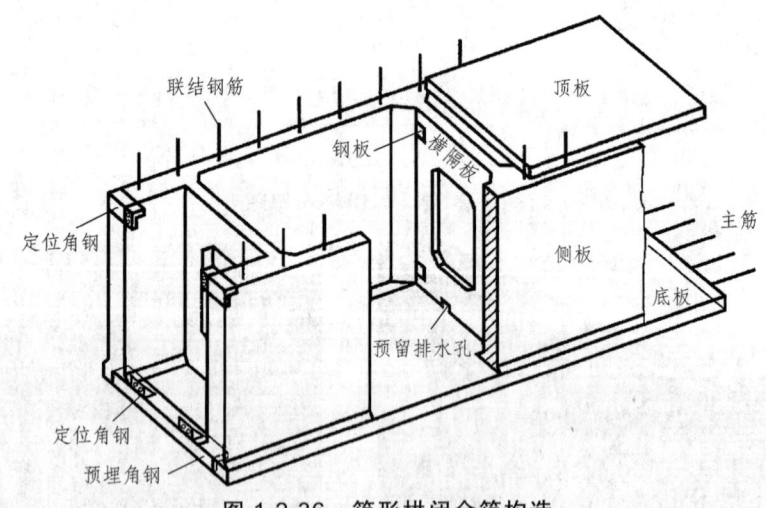

图 1-2-36 箱形拱闭合箱构造

箱形主拱圈的形式有：多条 U 形肋组成的多室箱形截面、多条工字形肋组成的多室箱形截面、多条闭合箱肋组成的多室箱形截面和整体式单箱多室截面，如图 1-2-37 所示。

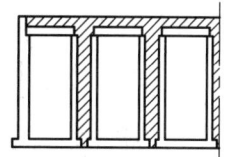 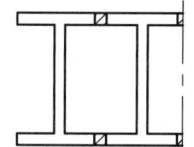 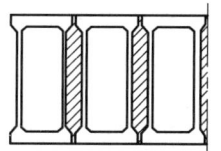 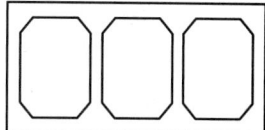

图 1-2-37 箱形截面组成方式

4. 双曲拱桥

双曲拱桥的主拱圈截面由一个或数个横向小拱单元组成，由于主拱圈的纵向和横向均呈曲线形，故称之为双曲拱桥，如图 1-2-38 所示。双曲拱桥通常由拱肋、拱波、拱板和横向联系几部分组成。施工时，先将拱圈划分为拱肋、拱波、拱板及横向联系，并分别预制其中的拱肋、拱波和横向联系部分，即为化整为零；然后吊装钢筋混凝土拱肋成拱并与横向联系构件组成拱形框架，在拱肋间安装拱波，然后浇筑拱板混凝土，形成主拱圈，即集零为整。本桥型是我国独创的桥型结构，但由于施工工序多、组合截面整体性较差和易开裂等，寿命很短，后续维修费用过高，已经基本停用。

图 1-2-38 双曲拱桥

5. 钢管混凝土拱桥与劲性骨架混凝土拱桥

这两种拱桥是按材料来分的。

钢管混凝土拱桥：钢管混凝土属于钢-混凝土组合结构中的一种，它借助于内填混凝土增强钢管壁的稳定性，同时又利用钢管对核心混凝土的套箍作用，使核心混凝土处于三向受压状态，从而使混凝土具有更高的抗压强度和抵抗变形的能力。

钢管混凝土的优点是承载能力大，正常使用状态是以应力控制设计，外表不存在混凝土裂缝问题，因而可以使主拱圈截面及其宽度相对减小，这样便可以减小桥面上由承重结构所占的宽度，提高了中、下承式拱桥桥面宽度的使用效率。施工时，钢管本身相当于混凝土的外模板，它具有强度高、质量轻、适宜吊装或转体的特点，可以先将空管拱肋合龙，再压注管内混凝土，从而大大降低了大跨径拱桥施工的难度，省去了支模、拆模等工序，并可适应相对先进的泵送混凝土工艺。

与所有材料一样，钢管混凝土材料也有它自身的缺点。对于管壁外露的钢管混凝土，在阳光照射下，钢管膨胀，容易造成钢管与内填混凝土之间出现脱空现象；另外，施工时钢管先于管内混凝土受力，往往造成钢管应力偏高而混凝土不能发挥应有的作用，泵送管内混凝土时也常出现不能完全饱满的情况，这会引起拱圈受力不够明确、安全度降低等问题，这些都需要予以解决。

钢管混凝土拱桥适用于各种大跨径拱桥，再加上组合形式的多样性和桥型的美观，近年来各种钢管混凝土拱桥在我国得以蓬勃发展，如图 1-2-39 所示。

图 1-2-39　钢管混凝土拱桥

劲性骨架混凝土拱桥：劲性骨架混凝土拱桥与普通钢筋混凝土拱桥的区别在于，前者是以钢骨桁架作为受力筋，它可以是型钢组成的刚性桁架，也可以是钢管，采用钢管作劲性骨架的混凝土拱亦称为内填外包型钢管混凝土拱；施工时，先架设重量较轻的钢管，在钢管内压注混凝土，形成钢管混凝土，再以它为支架外挂模板，浇筑外包混凝土，形成劲性骨架混凝土结构。劲性骨架混凝土拱解决了大跨度拱桥的"自行架设"问题，该类桥跨越能力大、超载潜力大、施工方便，是一种极具发展前途的拱桥结构形式。

我国著名的万州长江大桥原名万县长江大桥，是长江上第一座单孔跨江公路大桥，全桥长 814 m、宽 23 m，桥拱净跨 420 m，桥面距江面高 140 m。主拱轴线为悬链线，矢跨比为 1/5，拱轴系数为 1.6。拱圈为单箱三室截面，箱高 7 m、宽 16 m，拱箱标准段顶、底板各厚 0.4 m，腹板厚 0.3 m，拱脚段顶、底板各厚 0.8 m，腹板厚 0.6 m。拱上及引桥为同一孔跨贯通布置，共 27 孔 30.668 m 预应力混凝土 T 梁，桥面连续。拱圈采用钢管混凝土劲性骨架外包 C60 高强混凝土复合结构。其中钢管混凝土劲性骨架先期是施工构架，在拱圈形成后它就成为拱圈内的劲性"钢筋"，是当时世界上跨径和规模最大的钢筋混凝土拱桥，如图 1-2-40 所示。

图 1-2-40　万州长江公路桥

五、拱上建筑

拱上建筑是上承式拱桥桥面系与主拱圈间的结构。它的作用是分散和传递荷载。根据拱上建筑采用的构造方式不同，可将拱桥分为实腹式和空腹式两种。

实腹式拱上建筑由拱腹填料、侧墙、护拱、变形缝、防水层、泄水管及桥面系等组成。实腹式适用于小跨径拱桥，恒载较大，如图 1-2-41 所示。

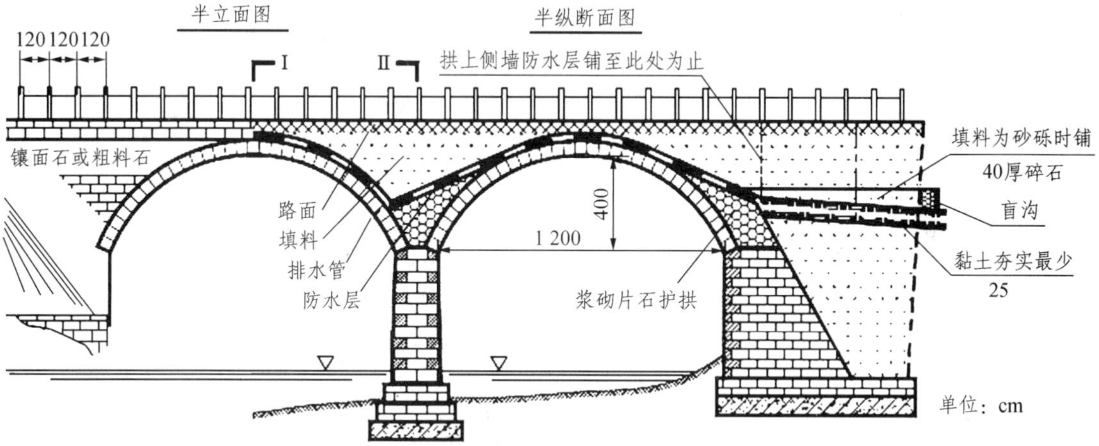

图 1-2-41　实腹式拱桥

大、中跨径拱桥（矢高较大）采用空腹式，即在桥面系与主拱间设腹孔和腹孔墩；腹孔的布置应结合主拱的类型、构造、施工方法等综合考虑。

腹孔分为拱式腹孔及梁板式腹孔。腹孔一般等跨对称布置在主拱圈两侧。腹拱跨径：对中小跨径拱桥一般选用 2.5～5.5 m，矢跨比 1/2～1/6；对较大跨径拱桥则控制在主拱圈跨径的 1/8～1/15。现代交通的大跨径拱桥，为减小拱桥的自重，多采用增加空腹部分，不再设置拱顶实腹段，腹孔墩可采用立墙式或立柱式，如图 1-2-42 所示。

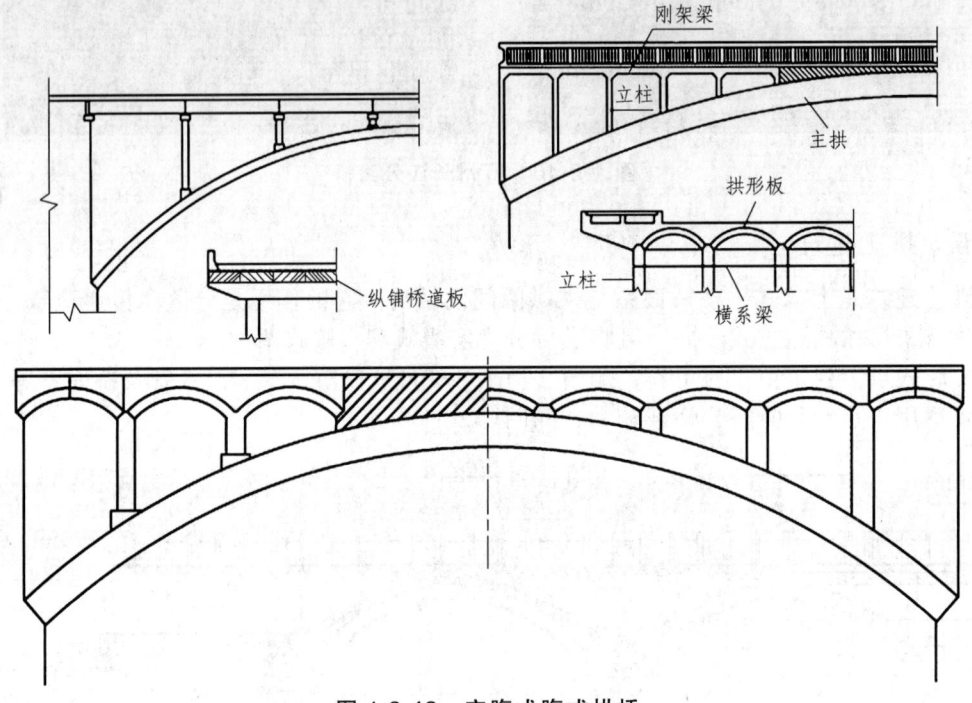

图 1-2-42　空腹式腹式拱桥

六、拱桥的其他细部构造

（1）拱腹填料：拱腹填料的设置可以扩大车辆荷载的支承面积，同时还可以减小车辆荷载对拱圈的冲击。当拱上填料厚度等于或者大于 50 cm 时，设计计算中不计汽车荷载的冲击力。拱腹填料有填充式和砌筑式两种。填充式填料通常采用透水性好的砂砾石等材料，也可采用其他轻质材料。

砌筑式拱腹填料是在散粒料不易取得时才采用的一种干砌施工方式。侧墙用来围护拱腹上的散粒填料，设置在拱圈两侧，通常采用浆砌块、片石，若有特殊的美观要求，则可用料石镶面。对混凝土或钢筋混凝土板拱，也可用钢筋混凝土护壁式侧墙。这种侧墙可以与主拱浇筑为一体。侧墙一般要求承受填料土侧压力和车辆作用下的土侧压力，故按挡土墙进行设计。对浆砌施工侧墙，顶面厚度一般为 50～70 cm，向下逐渐增厚，墙脚厚度取用该处墙高的 0.4 倍。护拱设于拱脚段，以便加强拱脚段的拱圈，同时，便于在多孔拱桥上设置防水层和泄水管，通常采用浆砌块石、片石结构。

（2）伸缩缝与变形缝：为保证结构的安全性与耐久性，相对变形较大的位置设伸缩缝，相对变形较小处设变形缝，使拱上建筑适应主拱圈的变形；一般情况下，在实腹式拱桥的拱脚截面上方的侧墙上设伸缩缝，对空腹式拱桥，靠近墩台的第一个腹孔一般做成三铰拱，其余腹孔做成两铰拱或无铰拱，第一个三铰腹孔靠近墩台的铰上方设伸缩缝，其余铰的上方设变形缝，如图1-2-43所示。

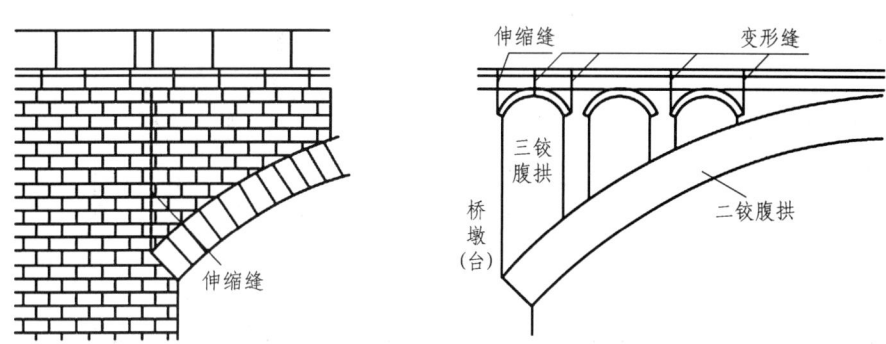

图1-2-43 拱桥伸缩缝及变形缝的布置

伸缩缝缝宽2~3cm，其缝内填料可用锯末沥青按1:1的质量比制成预制板，施工时嵌入，并在上缘设置能活动而不透水的覆盖层。变形缝不留缝宽，其缝可干砌、用油毛毡隔开或者低强度等级砂浆砌筑。

（3）铰的设置，拱桥需设铰的情况有：主拱圈按两铰或三铰拱设计；空腹式腹拱圈按构造设铰、腹孔墩上下端设铰；施工过程中的临时铰。铰的形式有：弧形铰、平铰及假铰等。

（4）排水及防水层。除桥面排水外，应对渗入到拱腹内的积水作排除处理，防水层的设置一般如图1-2-44所示。

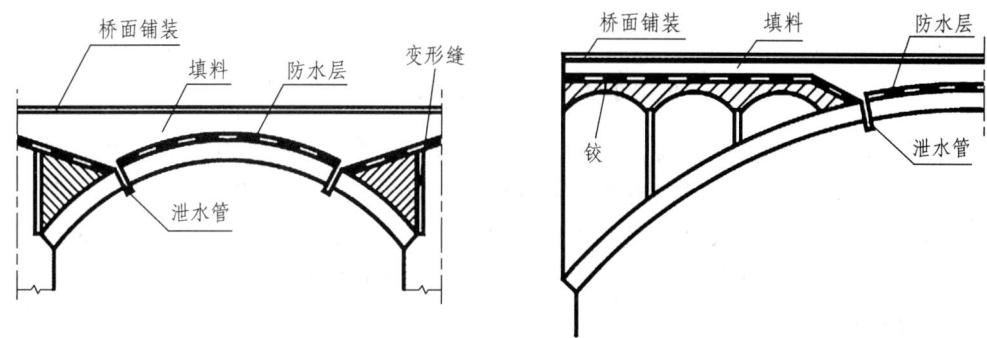

图1-2-44 防水层与泄水管的布置

七、拱桥的类型

拱桥的类型较多，分类可从不同的维度进行，因而较为复杂。就结构体系而言，拱桥体系分类可参照表1-2-2所示。下面就部分拱桥类型做简要介绍。

表 1-2-2 拱桥结构体系分类

结构形式	结构受力性能		
	外部约束	内部连接方式	刚度分配
单跨拱桥 多跨拱桥 上承式、中承式、下承式拱桥 竖直吊杆拱桥 斜吊杆拱桥 网状吊杆拱桥 桁架拱桥 刚架拱桥 空腹式拱桥 实腹式拱桥 ……	有推力体系 无推力体系 无铰拱体系 双铰拱体系	三铰拱 拱梁固结 拱梁铰接 拱梁自由连接 简单体系拱桥 组合体系拱桥	刚梁柔拱 刚梁刚拱 柔梁刚拱

1. 简单体系拱桥

简单体系拱桥只考虑主拱圈的承重能力，即主拱圈以裸拱的形式作为主要承重结构，拱的水平推力由墩台或基础承受。

简单体系拱桥均为有推力拱，可以做成上承式、中承式和下承式。简单体系拱桥按主拱的受力体系可分成三铰拱、两铰拱和无铰拱，如图 1-2-45 所示。

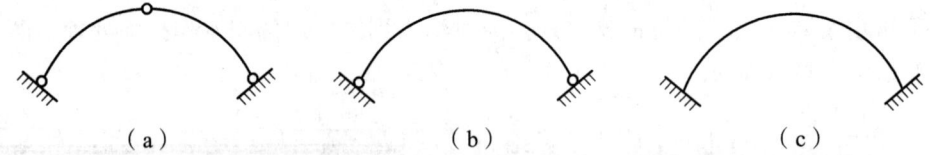

（a） （b） （c）

图 1-2-45 简单体系拱的三铰拱、两铰拱和无铰拱

三铰拱属外部静定结构，温度变化、混凝土收缩徐变、支座沉陷等因素引起的变形不会在结构内产生附加内力，但结构的整体刚度较小且拱顶铰极易损坏，行车平顺性差，现已较少采用。两铰拱属一次超静定结构。无铰拱属外部三次超静定结构，拱内的弯矩分布均匀，整体刚度大、用料省、施工方便；但由于超静定次数高，温度变化等会在拱内产生较大的附加内力。

2. 组合体系拱桥

组合体系拱桥主要是梁拱组合，即将梁和拱两种基本结构组合起来，共同承受荷载，充分发挥梁受弯、拱受压的结构特性及其组合作用，达到节省材料的目的。

组合体系拱桥一般由拱肋、系杆（加劲梁）、吊杆（或立柱）、行车道梁（板）及桥面系组成。

按梁拱组合的基本形式，拱式组合体系桥分为简支梁拱组合式桥梁（图 1-2-49、图 1-2-50）、连续梁拱组合式桥梁和单悬臂梁拱组合式桥梁，如图 1-2-46～图 1-2-48 所示。

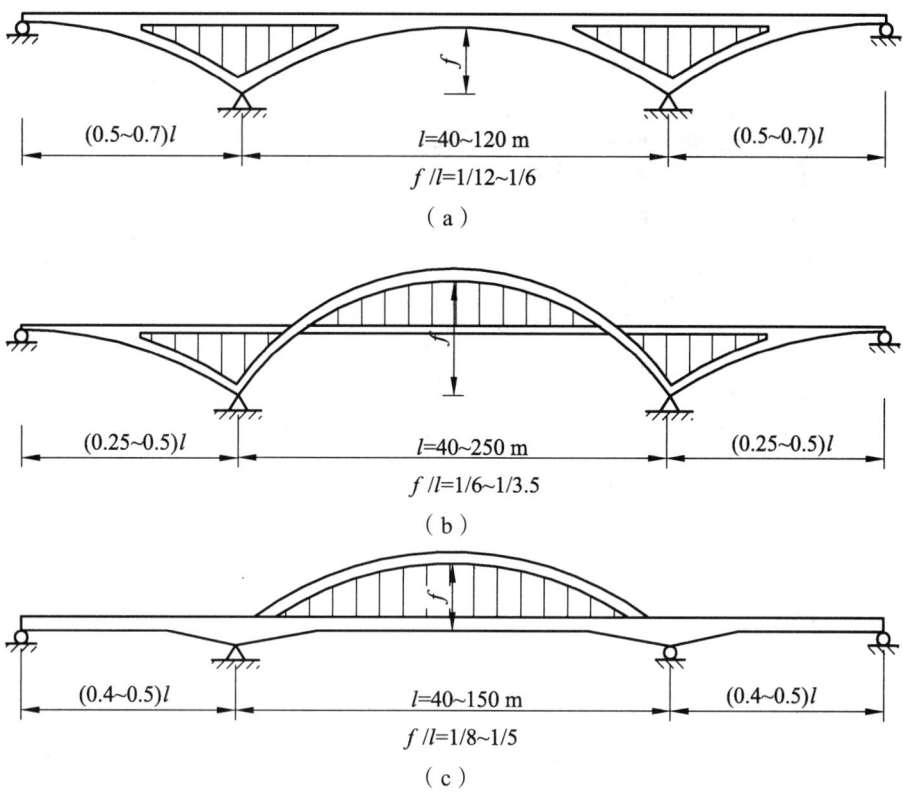

图 1-2-46　连续梁拱组合体系示意图

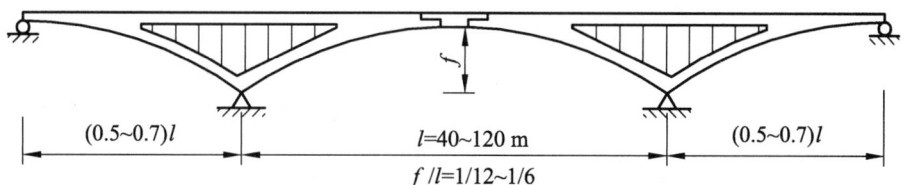

图 1-2-47　悬臂梁拱组合体系示意图

（a）

(b)

图 1-2-48　连续梁拱组合体系

拱式组合体系桥根据其受力不同,可分为有推力拱和无推力拱两种类型。

(1) 无推力组合体系拱桥。

无推力组合体系拱桥(图 1-2-49),即在竖向荷载作用下拱脚对墩台无水平推力作用的拱桥,其推力由刚性梁或柔性杆件承受,属于内部超静定、外部静定的组合体系拱桥。它适用于地质不良的桥位处,墩台与梁式桥基本相似,不承受水平推力,形成"自平衡体系",对地基要求低。同时,其建筑高度很小,桥面标高可设计得很低,降低了纵坡,减小了引桥长度,因此可以节约材料。

图 1-2-49　无推力组合体系拱桥

系杆拱桥属无推力拱式组合体系桥,其拱的推力由系杆承受,系杆的含义即一个将两拱脚联系在一起的水平构件。根据拱肋和系杆相对刚度的大小及吊杆的布置形式,系杆拱桥,可以分为:

具有竖直吊杆的柔性系杆刚性拱（$\frac{EI_{系杆}}{EI_{拱肋}} \leq 1/80$），称为系杆拱，如图 1-2-50（a）所示；

具有竖直吊杆的刚性系杆柔性拱（$\frac{EI_{系杆}}{EI_{拱肋}} \geq 80$），称为蓝格尔拱，如图 1-2-50（b）所示；

具有竖直吊杆的刚性系杆刚性拱（$1/80 < \frac{EI_{系杆}}{EI_{拱肋}} < 80$），称为洛泽拱，如图 1-2-50（c）所示；

当用斜杆来代替直杆时，称为尼尔森体系，统称尼尔森拱。

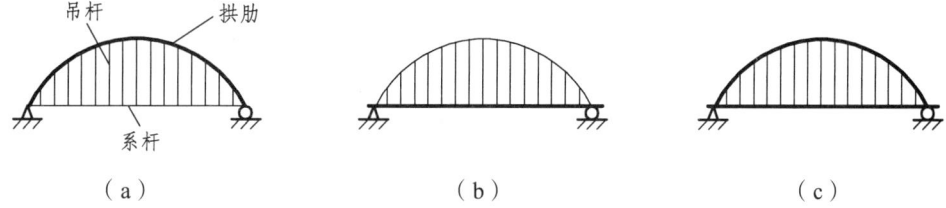

图 1-2-50　简支梁拱组合体系拱

（2）有水平推力的组合体系拱。

有水平推力的组合体系拱，即在竖向荷载作用下拱脚对墩台有水平推力作用的拱桥。水平推力可减小跨中弯矩，能建成大跨度的桥梁。其造型美观，城市桥梁一般优先选用，可做成上承式、中承式桥。也有的组合体系拱没有系杆，由单独的梁和拱共同受力，拱的推力仍由墩台承受。刚性梁柔性拱称为倒蓝格尔拱，刚性梁刚性拱称为倒洛泽拱，如图 1-2-51、图 1-2-52 所示。

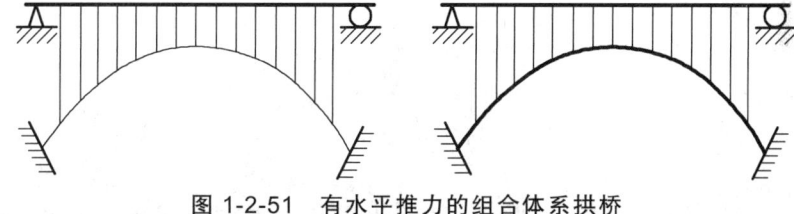

图 1-2-51　有水平推力的组合体系拱桥

图 1-2-52　有推力梁拱组合体系桥

3. 拱片桥

上边缘与桥面纵向平行，下边缘是拱形的有推力结构，称为拱片，拱片由两片或多片组成，用横向联结系将各拱片联成整体，行车道板支承在拱片上，推力仍由墩台承受，如图 1-2-53 所示。

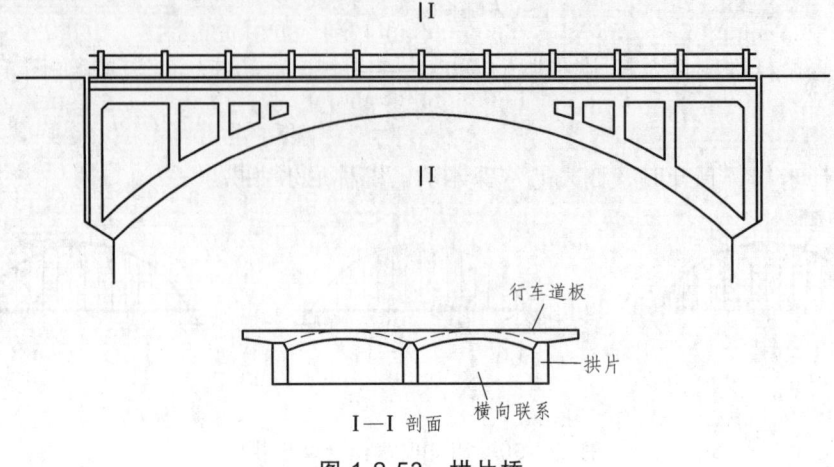

图 1-2-53 拱片桥

（1）桁架拱桥。

桁架拱桥又称拱形桁架桥，如图 1-2-54 所示，是一种有水平推力的桁架结构，其上部结构由桁架拱片、横向联结系和桥面组成。桁架拱片是主要承重结构，由上、下弦杆、腹杆和实腹段组成。

图 1-2-54 桁架拱桥（安城桥，主跨 65 m 的预应力混凝土斜压杆式桁架拱桥）

根据其构造不同，桁架拱桥可分为斜（腹）杆式（有三角形腹杆、带竖杆的三角形桁架拱，如图 1-2-55 所示）、竖（腹）杆式、桁肋式和组合式四种，如图 1-2-56、图 1-2-57 所示。

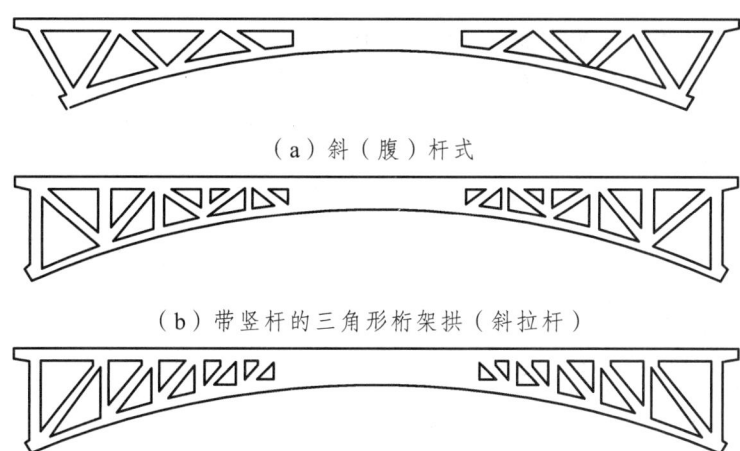

(a) 斜(腹)杆式

(b) 带竖杆的三角形桁架拱(斜拉杆)

(c) 斜压杆式

图 1-2-55 斜杆式桁架拱桥

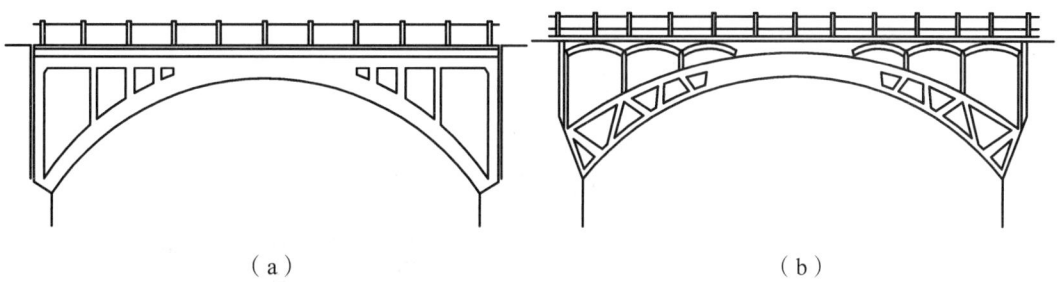

图 1-2-56 竖杆式和桁肋式拱桥

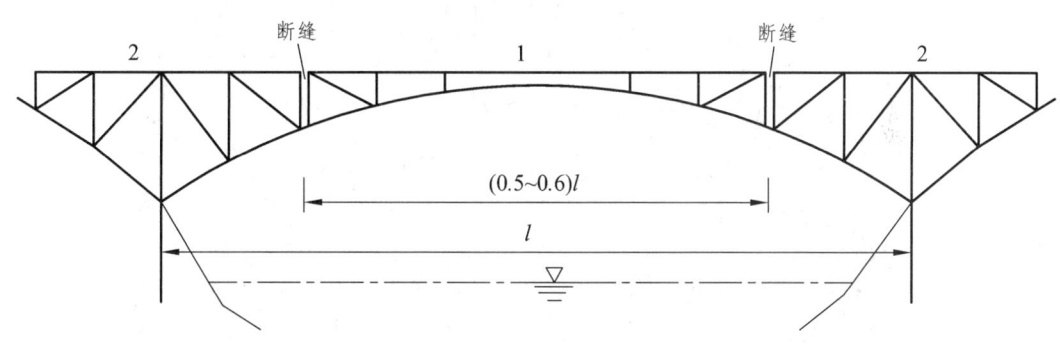

1—桁架拱部分;2—悬臂桁梁部分。

图 1-2-57 桁式组合拱桥的组成

(2)刚架拱桥。

刚架拱桥是在桁架拱桥、斜腿刚构桥等基础上发展而来的,是一种具有刚架特点的拱桥,也是一种有推力的拱桥。其主结构由拱肋构成主拱,拱上建筑取斜腿刚构的形式,并联结成整体,故名刚架拱桥。

刚架拱桥的上部结构由刚架拱片、横向联结系和桥面等部分组成(图 1-2-58)。

刚架拱片是拱肋与拱上建筑组成整体的承重结构,立面上略呈拱形,是刚架拱桥的主要承重结构,由跨中实腹段的主梁、空腹段的次梁、主拱腿(主斜撑)、次拱腿(次斜撑)

等构成。根据跨径的不同，次拱腿可不设或多设。

刚架拱桥属有推力的高次超静定结构，具有构件少、自重小、整体性好、结构刚度大、施工方便等优点，被广泛用于跨度为 25~70 m 的桥梁中（图 1-2-59）。

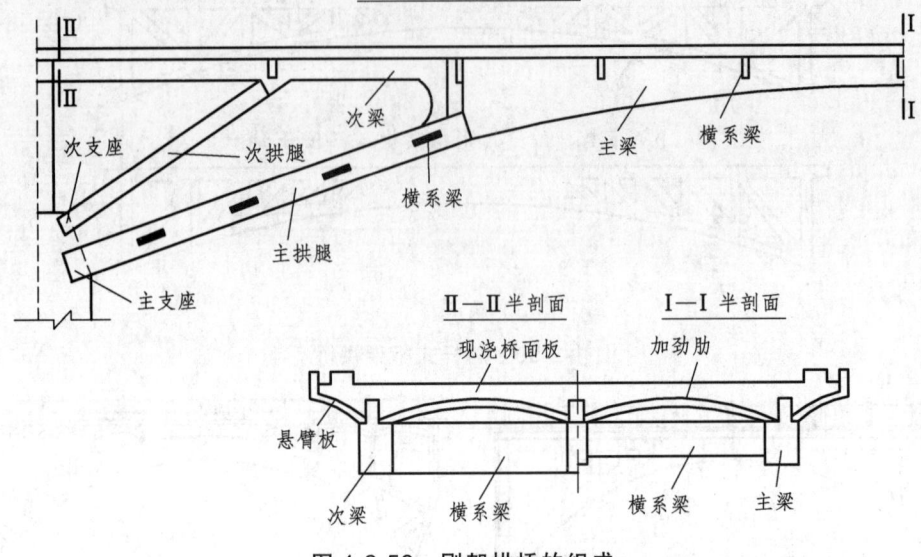

图 1-2-58　刚架拱桥的组成

图 1-2-59　刚架拱桥

单元二　桥梁施工的基础内容

项目二　施工准备

施工准备工作的基本任务是为桥梁的施工建立必要的技术和物资条件，统筹安排施工力量和施工现场，是施工企业搞好目标管理、推行技术经济承包的重要依据，也是施工能够顺利进行的基本保证。施工单位在承接了施工任务后，要尽快做好各项准备工作，创造有利的施工条件，使施工工作能连续、均衡、有节奏、有计划地进行。

施工准备工作包括技术准备、劳动组织准备、物资及机械设备准备、资金准备和施工现场准备等。

任务1　施工准备

【工作任务】

阅读实例桥的实施性施工组织设计，熟悉施工准备工作的内容。

【任务目标】

知识目标：

熟悉桥梁施工准备的内容。

技能目标：

能够分析、参与实施施工准备工作。

【建议课时】

4课时。

【任务相关理论】

一、技术准备

技术准备是施工准备的核心。由于任何技术上的差错和隐患都可能危及人身安全和造成质量事故，带来生命、财产和经济的巨大损失，因此必须认真做好技术准备工作。

1. 熟悉设计文件、研究施工图纸和现场核对

施工单位承接到桥梁的施工任务后，应尽快组织有关人员熟悉并研究所有技术文件、资料和图纸，全面领会设计意图；检查技术文件、资料和图纸有无欠缺、矛盾和错误；几何尺寸、坐标、高程和说明等方面是否前后一致；技术要求是否正确；并与现场情况进行核对，必要时进行补充调查；对上述存在的问题要作出详细记录，记录应包括对设计图纸的疑问和有关建议，及时向建设单位书面提出，以求设计单位确认，答疑、补全更正。

2. 原始资料的进一步调查分析

对拟建工程进行实地勘测，进一步获得原始数据的第一手资料，这对于正确选择施工方案、制订技术措施、合理安排施工顺序和施工进度计划是非常必要的。

（1）自然条件的调查分析。

① 地质。

调查的主要内容有：地质构造、墩（台）位处的基岩埋深、岩层状态、岩石性质、覆盖层土质、土的性质和类别、地基土的承载力、土的冻结深度、妨碍基础施工的障碍物、地震级别和烈度等。

② 水文。

调查的主要内容有：河流流量和水质、年水位变化情况、最高洪水位和最低枯水位的时期及持续时间、水流流速和漂浮物、地下水位的高低变化、含水层的厚度和流向、冰冻地区的河流封冻时间以及受潮汐影响河流或水域中潮水的变化情况等。

③ 气象。

调查的内容一般包括：气候、气温、降雨、降雪、冰冻、台风（含龙卷风、雷雨大风等突发性灾害）等变化规律及历年记录，冬、雨季的期限及冬季地层冻结厚度等情况。

④ 施工现场的地物、地貌。

（2）技术经济条件的调查分析。

主要内容包括：施工现场的动迁状况、当地可利用的地方材料状况、地方能源和交通运输状况、地方劳动力和物资供应状况、可提供的施工用水用电状况、设备租赁状况等。

3. 施工前的设计技术交底

设计技术交底一般由建设单位（业主）主持，设计、监理和施工单位参加。先由设计单位说明工程的设计依据、意图和功能要求，并对特殊结构、新材料、新工艺和新技术提出设计要求，进行技术交底。然后施工单位根据研究图纸的记录以及对设计意图的理解，提出对设计图纸的疑问、建议和变更。最后在统一认识的基础上，对所探讨的问题逐一做好记录，形成"设计技术交底纪要"，由建设单位正式行文，参加单位共同会签盖章，作为与设计文件同时使用的技术文件和指导施工的依据，以及建设单位与施工单位进行工程结算的依据。

4. 制订施工方案

在全面掌握设计文件和设计图纸，正确理解了设计意图和技术要求，以及进行了以施工为目的的各项调查之后，应根据进一步掌握的情况和资料，对投标时初步拟订的施工方法和技术措施等进行重要评价和深入研究，以制订出详尽的、更符合现场实际情况的施工方案。

5. 制订安全施工措施或专项工程安全施工方案

桥涵工程施工前，应详细核对设计图纸和文件，深水大跨及桥梁高度较大的特大型桥梁或结构复杂的大型桥梁施工，应对施工安全做专项调查研究，制订出详细的安全施工措施或专项工程安全施工方案，采取切实可靠的先进技术、设备和防护措施。中、小桥涵工程施工前应制订针对性的安全技术措施计划。

6. 编制施工组织设计

施工组织设计是施工准备工作的重要组成部分，也是指导工程施工中全部生产活动的基本技术经济文件。编制施工组织设计的目的在于全面、合理、有计划地组织施工，从而具体实现设计意图，优质高效地完成施工任务。施工组织设计文件用文、图、表三种形式表示，互相结合，互相补充。

施工组织设计的主要内容有：编制说明、工程概况及特点、施工组织机构、施工平面布置图、施工部署、施工方法、施工详图、技术措施、机械、材料、设备及劳力计划、总体进度计划和阶段进度计划、施工质量保证机构、程序及措施、安全文明生产、环境保护等。

7. 编制施工预算

施工预算是根据施工图纸、施工组织设计或施工方案、施工定额等文件进行编制的。施工预算是施工企业内部控制各项成本支出、考核用工、签发施工任务单、限额领料以及基层进行经济核算的依据，也是制订分包合同时确定分包价格的依据。

二、劳动组织准备

1. 建立组织机构

确定组织机构应遵循的原则是：根据工程项目的规模、结构特点和复杂情况确定机构中各职能部门的设置。坚持合理分工与密切协作相结合，使之便于指挥和管理，分工明确，责权具体。

2. 合理设置施工班组

施工班组的建立，应认真考虑专业和工种之间的合理配置，技工和普工的比例要满足合理的劳动组织，并符合流水作业方式的要求，同时制订出该工程的劳动力需要量计划。

3. 集结施工力量，组织人员进场

进场后应对施工人员进行技术、安全操作规程及消防、环保、文明施工等方面的培训。

4. 施工技术交底

在单位工程或分部工程开工之前，应将工程的设计内容、施工组织设计、施工计划和施工技术等要求，详尽地向施工班组和工人进行交底；同时，应根据安全施工方案制订各分项工程的安全操作实施细则，并向施工人员进行安全技术交底。

5. 建立健全各项管理制度

管理制度是各项工作顺利进行的保障，工程施工中，通常包括以下内容：技术质量责任制度、工程技术档案管理制度、施工图纸学习与会审制度、技术交底制度、技术部门及各级人员的岗位责任制、工程材料和构件的检查验收制度、质量检查与验收制度、材料出入库制度、安全操作制度、机具使用保养制度等。

三、物资及机械设备准备

物资准备工作的内容主要包括：

1. 工程材料的准备

砂石、水泥、钢筋等工程材料应根据工程需要以及招标文件、技术规范的要求，按规定的程序和检验频度，分批、有计划地购进，应对施工现场附近的厂家、品牌、信誉等进行考察、选择。

2. 工程施工设备的准备

施工前，应按招标文件要求和施工需要，尽快对混凝土拌和设备、试验设备、钻孔机械以及运输、吊装设备等组织进场、安装、调试。

3. 其他各种小型生产工具、小型配件等的准备

四、施工现场准备

施工现场的准备工作，主要是为工程的施工创造有利的施工条件和物资保证。其具体内容如下：

1. 施工控制网测量

按照勘测设计单位提供的桥位总平面图和测量控制网中所设置的基线桩、水准高程以及重要桩的保护桩等资料，进行平面控制网和高程控制网的复测。经复测无误后，根据桥梁结构的精度要求和施工方案补充加密施工所需要的各种标桩，建立满足施工要求的平面和高程施工测量控制网。

2. 补充钻探

桥梁工程在初步设计时所依据的地质钻探资料往往因钻孔较少、孔位过远而不能满足施工的需要，因此必须对有些地质情况不明的桩位进行补充钻探，以查明墩位处的地质情况和可能的隐蔽物，为基础工程施工创造有利条件。

3. 搞好"四通一平"

"四通一平"是指水通、电通、通信通、路通和平整场地。冬季施工应考虑蒸汽养生的需要；在寒冷冰冻地区，还要考虑冬季暖气供热的要求。

4. 搭建临时设施

按照施工总平面图的布置，建造所有生产、办公、生活等临时用房，以及临时便道、构件预制场地等。

5. 冬、雨季施工安排

按照施工组织设计要求，落实冬、雨季施工的临时设施和技术措施，做好施工安排。

6. 安全、环保设施

建立安全生产管理机构和有关的规章制度，对施工人员进行安全培训，购置、制作必要的安全生产和防护器材、用品，配备安全消防器材，布置安排施工现场安全标志、标示的摆放，保障施工安全，落实环境保护的各项措施，防止环境污染。

五、施工准备工作计划

为较好地落实各项施工准备工作,应根据各项准备工作的内容、时间和人员,编制出施工准备工作计划,责任落实到人,并加强计划的检查和监督,以使准备工作能如期完成。施工准备工作计划可参考表 2-1-1。

表 2-1-1 施工准备工作计划

序号	施工准备项目	简要内容	负责单位	负责人	起止日期		备注
					月 日	月 日	

项目三 钢筋工程

任务 1 钢筋进场检验与管理

【工作任务】

熟悉钢材一般知识,掌握钢筋进场质量检验与保存。

【任务目标】

知识目标:

熟悉钢材种类。

掌握钢筋的检验与保管要求。

技能目标:

能够进行钢筋进场的判断。

【建议课时】

2 课时。

【任务相关理论】

一、桥涵工程中常用的普通钢筋

钢筋是桥梁工程中的重要材料,其原材及加工质量直接影响工程的使用寿命和安全。桥涵工程中采用的普通钢筋有热轧钢筋、余热处理钢筋、冷轧带肋钢筋等。各种钢筋应符合现行国家标准的规定:《钢筋混凝土用钢 第 1 部分:热轧光圆钢筋》(GB 1499.1)、《钢筋混凝土用钢 第 2 部分:热轧带肋钢筋》(GB 1499.2)、《钢筋混凝土用余热处理钢筋》(GB 13014)、《冷轧带肋钢筋》(GB/T 13788)、《钢筋混凝土用环氧涂层钢筋》(GB/T 25826),其他特殊钢筋应符合相应的产品标准规定。

1. 钢筋混凝土用热轧钢筋

（1）热轧光圆钢筋。

热轧光圆钢筋（图 3-1-1）按屈服强度特征值划分为 300 级。其钢筋牌号的构成及含义见表 3-1-1。

图 3-1-1　热轧光圆钢筋

表 3-1-1　钢筋牌号的构成及含义

类别	牌号	牌号构成	英文字母含义
热轧光圆钢筋	HPB300	由 HPB+屈服强度特征值构成	HPB—热轧光圆钢筋的英文（Hot rolled Plain Bars）缩写

钢筋的公称横截面积与理论质量列于表 3-1-2；钢筋牌号及化学成分应符合表 3-1-3 的规定；钢筋的力学性能特征值应符合表 3-1-4 的规定。

表 3-1-2　钢筋的公称横截面积与理论质量

公称直径/mm	公称横截面积/mm^2	理论质量/（kg/m）
6	28.27	0.222
8	50.27	0.395
10	78.54	0.617
12	113.1	0.888
14	153.9	1.21
16	201.1	1.58
18	254.5	2.00
20	314.2	2.47
22	380.1	2.98

表 3-1-3 钢筋牌号及化学成分

牌号	化学成分（质量分数）不大于/%				
	C	Si	Mn	P	S
HPB300	0.25	0.55	1.50	0.045	0.045

表 3-1-4 钢筋的力学性能特征值

牌号	R_{eL} /MPa	R_m /MPa	A /%	A_{gt} /%	冷弯试验 180° d—弯芯直径；a—钢筋公称直径
					不小于
HPB300	300	420	25	10.0	$d = a$

钢筋的下屈服强度 R_{eL}、抗拉强度 R_m、断后伸长率 A、最大力总延伸率 A_{gt}，表中值可作为交货检验的最小保证值。

（2）热轧带肋钢筋。

热轧带肋钢筋如图 3-1-2 所示，钢筋牌号的构成及其含义见表 3-1-5。

图 3-1-2 热轧带肋钢筋

表 3-1-5 钢筋牌号的构成及其含义

类别	牌号	牌号构成	英文字母含义
普通热轧带肋钢筋	HRB400	由 HRB+屈服强度特征值构成	HRB—热轧带肋钢筋的英文（Hot rolled Ribbed Bars）缩写 E—地震的英文（Earthquake）首位字母
	HRB500		
	HRB600		
	HRB400E	由 HRB+屈服强度特征值+E 构成	
	HRB500E		
细晶粒热轧钢筋	HRBF400	由 HRBF+屈服强度特征值构成	HRBF—在热轧带肋钢筋的英文缩写后加"细"的英文（Fine）的首位字母 E—地震的英文（Earthquake）首位字母
	HRBF500		
	HRBF400E	由 HRBF+屈服强度特征值+E 构成	
	HRBF500E		

热轧带肋钢筋的化学成分、力学性能分别见表 3-1-6、表 3-1-7。

表 3-1-6 钢筋化学成分

牌号	化学成分（质量分数）/%					
	C	Si	Mn	P	S	C_{eq}
HRB400 HRBF400 HRB400E HRBF400E	0.25	0.80	1.60	0.045	0.045	0.54
HRB500 HRBF500 HRB500E HRBF500E						0.55
HRB600	0.28					0.58

注：其中，碳当量 C_{eq} 的允许偏差为 +0.03%。

表 3-1-7 热轧带肋钢筋力学性能

牌号	下屈服强度 R_{eL}/MPa	抗拉强度 R_m/MPa	断后伸长率 A/%	最大力总延伸率 A_{gt}/%
		不小于		
HRB400 HRBF400	400	540	16	7.5
HRB400E HRBF400E			—	9.0
HRB500 HRBF500	500	630	15	7.5
HRB500E HRBF500E			—	9.0
HRB600	600	730	14	7.5

2. 钢筋混凝土用余热处理钢筋

热轧余热处理钢筋就是利用热处理原理进行表面控制冷却，并利用芯部余热自身完成回火处理所得的成品钢筋，其基圆上形成环状的淬火自回火组织。

钢筋混凝土用余热处理钢筋按屈服强度特征值分为 400 级、500 级，其牌号为 RRB400、RRB500；按用途分为可焊和非可焊，RRB400W 为可焊，W 为焊接的英文（Welding）的首位字母，此可焊是指焊接规程中规定的闪光对焊和电弧焊等工艺。

钢筋的公称直径范围为 8～50 mm。带肋钢筋应在其表面轧上牌号标志，还可依次轧上经注册的厂名（或商标）和公称直径毫米数字。钢筋牌号 RRB400 以 K4 表示，RRB500 以 K5 表示，RRB400W 以 KW4 表示。厂名以汉语拼音字头表示，公称直径毫米数以阿拉伯数字表示。公称直径不大于 10 mm 的钢筋，可不轧制标志，可采用挂标牌方法。

3. 冷轧带肋钢筋

热轧圆盘条经冷轧后，在其表面带有沿长度方向均匀分布横肋的钢筋，如图 3-1-3 所示。冷轧带肋钢筋的牌号由 CRB 和钢筋的抗拉强度最小值构成。

图 3-1-3　冷轧带肋钢筋

冷轧带肋钢筋按延性高低分为冷轧带肋钢筋（CRB）、高延性冷轧带肋钢筋（CRB+抗拉强度值+H），C、R、B、H 分别为冷轧（Cold rolled）、带肋（Ribbed）、钢筋（Bar）、高延性（High elongation）四个词的英文首位字母。冷轧带肋钢筋分为 CRB550、CRB650、CRB800、CRB600H、CRB680H、CRB800H 六个牌号。CRB550、CRB600H 为普通钢筋混凝土用钢筋；CRB650、CRB800、CRB800H 为预应力混凝土用钢筋；CRB680H 既可作为普通钢筋混凝土用钢筋，也可作为预应力混凝土用钢筋使用。

CRB550、CRB600H、CRB680H 钢筋的公称直径范围为 4~12 mm。CRB650、CRB800、CRB800H 钢筋的公称直径为 4 mm、5 mm、6 mm。

二、钢筋的检查与保管

1. 钢筋的进场验收

进场钢筋应具有出厂质量证明书和试验报告单，钢筋进场时除应检查其外观、标志外，还应按不同的钢种、等级、牌号、规格及生产厂家分批取试样进行力学性能检验。

组批规则：钢筋分批检验时，由同一牌号、同一炉罐号、同一尺寸的钢筋进行组批，每批质量不大于 60 t，超过 60 t 的部分，每增加 40 t（或不足 40 t 的余数），增加一个拉伸及一个弯曲试验试样。钢筋的进场检验亦可由同一牌号、同一冶炼方法、同一浇注方法的不同炉罐号组成混合批进行，但各炉罐号的含碳量之差应不大于 0.02%，含锰量之差应不大于 0.15%。

力学性能试验内容主要包括钢筋的拉力（屈服强度、抗拉强度及延伸率）、冷弯和可焊性试验。

2. 钢筋的保管

钢筋进场后，应妥善保管，具体应做到：钢筋必须按不同的品种、规格、分批分别堆置整齐，不得混杂，且应设立识别标志，如图 3-1-4 所示。存放时间宜不超过 6 个月。

钢筋存放场地应有防、排水设施，且钢筋不得置于地面，应垫高或堆置在台座上，顶部应采用合适的材料予以覆盖，防止水浸和雨淋。

三、其他规定

（1）在施工过程中，应采取适当措施，防止钢筋产生锈蚀。对设置在结构或构件中的预留钢筋的外露部分，当外露时间较长且环境湿度较大时，宜采取包裹、涂刷防锈材料或其他有效方式，进行临时性防护。

（2）钢筋的级别、种类和直径应按设计规定采用，当需要代换时，应得到设计人员的书面认可。

（3）预制构件的吊环，必须采用未经冷拉的热轧光圆钢筋制作，且其使用时的计算拉应力应不大于 65 MPa。

图 3-1-4　钢筋存放

任务 2　钢筋加工

【工作任务】

某桥有一批钢筋需要加工。

【任务目标】

知识目标：

熟悉弯钩要求及计算。

掌握钢筋的调直、除锈与弯钩的方法。

技能目标：

能够对钢筋加工质量进行检查。

【建议课时】

4 课时。

【任务相关理论】

钢筋加工包括调直、除锈、下料、弯曲和弯钩等工序。

一、钢筋的调直

盘圆钢筋可用钢筋调直机调直，也可用人力或电动绞车（卷扬机）拉直。粗钢筋可放在工作台上用手锤敲直，也可用手工扳子或自动机床矫直，如图 3-2-1 所示。

冷拉调直时，HPB300 钢筋的冷拉率不超过 2%，HRB400 钢筋的冷拉率不宜超过 1%。

图 3-2-1 钢筋的调直

二、钢筋除锈

钢筋表面应洁净、无损伤，使用前应将油渍、漆皮及鳞锈等清除干净，带有颗粒状或片状老锈的钢筋不得使用；当除锈后钢筋表面有严重的麻坑、斑点，已伤蚀截面时，应降级使用或剔除不用。

钢筋除锈通常可在冷拉或调直过程中除锈，少量的除锈可采用电动除锈机或喷砂，局部除锈可采用人工用钢丝刷或砂轮等方法进行，亦可将钢筋通过砂箱往返搓动除锈。

三、钢筋的下料

钢筋下料前应熟悉图纸，掌握各种钢筋的形状、长度、弯曲和弯钩的要求，熟练掌握弯钩、弯曲的增减量，钢筋连接的错位要求等，合理搭配，以达到节约材料的目的。

1. 钢筋的弯钩

钢筋弯制和末端弯钩应符合设计要求，如设计无规定时，应符合表 3-2-1 的规定。

表 3-2-1 受力主钢筋制作和末端弯钩形状

弯曲部位	弯曲角度	形状图	钢筋种类	弯曲直径 D	平直段长度
末端弯钩	180°		HPB300	≥2.5d	≥3d
	135°		HRB400 HRBF400 HRB500 RRB400	≥5d	≥5d
	90°		HRB400 HRBF400 HRB500 RRB400	≥5d	≥10d
中间弯钩	90°以下		各种钢筋	≥20d	—

注：采用环氧树脂涂层钢筋时，除应满足表内规定外，当钢筋直径 d≤20 mm 时，弯钩内直径 D 不应小于 4d；当 d>20 mm 时，弯钩内直径 D 不应小于 6d；直线段长度不应小于 5d。

2. 钢筋弯钩的伸长计算

按弯曲直径 $D \geq 2.5d$，作 180° 的圆弧弯曲，半圆弯钩（180°）增加长度，如图 3-2-2 所示：

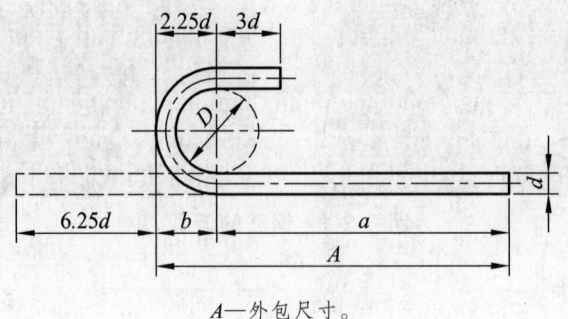

A—外包尺寸。

图 3-2-2 半圆弯钩

半圆弯钩全长：$3d + \dfrac{3.5\pi d}{2} = 8.5d$

注：弯钩时，钢筋中心线不伸长也不缩短，则弯曲半径

$$R = \frac{2.5d}{2} + \frac{d}{2} = \frac{3.5d}{2}$$

半圆弯钩增加长：$8.5d - 2.25d = 6.25d$

注：钢筋测量长度时为外包尺寸长，则 $b = \dfrac{2.5d}{2} + d = 2.25d$

斜弯钩（135°弯钩）：如图 3-2-3 所示，增加的钢筋长度为

$$3d + \frac{3}{8} \times 2\pi \times \left(\frac{2.5d}{2} + \frac{d}{2}\right) - 2.25d = 4.9d$$

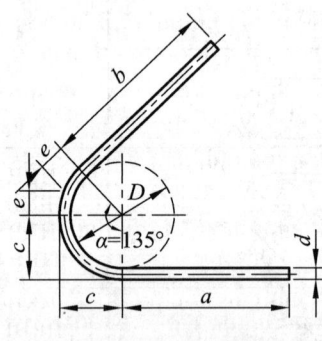

图 3-2-3 斜弯钩

直弯钩（90°弯钩）：如图 3-2-4 所示，增加的钢筋长度为

$$3d + \frac{1}{4} \times 2\pi \times \left(\frac{2.5d}{2} + \frac{d}{2}\right) - 2.25d = 3.5d$$

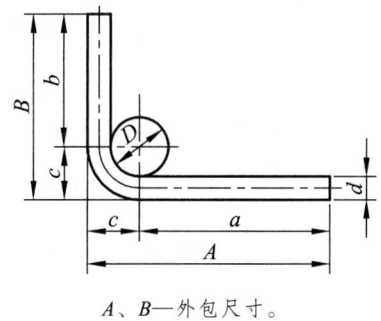

A、B—外包尺寸。

图 3-2-4 直弯钩

钢筋加工弯钩增加长度也可参考表 3-2-2。

表 3-2-2 各种规格钢筋一个弯钩增加长度参考值

钢筋直径/mm	半圆弯钩/mm	半圆弯钩/mm（不带平直部分）	直角弯钩/mm	斜弯钩/mm
6	40	20	35	75
8	50	25	45	95
9	60	30	50	110
10	65	35	55	120
12	75	40	65	145
14	90	45	75	170
16	100	50		
18	115	60		
20	125	65		
22	140	70		
25	160	80		
28	175	85		
32	200	105		
36	225	115		

3. 钢筋的弯折

根据结构受力要求，有时需将部分受力钢筋弯折，这时弧长比两切线之和短些，如图 3-2-5 所示，其计算长度应减去折减数值（钢筋直径小于 10 mm 时可忽略不计），称为钢筋弯曲调整值，可参考表 3-2-3。

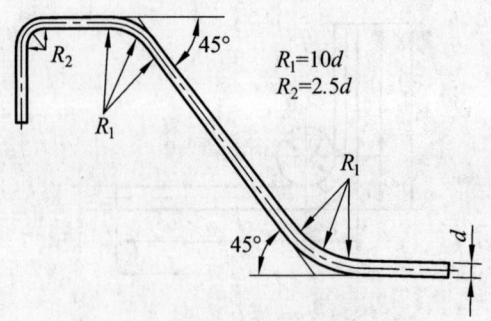

图 3-2-5 钢筋的弯折

表 3-2-3 钢筋弯曲调整值

钢筋弯曲角度	30°	45°	60°	90°	135°
钢筋弯曲调整值	0.35d	0.5d	0.85d	2d	2.5d

4. 箍筋

用 I 级钢筋制作的箍筋，其末端应做弯钩，弯钩的形状应符合设计规定。弯钩的弯曲直径应大于被箍受力主钢筋的直径，且 HPB300 级钢筋应不小于箍筋直径的 2.5 倍，HRB400 级钢筋应不小于箍筋直径的 5 倍。弯钩平直部分的长度，一般结构应不小于箍筋直径的 5 倍；有抗震要求的结构，不应小于箍筋直径的 10 倍。如无设计要求时，可按图 3-2-6 中（a）、（b）形式加工；有抗震要求的结构，应按图 3-2-6 中（c）形式加工。

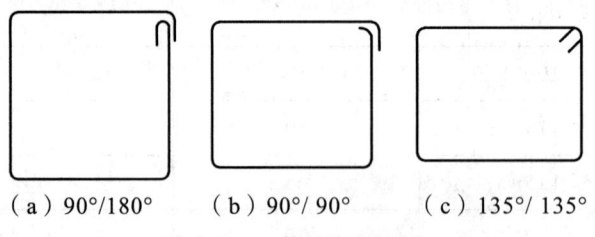

（a）90°/180°　（b）90°/90°　（c）135°/135°

图 3-2-6 箍筋弯钩形式

5. 下料长度计算

设计图纸无计算时，可按下式计算钢筋下料长度：

直钢筋下料长度 = 构件长度 - 保护层厚度 + 弯钩增加长度

弯起钢筋下料长度 = 直段长度 + 斜段长度 - 弯曲调整值 + 弯钩增加量

箍筋下料长 = 箍筋周长 + 箍筋调整值

如果上述钢筋需要搭接，则应增加钢筋搭接长度。

四、钢筋的切断、弯制

钢筋的切断可用钢筋切割机切割，钢筋弯制成型可用钢筋弯切机或人工弯制。如图

3-2-7、图 3-2-8 所示。

图 3-2-7 手工弯制和钢筋切割机

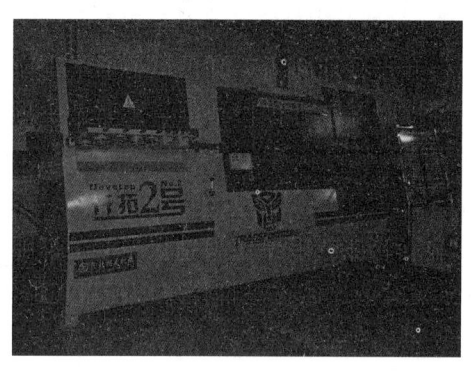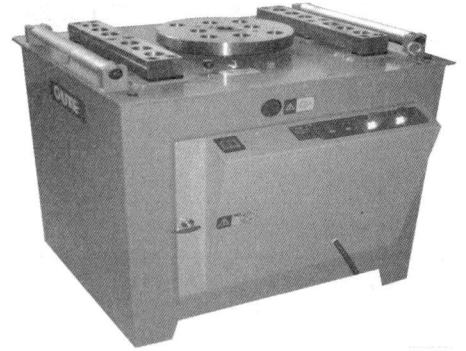

图 3-2-8 钢筋数控调直、弯切一体机与弯曲机

任务 3 钢筋连接

【工作任务】

钢筋接长的检验判断。

【任务目标】

知识目标：

熟悉钢筋连接的方法。

掌握连接的基本要求。

技能目标：

能够进行钢筋连接质量检查验收。

【建议课时】

6 课时。

【任务相关理论】

一、钢筋的连接方法

钢筋的连接方法：焊接、机械连接和绑扎连接。

钢筋连接宜采用焊接或机械连接接头。绑扎接头仅当钢筋构造复杂施工困难时方可采用，绑扎接头的钢筋直径不宜大于 28 mm，对轴心受压和偏心受压构件中的受压钢筋可不大于 32 mm，轴心受拉和小偏心受拉构件不应采用绑扎接头。

二、接头布置

（1）受力钢筋的接头应设置在内力较小处，并应错开布置。
（2）焊接接头和机械连接接头，在接头长度区段内，同一根钢筋不得有两个接头。
（3）对绑扎接头，两接头间的距离应不小于 1.3 倍的搭接长度。
（4）配置在接头长度区段内的受力钢筋，其接头的截面面积占总截面面积的百分率应符合表 3-3-1 的规定。

表 3-3-1　在接头区段内钢筋接头面积最大百分率

接头形式	钢筋接头面积最大百分率/%	
	受拉区	受压区
主钢筋绑扎接头	25	50
主钢筋焊接接头	50	不限制

注：焊接接头区段内指 35d（d 为钢筋直径）长度范围内，但不得小于 500 mm；绑扎搭接接头连接区段是指长度为 1.3 倍搭接长度。

三、焊　接

钢筋的焊接接头宜采用闪光对焊或电弧焊、电渣压力焊、气压焊。但电渣压力焊只适用于竖向钢筋的连接，不得用作水平钢筋和斜筋的连接。接头形式、焊接方法和焊接材料应符合现行行业标准《钢筋焊接及验收规程》（JGJ 18）。

每批钢筋焊接前，应先选定焊接工艺和参数，按实际条件进行试焊，合格后方可正式施焊。焊接时，对施焊场地应有适当的防风、雨、雪、严寒的设施。焊工必须持焊工考试合格证上岗。

1. 闪光对焊

闪光接触对焊（图 3-3-1、图 3-3-2）可分为连续闪光焊、预热闪光焊、闪光-预热闪光焊三种方法。当钢筋直径较小，强度级别较低时，可采用连续闪光焊。当钢筋直径较大，且端面较平整时，可采用预热闪光焊；当端面不平整时，可采用闪光-预热闪光焊。

连续闪光焊：将夹紧于电焊机钳口内的钢筋，在接通电源时，以不大的压力移近钢筋两头，使轻微接触。在移近过程中，钢筋端隙间向四面喷射火花，而钢筋端头则逐渐发生熔化。缓慢移拢钢筋端部，保持连续闪光，在钢筋熔融到既定的长度值后，便对钢筋进行快速的顶锻，至此焊接操作即结束。

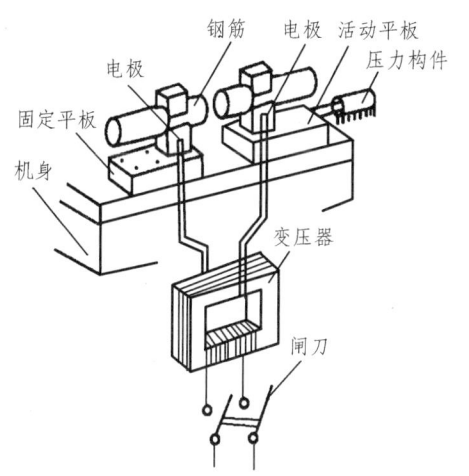 

图 3-3-1 钢筋闪光对焊机

 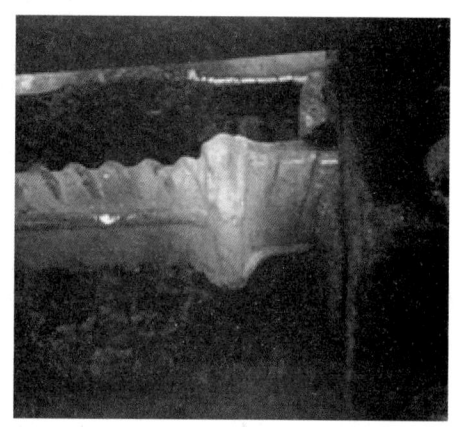

图 3-3-2 钢筋闪光对焊接头

预热闪光焊：先对钢筋通以电流，再以微力使钢筋不断地接触和分开，从而产生闪光电弧。钢筋断面不需加工铣平。在闪光过程中，中间所夹杂物全部以火花喷出，部分温度内传，使接触面变得十分平整，随后以极快的速度予以挤压，使电流在断开的时候，焊件接口的溶液被挤而溢出，形成牢固的接头。

2. 电弧焊

电弧焊包括搭接焊、帮条焊、熔槽焊、坡口焊、窄间隙焊，是利用弧焊机使焊条与焊件之间产生高温电弧，将钢筋局部熔化成熔池，焊条金属芯的熔滴因电弧力而进入熔池，冷却后熔化的焊条即形成焊缝，将两根钢筋焊接起来。焊条外的涂料在高温熔化时可产生的一种气体，以保护焊缝金属不被氧化。

电弧焊宜采用双面焊缝（图 3-3-3），仅在双面焊无法施焊时，方可采用单面焊缝。接头双面焊缝的长度不应小于 $5d$，单面焊缝的长度不应小于 $10d$（d 为钢筋直径），使两接合钢筋轴线一致。搭接焊时，两钢筋搭接端部应预先折向一侧，使两焊接钢筋的轴线位于同一直线上，如图 3-3-4 所示。

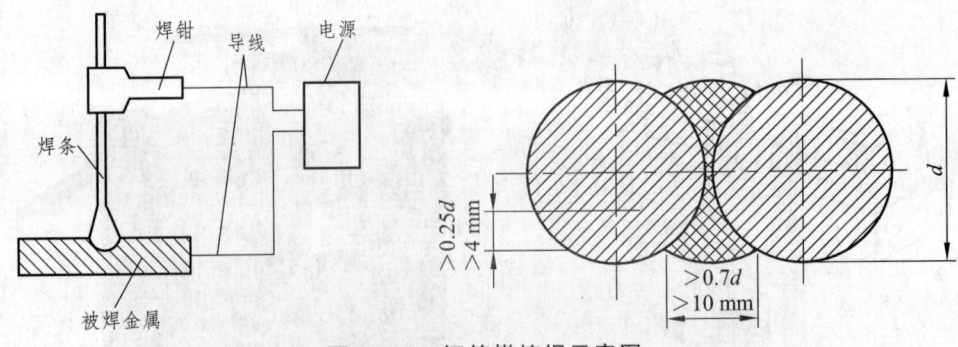

图 3-3-3 钢筋搭接焊示意图

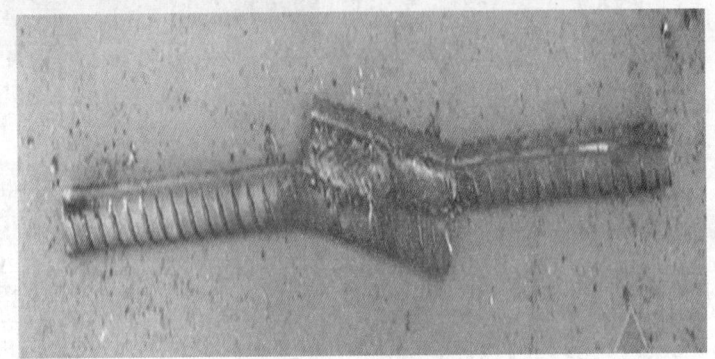

图 3-3-4 钢筋搭接焊

采用帮条电弧焊时，帮条应采用与主筋同级别的钢筋，其总截面面积不应小于被焊钢筋的截面面积。

电弧焊接与钢筋弯曲处的距离不小于 $10d$，且不宜位于构件的最大弯矩处。

3. 接触电渣压力焊

接触电渣压力焊简称接触电渣焊、电渣压力焊或电渣焊，是利用电流通过渣池产生的电阻热将钢筋端部熔化，然后施加压力使钢筋焊接的一种立焊方法，如图 3-3-5 所示。

图 3-3-5 电渣压力焊

电渣压力焊是粗钢筋焊接连接的一种方法。这种工艺能避免钢筋采用帮条焊或搭接焊电弧焊时的错位大和焊接时间长的缺点，并且比电弧焊容易掌握、工效高、成本低、工作条件好，适合于现浇混凝土结构中竖向或斜向（倾斜度在 4∶1 范围内）钢筋的连接。

4. 气压焊

气压焊是用氧气-乙炔火焰加热钢筋接头，温度达到塑性状态时施加压力，使钢筋接头压接在一起的工艺，如图 3-3-6 所示。

图 3-3-6　气压焊

四、机械连接

机械连接是通过连接件的机械咬合作用或钢筋端面的承压作用，将一根钢筋中的力传递至另一根钢筋的连接方法。钢筋的机械连接宜采用镦粗直螺纹、滚轧直螺纹或套筒挤压连接。

1. 镦粗直螺纹连接

镦粗直螺纹接头的工艺是利用镦机将钢筋端部先行镦粗，再用套丝机在钢筋的镦粗段上制作丝扣，然后用连接套对接钢筋，如图 3-3-7 所示。

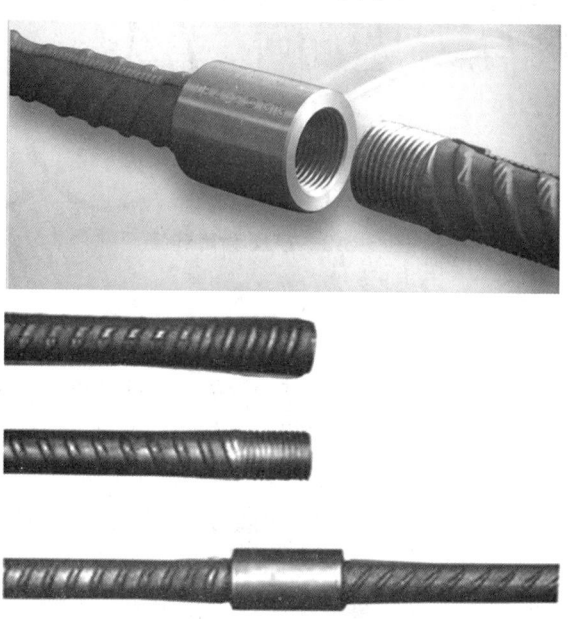

图 3-3-7　镦粗直螺纹钢筋接头

2. 滚轧直螺纹连接

滚轧直螺纹接头是通过钢筋端头直接滚轧或剥肋后滚轧制作的直螺纹和连接件螺纹咬合形成的接头，如图 3-3-8 所示。

图 3-3-8　滚轧直螺纹连接

3. 挤压套筒连接

挤压套筒连接是通过挤压力使连接用钢套塑性变形与带肋钢筋紧密咬合形成的接头，如图 3-3-9 所示。

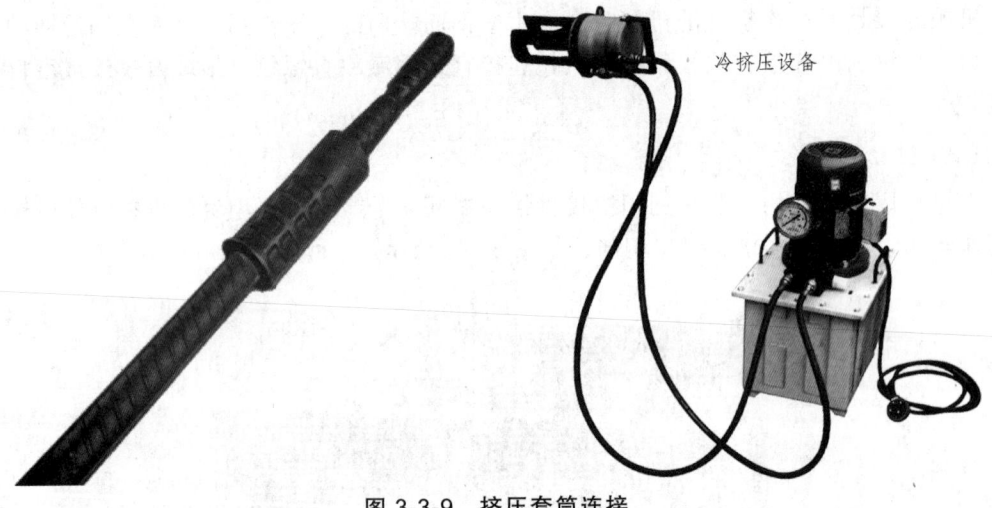

图 3-3-9　挤压套筒连接

4. 机械连接的基本要求

（1）钢筋机械连接接头的等级应选用Ⅰ级或Ⅱ级。

（2）钢筋机械连接接头的材料、制作、安装施工及质量检验和验收，应符合现行《钢筋机械连接用套筒》（JG/T 163）和《钢筋机械连接技术规程》（JGJ 107）的规定。

（3）钢筋机械连接件处的最小混凝土保护层厚度应符合设计受力主筋混凝土保护层厚度的规定，且不得小于 20 mm，连接件之间或连接件与钢筋之间的横向净距不宜小于 25 mm。

（4）连接套筒、锁母、丝头等在运输和储存过程中应采取防护措施，防止雨淋、玷污和损伤。

五、钢筋绑扎

1. 钢筋的绑扎连接

钢筋绑扎搭接连接是指相互搭接的钢筋用 18# ~ 22# 镀锌铅丝（或火烧铁丝）绑扎在一起。

（1）绑扎接头的末端距钢筋弯折处的距离，不应小于钢筋直径的 10 倍，接头不宜位于构件的最大弯矩处。

（2）钢筋搭接处，应在中心和两端用铁丝扎牢。

（3）受拉钢筋绑扎接头的搭接长度，应符合表 3-3-2 的规定；受压钢筋绑扎接头的搭接长度，应取受拉钢筋绑扎接头搭接长度的 0.7 倍。

表 3-3-2　受拉钢筋绑扎接头的搭接长度

钢筋类型	HPB300		HRB400、HRBF400、RRB400	HRB500
混凝土强度等级	C25	≥C30	≥C30	≥C30
搭接长度	40d	35d	45d	50d

注：（1）当带肋钢筋直径 d 不大于 25 mm 时，其受拉钢筋的搭接长度应按表中值减少 5d 采用；当带肋钢筋直径 d 大于 25 mm 时，其受拉钢筋的搭接长度应按表中值增加 5d 采用。
（2）当混凝土在凝固过程中受力钢筋易受扰动时，其搭接长度增加 5d。
（3）在任何情况下，纵向受拉钢筋的搭接长度不应小于 300 mm，受压钢筋的搭接长度不应小于 200 mm。
（4）环氧树脂涂层钢筋的绑扎接头搭接长度按表值的 1.5 倍采用。
（5）两根不同直径的钢筋的搭接长度，以较细的钢筋直径计算。

（4）受拉区内 HPB300 钢筋绑扎接头的末端应做弯钩；HRB400、HRBF400、HRB500、RRB400 钢筋的绑扎接头末端可不做弯钩；直径不大于 12 mm 的受压 HPB300 钢筋的末端可不做弯钩，但搭接长度不应小于钢筋直径的 30 倍。

（5）绑扎接头中钢筋的横向净距不应小于钢筋直径且不应小于 25 mm。

2. 钢筋的交叉点绑扎

（1）钢筋的交叉点宜采用直径 0.7 ~ 2.0 mm 的铁丝扎牢，必要时采用点焊焊牢。绑扎宜采取逐点改变绕丝方向的 8 字形方式交错扎结，对直径在 25 mm 以上的钢筋，宜采取双对角线的十字形方式扎结。

（2）结构或构件拐角处的钢筋交叉点应全部绑扎；中间平直部分的交叉点可交错绑扎，但绑扎的交叉点宜占全部交叉点的 40% 以上。

（3）钢筋绑扎时，除设计有特殊规定者外，箍筋应与主筋垂直。

（4）绑扎钢筋的铁丝丝头不应进入混凝土保护层内。

六、钢筋焊接质量检验与验收

钢筋焊接接头应按批进行外观检查和力学性能检验。机械连接及绑扎连接的检查检验见相关标准，此处不再叙述。

1. 检验批

在同一台班内,由同一焊工完成的 300 个同牌号、同直径钢筋焊接接头作为一批。当同一台班内焊接的接头数量较少时,可在一周内累计计算,一周内累计不足 300 个接头时,亦按一批计。

2. 外观质量检查

每一检验批中应随机抽取 10%的焊接接头进行外观检查。检查结果,若外观质量各小项不合格数均小于或等于抽验数的 15%,则该批焊接接头外观质量评为合格。当某一小项不合格数超过抽验数的 15%时,应对该批焊接接头该小项逐个进行复验,并剔除不合格接头;对外观检查不合格接头采取修整或补焊措施后,可提交二次验收。

闪光对焊外观要求:对焊接头表面应呈圆滑、带毛刺状,不得有肉眼可见的裂纹;不得有明显烧伤;接头处的弯折不得大于 2°;接头处的钢筋轴线偏移不得大于 0.1 倍的钢筋直径,同时不得大于 1 mm。

电弧焊外观检查要求:焊缝表面应平整、不得有凹陷或焊瘤;焊接接头区不得有肉眼可见的裂纹,咬边深度、气孔、夹渣等缺陷允许值及接头尺寸的允许偏差应符合规定;坡口焊、熔槽帮条焊、窄间隙焊等焊缝余高不得大于 3 mm。

3. 力学性能检验

接头外观检查合格后,进行力学性能检验。闪光对焊,应从每批接头中随机切取 6 个接头,其中 3 个做拉伸试验,3 个做弯曲试验;电弧焊接头、电渣压力焊接头,每批随机切取 3 个接头做拉伸试验。

(1)每批成品中抽取 3 个进行拉伸试验。

合格判定:① 3 个试件均断于钢筋母材,呈延性断裂,其抗拉强度大于或等于钢筋母材抗拉强度标准值。② 2 个试件均断于钢筋母材,并呈延性断裂,其抗拉强度大于或等于钢筋母材抗拉强度标准值;另一试件断于焊缝,呈脆性断裂,其抗拉强度大于或等于钢筋母材抗拉强度标准值的 1.0 倍。符合上述条件之一时,应评定该批接头拉伸试验合格。

不合格判定:3 个试件均断于钢筋母材,呈脆性断裂,其抗拉强度均大于或等于钢筋母材抗拉强度标准值的 1.0 倍,应进行复验。当 3 个试件中有 1 个试件抗拉强度小于钢筋母材抗拉强度标准值的 1.0 倍时,应评定该批接头拉伸试验不合格。

符合下列条件之一时,应进行复验:

① 2 个试件断于钢筋母材,呈延性断裂,其抗拉强度大于或等于钢筋母材抗拉强度标准值;另一试件断于焊缝或热影响区,其抗拉强度小于钢筋母材抗拉强度标准值的 1.0 倍。

② 1 个试件断于钢筋母材,呈延性断裂,其抗拉强度大于或等于钢筋母材抗拉强度标准值;另 2 个试件断于焊缝或热影响区,呈脆性断裂。

复验时,应再切取 6 个试件。试验结果,若有 4 个或 4 个以上试件断于钢筋母材,呈延性断裂,其抗拉强度大于或等于钢筋母材抗拉强度标准值,另 2 个或 2 个以下试件断于焊缝,呈脆性断裂,其抗拉强度大于或等于钢筋母材抗拉强度标准值的 1.0 倍,应判定该批接头拉伸试验复验合格。

试件断于热影响区并呈延性断裂,应视作与断于钢筋母材等同;试件断于热影响区并呈脆性断裂,应视作与断于焊缝等同。

可焊接余热处理钢筋 RRB400 焊接接头拉伸试验,其抗拉强度应大于或等于 540 MPa。

(2)弯曲试验。

闪光对焊接头、气压焊接头进行弯曲试验时,当弯至 90°,有 2 个或 3 个试件外侧(含焊缝和热影响区)未发生宽度达到 0.5 mm 的裂缝时,应评定该批接头弯曲试验结果合格。

当 3 个试件均发生宽度达到 0.5 mm 的裂缝时,则评定该批接头弯曲试验不合格。

当有 2 个试件发生宽度达到 0.5 mm 的裂缝时,应进行复验,复验时,应再切取 6 个试件;复验结果,当有 3 个试件发生宽度达到 0.5 mm 的裂缝时,应判定该批接头为不合格品。

七、钢筋机械连接接头在施工现场检验与验收应符合的规定

(1)应提交有效的型式检验报告,以及连接件产品合格证、接头安装要求等相关技术文件。

(2)钢筋连接工程开始前及施工过程中,应对第一批进场钢筋进行接头工艺试验。进行工艺试验时,每种规格钢筋的接头试件应不少于 3 个,3 个接头试件的抗拉强度和残余变形均应满足规范要求。

(3)现场检验应进行外观质量检查和单项拉伸强度试验。

(4)接头的现场检验应按验收批进行。同一施工条件下采用同一批材料的同等级、同形式、同规格接头,以 500 个为一个验收批进行检验与验收,不足 500 个亦作为一个验收批。

(5)对接头的每一个验收批,应在工程结构中随机截取 3 个试件做抗拉强度试验,当 3 个接头试件的抗拉强度符合相应等级要求时,该验收批评定为合格;如有一个试件的抗拉强度不合格,应再取 6 个试件进行复验,复验中如仍有一个试件试验结果不合格,则该验收批评定为不合格。

(6)在现场连续检验 10 个验收批,其全部试件抗拉强度试验一次抽样均合格时,验收批接头数量可扩大 1 倍。

八、钢筋安装

钢筋安装应使钢筋、钢筋骨架、钢筋网与设计相符,并确保钢筋骨架的安全、牢固,要考虑对混凝土浇筑的影响、对钢筋混凝土结构耐久性的影响等。

1. 安装钢筋时的基本要求

(1)钢筋的级别、直径、根数、间距等应符合设计规定。钢筋的连接质量、位置等应符合施工规范的规定。

(2)对多层多排钢筋,宜根据安装需要在其间隔处设立一定数量的架立钢筋或短钢筋,但架立钢筋或短钢筋的端头不得伸入混凝土保护层内。

（3）半成品钢筋和钢筋骨架采用整体方式安装时，宜设置专用胎架或卡具等进行辅助定位，安装过程中应采取保证整体刚度及防止变形的措施。

（4）钢筋过密影响到混凝土浇筑质量时，应及时与设计人员协商解决。

2. 垫块设置

钢筋与模板之间应设置垫块以保证混凝土保护层的厚度。

混凝土垫块应具有不低于结构本体混凝土的强度和密实性；用其他材料制作混凝土垫块时，除满足使用强度外，不应对混凝土产生不利的影响，垫块的厚度不应出现负误差，正误差应不大于1 mm。

垫块应相互错开、分散设置在钢筋与模板之间，但不应横穿混凝土保护层的全部截面进行设置。垫块在结构或构件侧面和底面所布设的数量应不少于4个/m^2，垫块与钢筋绑扎要牢固，且其绑丝的丝头不应进入混凝土保护层内。

3. 钢筋骨架的焊接拼装

骨架的焊接拼装应在坚固的工作台上进行，并按设计图纸放出大样，放样时应考虑焊接变形的预留拱度。钢筋拼装前，对有焊接接头的钢筋应检查每根接头是否符合焊接要求。拼装时，在需要焊接的位置用楔形卡卡紧，防止焊接时局部变形。

焊接顺序宜由中到边对称地向两端进行，先焊骨架下部，后焊骨架上部。相邻的焊缝宜采取分区对称跳焊，不得顺方向一次焊成，如图3-3-10所示。

图3-3-10 钢筋骨架焊接顺序

项目四 混凝土工程

任务1 原材料的选择与配制

【工作任务】

某20 m跨径的中桥，假如其墩柱、盖梁、钻孔灌注桩混凝土强度皆为C30，根据所学知识、查阅相关资料，其原材料、配合比有何不同？

【任务目标】

知识目标：

掌握对配制混凝土所需原材料的技术要求。

熟悉常用材料的保存。

掌握普通水泥混凝土配合比设计相关指标的要求。

技能目标：

能够进行进场材料的验收。

能够进行施工配合比计算。

【建议课时】

4课时。

【任务相关理论】

混凝土是桥涵工程的主要材料，可以理解为一种人造石料，其抗压强度高，而抗拉强度相对很低（一般为抗压强度的 1/8~1/18）。混凝土的质量决定着整个桥涵工程的优劣，而要保证混凝土的质量，就得从原材料的选择、配制入手，做好混凝土的拌制、运输、浇筑和养护等环节。混凝土施工的一般流程如图4-1-1所示。

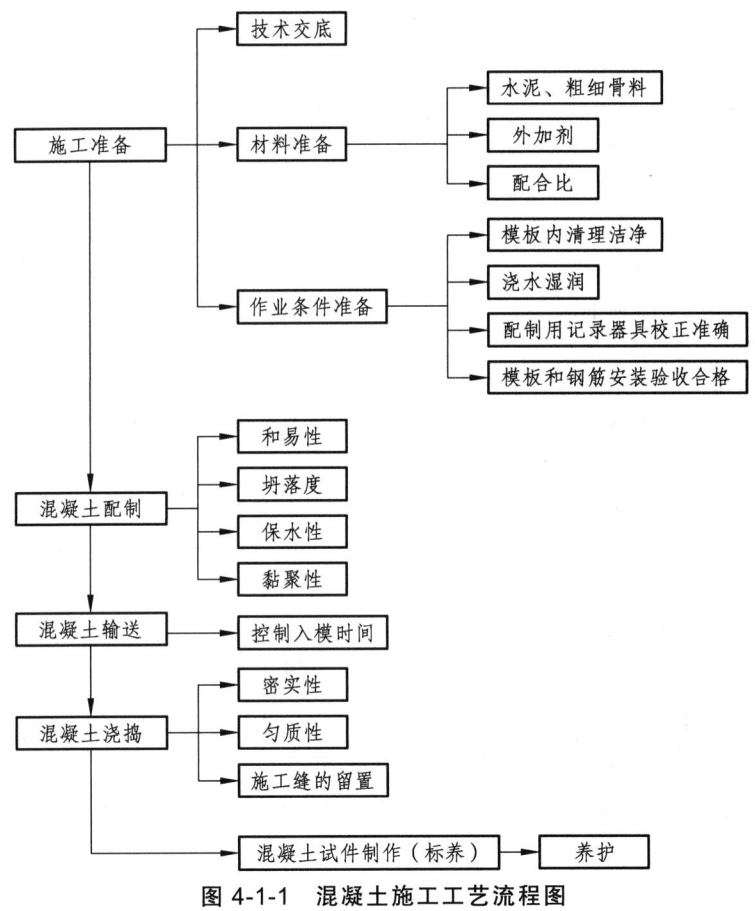

图 4-1-1 混凝土施工工艺流程图

一、水 泥

1. 水泥的特性与选择

公路桥涵工程采用的水泥应符合现行国家标准《通用硅酸盐水泥》(GB 175)的规定，

水泥的品种和强度等级应通过混凝土配合比试验选定,且其特性应不会对混凝土的强度、耐久性和工作性能产生不利影响。桥涵混凝土宜选用非碱活性集料,当采用碱活性集料时,宜选用含碱量不大于0.6%的低碱水泥。

水泥的特性见表4-1-1。

表4-1-1 水泥特性

序号	品种	特性	适用范围
1	硅酸盐水泥	(1)早期强度及后期强度均较高,水化热较高,耐磨性、抗冻性均较强。 (2)耐热性、耐水性及抗腐蚀性较差	(1)适用于预应力混凝土结构、悬臂浇筑的桥梁上部结构、水泥混凝土路面及早期强度高、耐磨、耐冻的混凝土和钢筋混凝土结构。 (2)不适用于大体积混凝土工程和受海水、工业废水等侵蚀性水作用的结构
2	普通硅酸盐水泥(简称普通水泥)	早期强度和水化热低于硅酸盐水泥,其余同硅酸盐水泥	同硅酸盐水泥
3	矿渣硅酸盐水泥(简称矿渣水泥)	(1)一般在高温潮湿环境中强度增长较快,水化热较低,抗硫酸盐侵蚀性较好。 (2)早期强度低,低温环境中强度增长慢,抗冻性和耐磨性较差,泌水也较大	(1)适用于大体积混凝土工程、蒸汽养护的混凝土工程及地下、地上受淡水或海水侵蚀的结构。 (2)不适用于低温施工的混凝土
4	火山灰质硅酸盐水泥(简称火山灰水泥)	除具有矿渣水泥的特性外,还具有较好的抗渗性	除具有矿渣水泥的适用性外,还适用于有抗渗要求的混凝土
5	粉煤灰硅酸盐水泥(简称粉煤灰水泥)	同火山灰水泥	同火山灰水泥

2. 水泥进场与检验

(1)施工单位在水泥进场前应做必要的试验,经监理工程师认可后方可进场。

(2)进场水泥应附有制造厂的水泥品质试验检验报告等合格证明文件,应按批次对同一生产厂、同一品种、同一强度等级及同一出厂日期的水泥进行检验。

散装水泥以500 t为一批,袋装水泥以200 t为一个检验批。

试验内容包括细度、凝结时间、安定性和强度、碱含量、水化热等项目。

3. 水泥存放

(1)公路桥涵混凝土工程宜采用散装水泥,在工地上应采用专用水泥罐储存。

(2)袋装水泥在运输和储存过程中应防止受潮,且不得长时间露天堆放,临时露天堆放时应设支垫并覆盖。

(3)不同品种、强度等级和出厂日期的水泥应分别按批存放,不得混杂。

（4）当对水泥质量有怀疑或受潮等或存放时间超过 3 个月时，应重新取样检验，并按其复验结果使用。一般存放三个月后，强度会降低 10%~20%。

（5）受潮、结块水泥一般不得用在结构工程中。

二、细集料

桥涵混凝土的细骨料，应采用级配良好、质地坚硬、颗粒洁净且粒径小于 5 mm 的河砂；河砂不易得到时，也可用符合规定的其他天然砂和机制砂，不得采用海砂。

宜按同产地、同规格、连续进场数量不超过 400 m³ 或 600 t 为一验收批；小批量进场宜以不超过 200 m³ 或 300 t 为一验收批；当质量稳定且进料量较大时，可以 1 000 t 为一验收批。

为了保证混凝土结构物的质量，重要工程的混凝土用砂通常选用中砂，细度模数一般为 2.6~2.9。

砂、石料场应硬化、隔离、标示，有条件的可采用遮棚存放，如图 4-1-2 所示。

图 4-1-2 砂石存放

三、粗集料

粗集料宜采用质地坚硬、洁净、级配合理、粒形良好、吸水率小的碎石或卵石。其针片状颗粒以及含泥量、泥块含量、吸水率、压碎值等不得超过规范的规定。

1. 级配选择

若集料的级配和粒径不好，必然要加大混凝土的胶凝材料总量和用水量，从而增加混凝土的收缩性、渗透性等缺陷，因此，粗集料宜根据混凝土最大粒径采用连续两级配或连续多级配，单粒粒级宜用于组合成满足要求的连续粒级，亦可与连续粒级混合使用，改善其级配或配成较大粒度的连续粒级。

2. 最大粒径的控制

粒径过大，会影响混凝土的浇筑，造成混凝土不密实或者卡在钢筋间隙间或运输设备内，所以，应根据混凝土结构情况和施工方法综合进行选取，最大粒径不得超过结构最小尺寸的 1/4 和钢筋最小净距的 3/4；在两层或多层密布钢筋结构中不得超过钢筋最小净距的 1/2，同时最大粒径不得超过 75 mm。混凝土实心板的粗集料最大粒径不宜超过板厚的 1/3 且不得超过 37.5 mm。泵送混凝土时的粗集料最大粒径，除应符合上述规定外，碎石最大料径不应超过输送管内径的 1/3；卵石最大粒径不应超过输送管内径的 1/2.5。

粗集料必须满足现行《公路桥涵施工技术规范》(JTG/T 3650—2020) 中的各项指标要求，施工前应对所用的粗集料进行碱活性检验。

3. 进场检验和存放

进场检验组批同细集料。粗集料应按品种、规格分别堆放，不得混杂。在装卸、存储时，应采取适当措施，使集料的级配均匀，并保持洁净。

四、水

符合国家标准的饮用水可直接作为混凝土的拌制和养护用水，对水质有疑问时，应对水质进行检验。

水中不应有漂浮明显的油脂和泡沫，不应有明显的颜色和异味，严禁采用海水用于结构混凝土的拌制和养护。

五、外加剂

桥梁工程中使用的外加剂类型主要有普通和高效减水剂、早强减水剂、缓凝减水剂、引气减水剂、抗冻剂、膨胀剂、阻锈剂和防水剂等。

使用的外加剂与水泥、矿物掺合料之间应具有良好的相容性。外加剂必须是经过具备相关资质的检测机构检验并附有检验合格证明的产品，其质量应符合《混凝土外加剂》(GB 8076) 的规定。

外加剂的品种和掺量应根据使用要求、施工条件、混凝土原材料的变化等经试验确定。

六、掺合料

掺合料主要有粉煤灰、磨细矿渣、硅灰等。掺合料应保证其产品品质稳定，来料均匀，由生产单位专门加工，进行产品检验并出具产品合格证书。其掺量通过试验确定。

七、混凝土配合比

1. 混凝土配合比要求

混凝土的配合比通过计算和试配选定。试配应采用施工实际使用的材料，配制的混凝土拌合物应满足和易性、凝结时间等施工技术条件，制成的混凝土应满足强度、耐久性（抗冻、抗渗、抗侵蚀）等质量要求。

（1）混凝土的坍落度和工作性能宜根据结构物情况和施工工艺要求确定（表 4-1-2），

在满足工艺要求的前提下，宜采用低坍落度的混凝土施工。

（2）混凝土的最大水胶比、最小水泥用量、最大氯离子含量应符合表 4-1-3 的要求。

表 4-1-2 混凝土拌合物的坍落度表

结构类别	坍落度（振动器振动）/mm
小型预制块及便于浇筑振动的结构	0~20
桥涵基础、墩台等无筋或少筋的结构	10~30
普通配筋率的钢筋混凝土结构	30~50
配筋较密、断面较小的钢筋混凝土结构	50~70
配筋极密、断面高而窄的钢筋混凝土结构	70~90

注：用人工捣实时，坍落度宜增加 20~30 mm。水下及泵送混凝土，另见其他规定。

表 4-1-3 混凝土的最大水胶比、最小水泥用量及胶凝材料用量

混凝土强度等级	最大水胶比	最小水泥用量/（kg/m³）	最大胶凝材料用量/（kg/m³）
C25	0.55	275	400
C30	0.55	280	
C35	0.50	300	
C40	0.45	320	450
C45	0.40	340	
C50	0.36	360	480
C55	0.32	380	500
C60	0.30	400	530

（3）在钢筋混凝土和预应力混凝土中，均不得掺用氯化钙、氯化钠等氯盐；减水剂宜采用聚羧酸类减水剂；各种外加剂中的氯离子总含量宜不大于混凝土中胶凝材料总质量的 0.02%，硫化钠含量宜不大于减水剂干重的 15%；当从各种组成材料引入的氯离子含量（折合氯盐含量）应不大于表 4-1-4 规定的限值。

表 4-1-4 混凝土中游离氯离子含量最大限值（%）

环境类别与作用等级	钢筋混凝土	预应力混凝土
Ⅱ、Ⅲ、Ⅳ	0.10	0.06
Ⅰ-B、Ⅰ-C、Ⅴ、Ⅵ	0.20	
Ⅰ-A、Ⅶ	0.30	

（4）总碱含量控制。除对由各种组成材料带入混凝土中的碱含量进行控制外，尚应控制混凝土的总碱含量。一般桥涵不宜大于 3.0 kg/m³，对特大桥、大桥和重要桥梁不宜大于 2.1 kg/m³，结构处于受严重侵蚀的环境时，不得使用有碱活性反应的集料。

（5）泵送混凝土（图4-1-3）的配合比宜符合：胶凝材料用量宜不小于300 kg/m³；水泥宜选用硅酸盐水泥、普通水泥或粉煤灰水泥；细集料宜采用中砂，通过0.3 mm筛孔的砂不宜少于15%，砂率宜控制在35%~45%内；粗集料宜采用连续级配，针片状颗粒含量宜不大于10%；混凝土拌合物的出机坍落度宜为100~200 mm，泵送入模坍落度宜控制在80~180 mm；泵送混凝土宜通过试验掺用适量的泵送剂、减水剂和掺合料。

图4-1-3 泵送混凝土

2. 混凝土施工（生产）配合比

由于施工现场料场中存放的砂石料含有一定的水分，施工时应根据现场砂石料的含水量将实验室配合比换算为施工配合比，才能保证配制的混凝土满足要求。

在施工时，每立方混凝土水和砂石的实际称量为：

水的称量 = 用水量 − 砂、石材料中含水的质量

砂的称量 = 砂的用量 + 砂中含水的质量

石的称量 = 石的用量 + 石料中含水的质量

水泥称量不变。

举例如下：混凝土的理论配合比为每立方米混凝土用水泥360 kg、砂612 kg、石子1 241 kg、水187 kg，交到工地后，实测砂的含水量为3%、碎石的含水量为2%。其施工配合比为：

砂：612+（612×0.03）= 630 kg

石子：1 241+（1 241×0.02）= 1 266 kg

水：187 − 612×0.03 − 1 241×0.02 = 144 kg

水泥：360 kg

施工配合比为：水泥：砂：石子：水 = 360：630：1 266：144 = 1：1.75：3.52：0.4

任务 2　混凝土拌制运输与浇筑

【工作任务】

某 U 形桥台施工，请写一个混凝土施工方案。

【任务目标】

知识目标：

掌握混凝土拌和注意事项。

掌握混凝土运输过程中的技术要求。

掌握混凝土浇筑的技术要求。

技能目标：

能对混凝土拌和与运输质量进行监控。

能对混凝土浇筑过程进行记录、检查。

能对混凝土浇筑过程进行指导。

【建议课时】

4 课时。

【任务相关理论】

一、混凝土拌制

混凝土应采用机械拌制，配料宜采用自动计量装置，计量应准确，各种衡器的精度应符合表 4-2-1 的要求。在正式拌制前，要对拌和机械进行试拌，对计量装置进行测试。外加剂以稀释溶液加入，其稀释用水和原液中的水量，应从拌和加水量中扣除。加入搅拌筒的外加剂应充分溶解，并搅拌均匀。掺合料应采用与水泥相同的输送、计量方式加入。

表 4-2-1　配料数量允许质量偏差

材料类型	允许偏差/%	
	现场拌制	预制场或集中搅拌站拌制
水泥、干燥状态的掺合料	±2	±1
粗、细集料	±3	±2
水、外加剂	±2	±1

强制式拌和机（图 4-2-1）的装料顺序一般为先装砂，再装水泥，最后投入石料，拌和的同时打开水阀。施工前，先对拌和设备进行湿润，第一盘混凝土粗集料数量只能用到标准数量的 2/3。

混凝土拌和物应搅拌均匀，颜色一致，不得有离析和泌水现象。拌制时，自全部材料装入搅拌筒开始搅拌至开始出料的最短搅拌时间，应按照搅拌机产品说明书的要求并经试验确定。对混凝土拌合物均匀性的检测为：在搅拌机的卸料过程中，从卸料流的 1/4～3/4 部位取试样进行试验，砂浆密度两次测值的相对误差不大于 0.8%，单位体积混凝土中粗集料含量两次测值相对误差不大于 5%。

图 4-2-1 强制式拌和机与配料机

二、混凝土运输

混凝土运输要做到运转次数少、运输距离短、不离析、不漏浆、不泌水等，并有足够的运输能力。

混凝土的运输能力应符合混凝土凝结速度和浇筑速度的需要，使浇筑工作不间断并使混凝土运到浇筑地点时仍保持均匀性和规定的坍落度。混凝土运至浇筑地点后发生离析、泌水或坍落度不符合要求时，应进行二次搅拌。二次搅拌不得任意加水，确有必要时，可同时加水、相应的胶凝材料和外加剂并保持原水胶比不变；如二次搅拌仍不符合要求，则不得使用。

混凝土运输方法如图 4-2-2 所示。混凝土运输宜采用搅拌运输车，或条件允许时采用泵送方式输送；采用吊斗或其他方式运输时，运距不宜超过 100 m 且不得使混凝土离析。

图 4-2-2 混凝土运送

采用搅拌运输车运输时，途中应以 2~4 r/min 的慢速进行搅动，卸料前应以常速再次搅拌。采用泵送方式运送时，混凝土的供应应使泵能连续工作，泵送的时间间隔不宜超过 15 min，在泵送过程中，受料斗内应保持足够的混凝土，防止吸入空气产生阻隔。输送管应顺直，转弯处应圆缓，接头应严密不漏气。同时应注意水分散失、混凝土的流动性、集料最大粒径的控制等，防止混凝土离析或堵塞输送管。

三、混凝土浇筑

1. 浇筑前的准备工作

（1）根据待浇筑结构物的情况、环境条件及浇筑量等制订合理的浇筑工艺方案，工艺方案应对施工缝设置、浇筑顺序、浇筑工具、防裂措施、保护层的控制等作出明确规定。

（2）对支架、模板、钢筋和预埋件、预留孔等进行检查，模板内的杂物、积水及钢筋上的污物应清理干净。模板如有缝隙或孔洞应堵塞严密且不漏浆。

（3）对混凝土的均匀性和坍落度等性能进行检测。

2. 混凝土倾倒

混凝土向模板内倾斜时，应防止混凝土离析。直接倾卸时，其自由倾落高度不宜超过 2 m，应通过串筒、溜管（槽）或振动溜管（槽）等设施下落，如图 4-2-3 所示；倾落高度超过 10 m 时，应设置减速装置。在串筒出料口下面，混凝土堆积高度不宜超过 1 m。

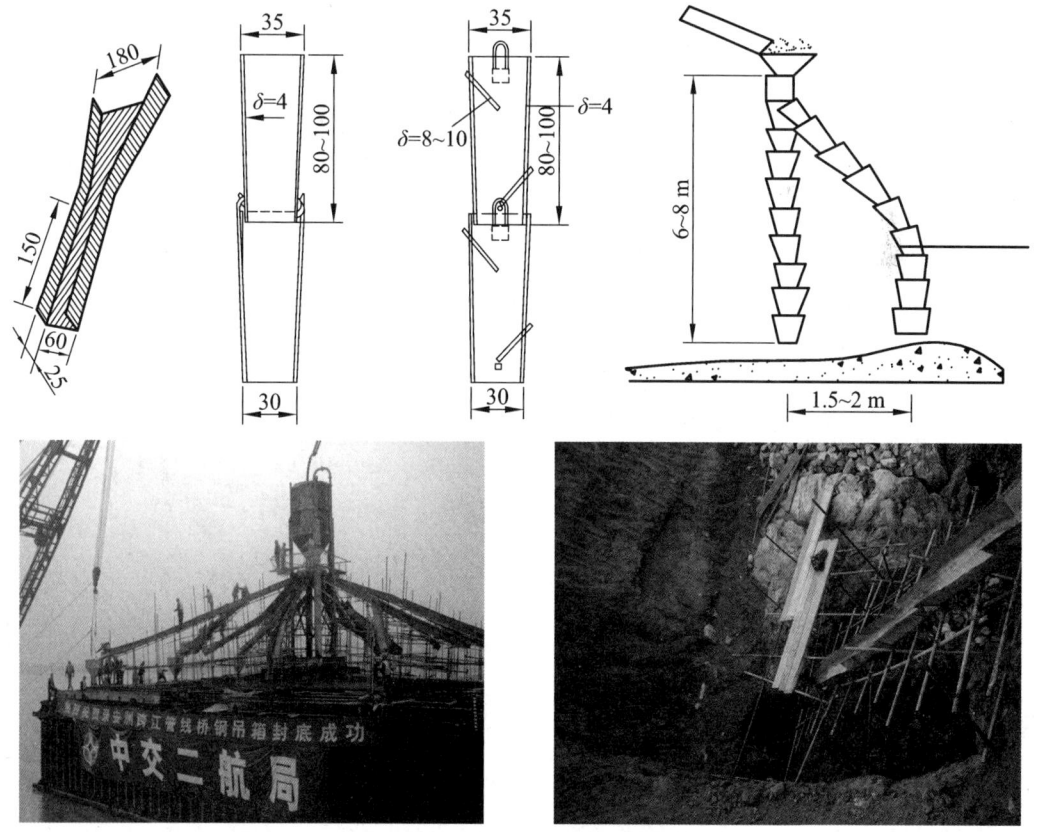

图 4-2-3　溜槽、串筒等混凝土倾倒设施（单位：mm）

3. 混凝土浇筑方式

混凝土应按一定厚度、顺序和方向分层浇筑，且应在下层混凝土初凝或能重塑前完成上层混凝土的浇筑、振捣；上下层同时浇筑时，上层与下层的前后浇筑距离应保持 1.5 m 以上；在倾斜面上浇筑混凝土时，应从低处开始逐层扩展升高，并保持水平分层。混凝土分层浇筑厚度不宜超过表 4-2-2 的规定。

混凝土的浇筑宜连续进行。

表 4-2-2 混凝土分层浇筑厚度

振捣方法		浇筑层厚度/mm
用插入式振动器		300
用附着式振动器		300
用表面振动器	无筋或配筋稀疏时	250
	配筋较密时	150

4. 混凝土振捣

为了增加混凝土的密实度，提高混凝土的强度和耐久性，应用机械振动器对混凝土进行振捣密实。常用的振动器的类型有：平板式振动器、附着式振动器、插入式振动器。

平板式振动器：平板振捣器放在浇筑层的表面振捣，适用于振捣面积较大的混凝土，如图 4-2-4 所示。表面振动器的位移间距应使振动器平板能覆盖已振实部分不小于 100 mm。

附着式振捣：采用附着式振捣器安装在模板外部振捣，适用于薄壁构件，如 T 梁的主梁和横隔板，如图 4-2-5 所示。振捣器的布置与构件厚度有关：当厚度小于 150 mm 时，可两面交错布置；当厚度大于 150 mm 时，应两面对称布置。振捣器布置的间距不应大于它的作用半径。此法是借助振动模板以捣实混凝土，效果并不理想，且对模板要求高，故一般只在钢筋过密而无法采用插入式振捣器时方可采用。

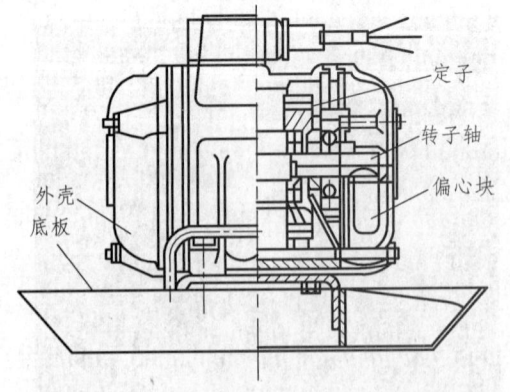

图 4-2-4 表面振动器

图 4-2-5　附着式振捣器布置图

插入式振动器:插入式振捣器插入混凝土内部振捣，效果最好。振捣棒移动间距不应超过振动器作用半径的 1.5 倍，与侧模应保持 50～100 mm 的距离，且插入下层混凝土中的深度宜为 50～100 mm。振捣棒插点要均匀，宜快插慢拔，使混凝土上下振捣均匀，每一振点的振捣延续时间宜为 20～30 s，以混凝土停止下沉，不再冒出气泡，表面呈现平坦、泛浆为度，严禁漏振和过振，如图 4-2-6、图 4-2-7 所示。

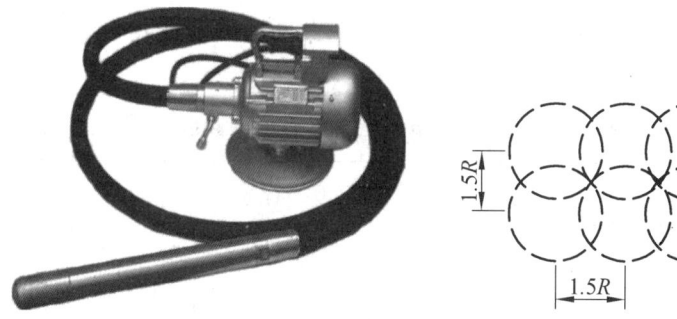

图 4-2-6　插入式振捣器及插点布置图

图 4-2-7　插入式振捣器施工图

人工振捣器：如图 4-2-8 所示，在一些边角、钢筋极密等特殊情况下，可采用人工进行辅助振捣。

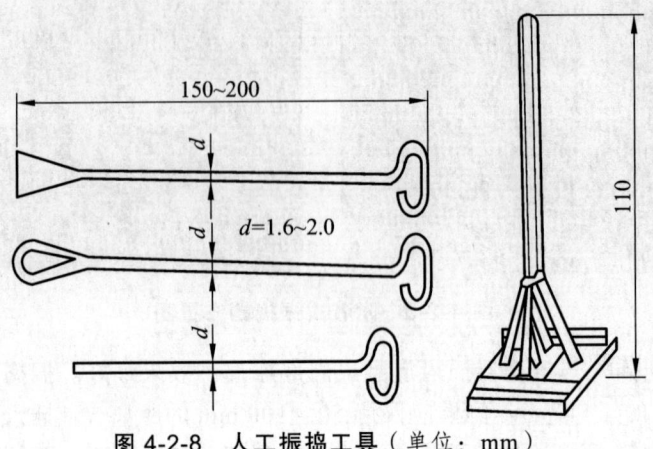

图 4-2-8　人工振捣工具（单位：mm）

5. 施工缝的设置与处理

（1）中断间歇时间。混凝土浇筑宜连续进行，因故中断间歇时，其间断时间应小于前层混凝土的初凝时间或能重塑的时间。运输、浇筑及间歇的全部时间不宜超过表 4-2-3 的规定，超过时按浇筑中断处理，即留置施工缝并记录。

表 4-2-3　混凝土运输、浇筑及间歇的全部允许时间（单位：min）

混凝土强度等级	气温≤25 ℃	气温>25 ℃
≤C30	210	180
>C30	180	150

（2）施工缝位置确定。施工缝的位置应在混凝土浇筑之前确定，宜留在结构受剪力和弯矩较小且便于施工的部位，施工缝宜设置成水平面或垂直面。

（3）施工缝处理。

① 凿除混凝土表面的松弱层。对处理层混凝土的强度，当采用水冲洗凿毛时，须达到 0.5 MPa；人工凿毛时，应达到 2.5 MPa；用风动机凿毛时，应达到 10 MPa，同时应加水使混凝土保持潮湿状态直到浇筑新混凝土。

② 经凿毛处理后的混凝土面，宜采用洁净水冲洗干净。

③ 重要部位及有抗震要求的混凝土结构或钢筋稀疏的钢筋混凝土结构，宜在施工缝处补插锚固钢筋，补插的锚固钢筋直径可比结构主筋小一个规格，间距宜不小于 150 mm，插入和外露的长度均不宜小于 300 mm；当有抗渗要求时，施工缝宜作成凹形、凸形或设置止水带；当施工缝为斜面时，应浇筑或凿成台阶状。

6. 注意事项

（1）在环境相对湿度较小，风速较大的条件下浇筑混凝土时，应采取适当措施防止混凝土表面过快失水。

（2）浇筑混凝土期间，应设专人随时检查支架、模板、钢筋、预留管道、预埋件等稳固情况，并及时填写混凝土浇筑记录。

（3）应尽快进行养护，在混凝土达到一定强度前，应防止混凝土受荷、受冻、受水浸湿。

任务 3　混凝土养护与检验

【工作任务】

某桥结构混凝土施工，请制订养护方案。

【任务目标】

知识目标：

掌握混凝土养护的目的和具体方法。

熟悉模板拆除的条件和注意事项。

能够对混凝土质量进行检查与验收。

技能目标：

能够对混凝土养护和拆模施工进行指导与管理。

【建议课时】

4 课时。

【任务相关理论】

一、混凝土养护

温度、湿度、时间是混凝土养护的三个基本要素。应根据施工对象、环境条件、水泥品种、外加剂或掺合料以及混凝土的性能等因素，制订具体的养护方案，并严格实施。

（1）混凝土浇筑完成后，应在收浆后尽快予以覆盖并洒水养护。对干硬性混凝土、高强和高性能混凝土、炎热天气浇筑的混凝土以及桥面等大面积裸露的混凝土，应加强初始保湿养护，有条件的可在浇筑完成后立即加设棚罩，待收浆后再予以覆盖和洒水养生。覆盖时不得损伤或污染混凝土的表面。混凝土面有模板覆盖时，应在养护期间经常使模板保持湿润。

（2）混凝土的洒水保湿养护时间应不少于 7 d，且以能保持混凝土表面经常处于湿润状态为度，不得使混凝土表面处于干湿交替状态。养护不得采用海水或有害物质的水。如图 4-3-1 所示。

图 4-3-1 混凝土养护

（3）气温低于 5 ℃时，应采取保温养护措施，不得向混凝土面上洒水。

（4）新浇筑的混凝土与流动的地表水或地下水接触时，应采取临时防护措施，保证混凝土在 7 d 以内且强度达到设计强度的 50%以前，不受水的侵袭；当环境水具有侵蚀作用时，应保证混凝土在 10 d 以内且强度达到设计强度的 70%以前，不受水的侵袭。混凝土处于冻融循环作用的环境时，宜在结冰期到来 4 周前完成浇筑施工，且在混凝土强度未达到设计强度等级的 80%前不得受冻。

（5）拆除侧模或吊起移运后，梁（板）混凝土养护期未满时，应继续洒水养护。

（6）混凝土强度达到 2.5 MPa 前，不得使其承受行人、运输工具、模板、支架等荷载。

（7）混凝土冬季施工时，可采用蓄热法、蒸汽加热、暖棚加热或电热法等方法进行养护。

二、模板的拆除

模板拆除按照内模、侧模和底模根据混凝土达到的强度而分别拆除。为了判定混凝土强度是否达到拆模所需的要求，应根据与构件同条件养护的混凝土试件的强度试验结果来确定。详见支架、模板项目。

三、质量检验

混凝土的质量宜分为施工前、施工过程和施工后三个阶段进行检验。

施工前检验项目应全部合格方可进行混凝土施工；施工过程中的检验项目不合格时，应分析原因，采取措施调整，待合格后方可继续施工；施工后的检验与施工前、施工过程中的检验共同作为混凝土质量评定和验收的依据。

1. 混凝土施工前的检验项目

（1）施工设备和场地。

（2）混凝土的原材料和各种组成材料的质量。

（3）混凝土配合比及其拌合物的工作性能、力学性能及抗裂性能等。

（4）基础、钢筋、预埋件等隐蔽工程及支架、模板。

（5）混凝土运输、浇筑和养护方法及设施，安全设施。

2. 混凝土施工过程中的检验项目

（1）混凝土组成材料的外观及配料、拌制，每一工作班至少 2 次，必要时随时抽样试验。

（2）混凝土的和易性、坍落度及扩展度等工作性能，每一工作班至少 2 次。

（3）砂石材料的含水率，每日开工前 1 次，气候有较大变化时随时检测，必要时调整配合比。

（4）钢筋、预应力管道、模板、支架等的安装位置和稳固性。

（5）混凝土的浇筑质量。

（6）外加剂使用效果。

3. 混凝土拆模且养护后对实体混凝土进行的检验项目

（1）养护情况。

（2）混凝土强度，拆模时间。

（3）混凝土外露面质量。

（4）结构的外形尺寸、位置、裂缝、变形和沉降等。

4. 试件制作

（1）不同强度及不同配合比的混凝土分别制取试件，试件在浇筑地点从同一盘混凝土或同一车运送的混凝土中随机取样。

（2）浇筑一般体积的结构物（基础、墩台等）时，每一单元结构物制取不少于2组。

（3）每片梁长16 m以下时应制取一组，16~30 m制取2组，31~50 m制取3组，50 m以上者不少于5组。

（4）就地浇筑混凝土的小桥涵，每一座或每一工作班不少于2组。

（5）根据施工需要，制取与结构物同条件养护的试件，作为判断结构混凝土在拆模、出池、吊装、预施应力、承受荷载等阶段强度的依据。

5. 质量标准

混凝土抗压强度应以标准条件下养护28 d龄期试件的抗压强度进行评定，应以强度等级相同、龄期相同以及生产工艺条件和配合比相同的混凝土组成同一验收批。

梁（板）预制的质量标准应符合表4-3-1的规定，其他质量标准见相关规范。

表4-3-1 预制梁、板施工质量标准

检查项目			规定值或允许偏差
混凝土强度/MPa			在合格标准内
梁（板）长度/mm			+5，-10
宽度/mm		干接缝（梁翼缘、板）	±10
		湿接缝（梁翼缘、板）	±20
	箱梁	顶宽	±30
		底宽	±20
	腹板或梁肋		+10，-0
高度/mm	梁、板		±5
	箱梁		+0，-5
断面尺寸/mm	顶板厚		+5，-0
	底板厚		
	腹板或梁肋		
跨径（支座中心至支座中心）/mm			±20
支座平面平整度/mm			2
平整度/mm			5
横系梁及预埋件位置/mm			5

任务 4　混凝土冬期、雨期、热期施工

【工作任务】

　　某混凝土拱涵冬季施工，分组讨论，总结从施工准备、施工到养护、检查的各步骤和注意事项。

【任务目标】

　　知识目标：
　　掌握冬季施工一般规定与注意事项。
　　掌握雨季施工一般规定与注意事项。
　　掌握热期施工一般规定与注意事项。
　　技能目标：
　　能够对特殊季节施工进行质量管理。

【建议课时】

　　4 课时。

【任务相关理论】

　　冬期施工是指根据当地多年气温资料，室外昼夜日平均气温连续 5 d 稳定低于 5 ℃ 时混凝土、钢筋混凝土、预应力混凝土及砌体工程等的施工。

　　冬期施工的工程，应预先做好冬期施工组织计划及技术准备工作。对各项设施和材料，应提前采取防雪、防冻、防火及煤气中毒等防护措施；对处于结冰水域的结构物，应采取必要措施，防止其在施工期间和完工后遭受冻胀、流冰撞击等危害。

一、冬期混凝土的配制和搅拌

　　（1）配制混凝土时，宜优先选用硅酸盐水泥、普通硅酸盐水泥，水泥的强度等级不宜低于 42.5 级，水胶比不宜大于 0.5；采用蒸汽养护时，宜优先选用矿渣硅酸盐水泥。

　　用加热法养护掺加外加剂的混凝土，严禁使用高铝水泥；使用其他品种的水泥时，应注意其掺合材料对混凝土强度、抗冻、抗渗等性能的影响。

　　（2）搅拌设备宜设在气温不低于 10 ℃ 的厂房或暖棚内。拌制混凝土前或停止拌制后，应采用热水冲洗搅拌机的拌盘或鼓筒。

　　集料应堆放在棚内或用保温材料覆盖，防止出现冻块。

　　（3）拌制混凝土的各种材料的温度，应满足混凝土拌合物搅拌和成型后所需要的温度。

　　当材料原有温度不能满足需要时，应首先考虑对拌用水加热，仍不能满足要求时，再考虑对集料加热；水泥只能保温，不得加热。各种材料加热的温度不得超过表 4-4-1 的规定。

　　（4）冬期搅拌混凝土时，应严格控制混凝土的配合比和坍落度，集料不得带有冰雪和冻结团块，投料前，应先用热水或蒸汽冲洗搅拌机。

　　加料顺序应先为骨料、水，稍加搅拌，再加水泥搅拌，时间应比常温时延长 50%。

　　混凝土拌合物的出机温度不宜低于 10 ℃，入模温度不应低于 5 ℃。

表 4-4-1　拌和水和骨料最高温度（单位：℃）

项　目	拌和水	骨料
强度等级小于 42.5 级的普通硅酸盐水泥、矿渣硅酸盐水泥	80	60
强度等级大于等于 42.5 级的普通硅酸盐水泥、矿渣硅酸盐水泥	60	40

注：当骨料不加热时，水可加热到 100 ℃，但水泥不应与 80 ℃ 以上的水直接接触。加料顺序为先加骨料和已加热的水，然后再加水泥。

二、冬期混凝土的运输和浇筑

（1）混凝土的运输时间应尽可能缩短，运输混凝土的容器应有保温措施。

（2）混凝土在浇筑前应清除模板、钢筋上的冰雪和污垢。浇筑完成后开始养护时的温度，用蓄热法养护时不得低于 10 ℃；用蒸汽法养护时不得低于 5 ℃，细薄结构不得低于 8 ℃。

（3）冬期施工在浇筑混凝土时，应在新混凝土浇筑前对接合面加热，其温度应保持 5 ℃ 以上。浇筑完成后，应采取措施使混凝土结合面继续保持正温，直至新浇混凝土达到规定的抗冻强度。

（4）浇筑预应力混凝土构件的湿接缝时，宜适当降低水胶比。浇筑完成后应加热或连续保温养护，直至接缝混凝土或水泥砂浆抗压强度达到设计强度的 75%。

三、混凝土的冬期养护

冬期施工期间，用硅酸盐水泥或普通硅酸盐水泥配制的混凝土，在抗压强度未达到设计强度的 40%，用矿渣硅酸盐水泥配制的混凝土，在抗压强度未达到设计强度的 50% 以前，均不得受冻。

混凝土的冬期养护时间宜较常温下的养护时间延长 3~5 d。混凝土的养护方法，应根据技术、经济比较和热工计算确定。当室外最低气温不低于 -15 ℃ 时，地面以下的工程或结构表面积系数不大于 15 m^{-1} 的结构，宜采用蓄热法养护。蓄热法不能适应强度增长速度要求时，可根据具体情况，选用蒸汽加热、暖棚加热等方法。

1. 蓄热法养护

蓄热法是利用原材料预热的热量及水泥水化热，通过适当的保温，延缓混凝土的冷却，保证混凝土能在冻结前达到所要求强度的一种冬期施工方法。保温材料可选用篷布、棉被、草帘、砂等。养护时采取加速混凝土硬化和降低混凝土冻结温度的措施，对容易冷却的结构部位，应特别加强保温，且不得往混凝土和覆盖物上洒水。如图 4-4-1 所示。

图 4-4-1 蓄热法养护

2. 蒸汽加热

蒸汽加热法是利用蒸汽在冷凝时放出的热量养护新浇筑的混凝土，使混凝土迅速达到受冻临界强度。如图 4-4-2 所示。

图 4-4-2 蒸汽加热法养护

蒸养养护包括预养（静放）、升温、恒温、降温四个阶段，另外还有后期养护。预养是指混凝土浇筑完毕到开始供气升温的一段养护时间，在养护期间使混凝土达到一定的强度，使之能承受因升温热膨胀而对混凝土结构产生的破坏作用；升温是指混凝土由预养温度到预定养护温度的一段时间；恒温是指保持混凝土蒸养温度；降温是指混凝土停止蒸汽养护阶段，降温阶段会引起混凝土失水，表面干缩，内外温差会使混凝土表面产生裂缝。

硅酸盐及普通硅酸盐水泥拌制的混凝土蒸养温度不得超过 80 ℃，采用矿渣硅酸盐水泥拌制的混凝土可提高到 85 ℃。

静放温度不宜低于 10 ℃；静放时间，对于塑性混凝土宜为 2～4 h，对干硬性混凝土可为 1 h，掺有缓凝型外加剂时宜为 4～6 h。应控制升、降温的速度符合表 4-4-2 的规定。

表 4-4-2 加热养护混凝土的升、降温速度（单位：℃/h）

表面积系数/m^{-1}	升温速度	降温速度
≥6	15	10
<6	10	5

3. 暖棚法加热法

暖棚加热法是将被养护的混凝土结构或构件，置于搭设的暖棚内，暖棚内设置散热器、排管、电热器或火炉等作为热源，加热棚内空气，使混凝土处于正温环境下进行养护的一种方法，如图 4-4-3 所示。

图 4-4-3　暖棚法加热养护

暖棚应坚固、不透风，靠内墙宜采用非易燃性材料，且暖棚内应设有防火、防煤气中毒措施。棚内气温不得低于 5 ℃，且宜保持一定的湿度，湿度不足时，应向混凝土面及模板洒水。

四、冬期施工模板拆除与质量检查

1. 模板拆除

用蓄热法和加热法养护的混凝土结构，应根据与结构同条件养护试件的试验，证明混凝土已达到要求的抗冻强度及拆模强度后方可拆模。加热养护的结构模板和保温层，在混凝土冷却到 5 ℃ 以后，方可拆模；当混凝土与外界气温相差大于 20 ℃ 时，拆除模板后混凝土表面应加以覆盖保温，使其缓慢冷却。

对掺用防冻剂的混凝土，当拆模后混凝土的表面温度与环境温度差大于 15 ℃ 时，混凝土表面应采取覆盖保温养护。在负温度条件下严禁洒水，外露表面必须覆盖养护。

灌注桩冬期施工时，混凝土不得掺抗冻剂，灌注时拌合物的温度应不低于 5 ℃，对已凿除桩头预留混凝土的桩顶部位应进行覆盖养护。

2. 质量检验

混凝土冬期施工时，对骨料、拌合水装入拌合机时的温度、混凝土自拌合机倾出时的温度及浇筑时的温度，每一工作班至少检查 3 次。

混凝土在养护期间温度的检查：用蓄热法养生时，每昼夜定时 4 次；用加热法时，升温及降温期间每小时 1 次，恒温期间每两小时 1 次；室内外环境温度，每昼夜定时定点 4 次。

检查混凝土温时，应做到：① 测温孔应绘制布置图并编号。② 温度计应与外界温度隔绝，并应在测温孔内留置不少于 3 min。③ 测温孔的位置，当采用蓄热法养护时，应设置在易冷却部位；当采用加热法养护时，应在离热源不同位置分别设置。厚大结构应在表层及内部分别设置。

混凝土冬期施工时，除留标准试件外，并应制取相同数量与结构同条件养护的试件。对于蒸汽加热法，同条件蒸养后的试件再在标准条件下养护到 28 d，用以检查经过蒸养后混凝土 28 d 的强度。

五、混凝土雨期、热期施工

1. 雨期施工

在降雨量集中季节且会对工程质量造成影响时，应按雨期的要求施工。

雨期施工应通过当地气象部门提前获取气象预报资料，制订切实可行的施工组织计划、施工技术方案、应急预案，做好防范各种自然灾害的准备工作。

雨期施工主要做好：设置防水、排水设施；制定安全用电规程，严防漏电、触电；工作面不宜过大，逐段、分片、分期施工；尽可能避开大风大雨天气施工，遇暴风雨应停止施工；考虑原材料含水量的变化、考虑受雨水浸泡而造成基坑坍塌、支架地基沉降、失稳等对工程的影响，并采取相应的措施。

2. 热期施工

当昼夜日平均气温高于 30 ℃时，混凝土工程和砌体工程应按热期施工。

热期施工主要考虑砂石等含水量的变化、混凝土拌合物的坍落度损失等问题，做到勤检查、遮阳防晒、缩短混凝土运输时间、加快混凝土浇筑、避开一天中高温时浇筑混凝土、加强混凝土的养护等工作。

（1）热期混凝土配制与搅拌。

对水泥和砂、石集料等遮阳防晒，或对砂石料堆喷水降温，降低原材料进入搅拌机的温度。拌合水宜采用冷却装置或其他适宜的方法对其降温，对水管和水箱应设置遮阳或隔热设施。

混凝土中可掺加高效减水剂或粉煤灰等活性材料取代部分水泥，减少水泥用量；混凝土宜选用水化热较低的水泥，当掺用缓凝型减水剂时，可根据气温情况适当加大坍落度。

混凝土宜在棚内或气温较低的夜间进行搅拌，混凝土的入模温度宜控制在 30 ℃以下。

（2）热期混凝土浇筑。

浇筑前应有全面的施工组织计划，做好充分准备，配备足够的施工机具设备，保证浇筑施工能连续进行。条件具备时，应对浇筑场地进行遮盖防晒，降低模板和钢筋的温度，亦可在模板、钢筋上喷水降温。

混凝土浇筑前,应通过试验确定在最高气温条件下混凝土分层浇筑的覆盖时间,施工时应严格控制,不得超过。混凝土的浇筑施工宜选在一天温度较低的时间进行,缩短从搅拌到浇筑的时间,浇筑应连续进行且速度应加快。

浇筑完成后应加快表面混凝土的修整速度,修整时可采用喷雾器喷洒少量水防止表面干缩裂纹,但不得直接在混凝土表面浇水。

（3）热期混凝土养护。

混凝土浇筑完成并对表面修整后应尽快开始养护,应在其表面立即覆盖清洁的塑料薄膜,使混凝土表面保持水分,初凝后覆盖浸湿的粗麻布或土工布,继续洒水保湿养护。

混凝土保湿养护时间不少于7 d,混凝土结构拆模后的洒水养护宜采用自动喷水系统或喷雾器,保湿养护不得间断,不得形成干湿循环。

项目五　支架与模板

任务1　桥梁支架

◆任务1-1　支架的类型与要求

【工作任务】

熟悉桥梁施工中常用支架的类型与要求。

【任务目标】

知识目标：

熟悉桥梁施工中的常用支架类型。

技能目标：

能够认识各种支架及构造要求。

【建议课时】

4课时。

【任务相关理论】

支架和模板是公路桥涵就地浇筑和工地、工厂预制构件的临时结构,其作用主要是定型和支撑,保证浇筑构件的形状和位置符合设计要求。

一、支架的基本要求

（1）支架宜采用钢材或常备式定型钢构件等材料制作。钢材的性能和质量要符合国家现行标准规定；"常备式定型钢构件"系指万能杆件、装配式公路钢桥中的贝雷桁片、钢管脚手架等钢构件。

（2）支架必须有足够的强度、刚度和稳定性,应能承受施工过程中产生的各种荷载。支架的基础应可靠,构件结合要紧密,并要有足够的横、斜向的连接杆件,使支架成为整体。

（3）支架应稳定、坚固,应能抵抗在施工过程中可能发生的振动和偶然撞击。

（4）支架的构造应简单、合理，结构受力应明确，安装、拆除应方便。

（5）支架不得与应急安全通道相连接。

（6）支架、模板均应进行施工图设计，经监理工程师审核批准后方可用于施工。支架的设计应根据工程结构形式、荷载情况、地基土类别、施工设备和材料性能等条件进行，且宜优先采用标准化、定型化的构件。

施工图设计应包括下列内容：

① 工程概况和工程结构简图。

② 结构设计的依据和设计计算书。

③ 总装图和细部构造图。

④ 制作、安装的质量及精度要求。

⑤ 安装、拆卸时的安全技术措施及注意事项。

⑥ 材料的性能质量要求及材料数量表。

⑦ 设计说明书和使用说明书。

二、支架的类型及构造

整体现浇混凝土梁桥的上部结构，首先应在桥孔位置搭设支架，以支承模板、浇筑的钢筋混凝土及其他施工荷载。支架有满布式支架[图 5-1-1（a）]、梁式支架[图 5-1-1（b）、（c）]和梁柱式支架[图 5-1-1（d）]等形式。

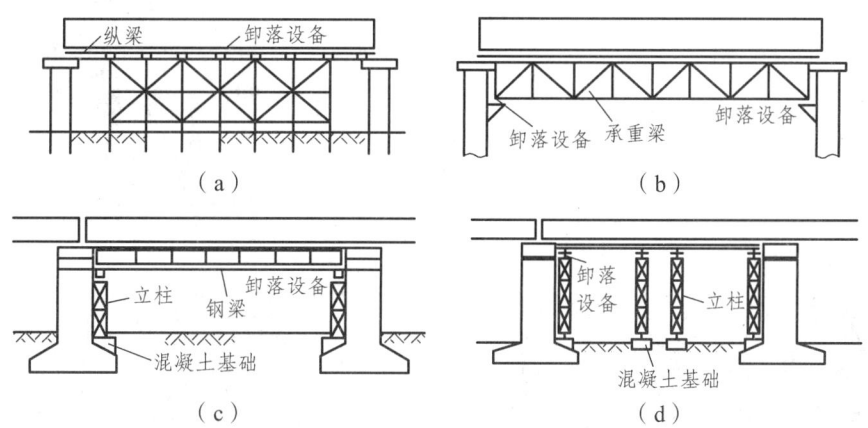

图 5-1-1 常用支架的主要形式

1. 满布式支架

满布式支架一般常用定型钢管脚手架作为支架材料，有碗扣式钢管脚手架、门式钢管脚手架、扣件式钢管脚手架。桥梁应用最广泛的是碗扣式钢管脚手架。但近年来，除门式、扣件式和碗扣式外，其他类型的换代产品如盘扣式、蟹钳式等钢管脚手架用作桥涵工程的承重支架也在逐渐增多，这些钢管脚手架都有专门的标准。

（1）碗扣式支架（脚手架）是节点采用碗扣方式连接的钢管支架（脚手架）。碗扣式支架的主要配件由立杆、水平杆、斜杆、底座、顶托等组成，如图 5-1-2 所示；立杆的碗扣节点由上碗扣、下碗扣、水平杆接头和限位销等构成，如图 5-1-3 所示；底座和顶托如图 5-1-4、

图 5-1-5 所示。

图 5-1-2 碗扣式支架施工图

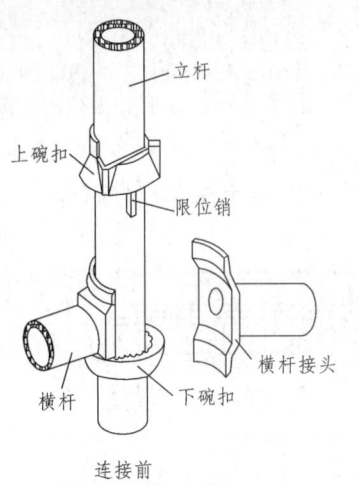
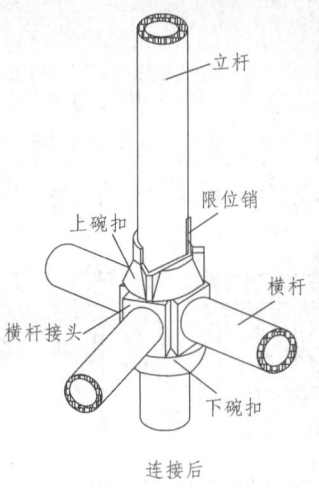

图 5-1-3 碗扣节点构造图

图 5-1-4 碗扣式支架上部支承结构

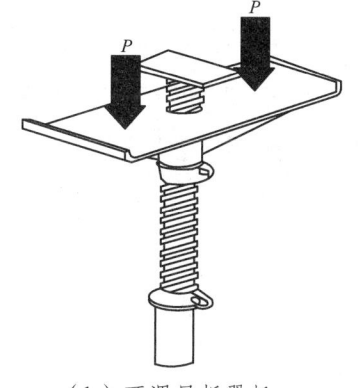

（a）立杆可调底座　　　　（b）可调早拆翼托

图 5-1-5　碗扣式支架部件

立杆碗扣节点间距，对 Q235 级材质钢管立杆宜按 0.6 m 模数设置，对 Q345 级材质钢管立杆宜按 0.5 m 模数设置。水平杆长度宜按 0.3 m 模数设置。

碗扣式脚手架用钢管应采用符合现行国家标准《直缝电焊钢管》（GB/T 13793）或《低压流体输送用焊接钢管》（GB/T 3091）规定的普通钢管。其材质性能应符合下列规定：

① 水平杆和斜杆钢管材质应符合现行国家标准《碳素结构钢》（GB/T 700）中 Q235 级钢的规定。

② 当碗扣节点间距采取 0.6 m 模数设置时，立杆钢管材质应符合现行国家标准《碳素结构钢》（GB/T 700）中 Q235 级钢的规定。

③ 当碗扣节点间距采取 0.5m 模数设置时，立杆钢管材质应符合现行国家标准《碳素结构钢》（GB/T 700）及《低合金高强度结构钢》（GB/T 1591）中 Q345 级钢的规定。

现行国家标准钢管规格为公称尺寸 $\phi 48.3\text{mm} \times 3.5\text{ mm}$，外径允许偏差为 ± 0.5 mm，壁厚偏差不应为负偏差。上碗扣、可调底座及可调托撑螺母应采用可锻铸铁或铸钢制造，下碗扣、水平杆接头、斜杆接头应采用碳素钢制造。各种构、配件的规格如表 5-1-1 所示。

表 5-1-1　碗扣式脚手架主要构、配件种类、规格及用途

名　称	常用型号	主要规格/mm	材质	理论质量/kg
立杆	LG-A-120	$\phi 48.3 \times 3.5 \times 1\ 200$	Q235	7.05
	LG-A-180	$\phi 48.3 \times 3.5 \times 1\ 800$	Q235	10.19
	LG-A-240	$\phi 48.3 \times 3.5 \times 2\ 400$	Q235	13.34
	LG-A-300	$\phi 48.3 \times 3.5 \times 3\ 000$	Q235	16.48
	LG-B-80	$\phi 48.3 \times 3.5 \times 800$	Q345	4.30
	LG-B-100	$\phi 48.3 \times 3.5 \times 1\ 000$	Q345	5.50
	LG-B-130	$\phi 48.3 \times 3.5 \times 1\ 300$	Q345	6.90
	LG-B-150	$\phi 48.3 \times 3.5 \times 1\ 500$	Q345	8.10
	LG-B-180	$\phi 48.3 \times 3.5 \times 1\ 800$	Q345	9.30
	LG-B-200	$\phi 48.3 \times 3.5 \times 2\ 000$	Q345	10.50

续表

名 称	常用型号	主要规格/mm	材质	理论质量/kg
立杆	LG-B-230	$\phi48.3\times3.5\times2\,300$	Q345	11.80
	LG-B-250	$\phi48.3\times3.5\times2\,500$	Q345	13.40
	LG-B-280	$\phi48.3\times3.5\times2\,800$	Q345	15.40
	LG-B-300	$\phi48.3\times3.5\times3\,000$	Q345	17.60
水平杆	SPG-30	$\phi48.3\times3.5\times300$	Q235	1.32
	SPG-60	$\phi48.3\times3.5\times600$	Q235	2.47
	SPG-90	$\phi48.3\times3.5\times900$	Q235	3.69
	SPG-120	$\phi48.3\times3.5\times1\,200$	Q235	4.84
	SPG-150	$\phi48.3\times3.5\times1\,500$	Q235	5.93
	SPG-180	$\phi48.3\times3.5\times1\,800$	Q235	7.14
间水平杆	JSPG-90	$\phi48.3\times3.5\times900$	Q235	4.37
	JSPG-120	$\phi48.3\times3.5\times1\,200$	Q235	5.52
	JSPG-120+30	$\phi48.3\times3.5\times(1200+600)$ 用于宽挑梁	Q235	6.85
	JSPG-120+60	$\phi48.3\times3.5\times(1\,200+300)$ 用于窄挑梁	Q235	8.16
专用外斜杆	WXG-0912	$\phi48.3\times3.5\times1\,500$	Q235	6.33
	WXG-1212	$\phi48.3\times3.5\times1\,700$	Q235	7.03
	WXG-1218	$\phi48.3\times3.5\times2\,160$	Q235	8.66
	WXG-1518	$\phi48.3\times3.5\times2\,340$	Q235	9.30
	WXG-1818	$\phi48.3\times3.5\times2\,550$	Q235	10.04
窄挑梁	TL-30	$\phi48.3\times3.5\times300$	Q235	1.53
宽挑梁	TL-60	$\phi48.3\times3.5\times600$	Q235	8.60
立杆连接销	IJX	$\phi10$	Q235	0.18
可调底座	KTZ-45	T38×5.0，可调范围≤300	Q235	5.82
	KTZ-60	T38×5.0，可调范围≤450	Q235	7.12
	KTZ-75	T38×5.0，可调范围≤600	Q235	8.50
可调托撑	KTC-45	T38×5.0，可调范围≤300	Q235	7.01
	KTC-60	T38×5.0，可调范围≤450	Q235	8.31
	KTC-75	T38×5.0，可调范围≤600	Q235	9.69

注：表中所列立杆型号标识为"-A"代表节点间距按 0.6 m 模数（Q235 材质立杆）设置，标识为"-B"代表节点间距按 0.5 m 模数（Q345 材质立杆）设置。

（2）扣件式支架。

扣件式支架是指在纵、横方向，由不少于三排立杆并与水平杆、水平剪刀撑、竖向剪刀撑、扣件等构成的承力支架。架体顶部的钢结构安装、混凝土浇筑等施工荷载通过可调托撑轴心传力给立杆，顶部立杆呈轴心受压状态，简称满堂支撑架，如图 5-1-6 所示。

图 5-1-6　扣件式满堂钢管支撑架

扣件按结构形式分为直角扣件、旋转扣件、对接扣件。直角扣件是用于垂直交叉杆件间连接的扣件，如图 5-1-7 所示；旋转扣件是用于平行或斜交杆件间连接的扣件，如图 5-1-8 所示；对接扣件是用于杆件对接连接的扣件，如图 5-1-9 所示。钢管宜采用 $\phi 48.3 \times 3.6$ 钢管。扣件应采用可锻铸铁或铸钢制作，其质量和性能应符合现行国家标准《钢管脚手架扣件》（GB 15831）的规定。

图 5-1-7　直角扣件

图 5-1-8　旋转扣件　　　　　　　图 5-1-9　对接扣件

（3）承插型盘扣式钢管支架。

承插型盘扣式钢管支架立杆采用套管承插连接，水平杆和斜杆采用杆端和接头卡入连接盘，用楔形插销连接，形成结构几何不变体系的钢管支架，如图 5-1-10 所示。

图 5-1-10　承插型盘扣式钢管支架施工图

承插型盘扣式钢管支架由立杆、水平杆、斜杆、可调底座及可调托座等配件构成，盘扣节点由焊接于立杆上的连接盘、水平杆杆端扣接头和斜杆杆端扣接头组成，如图 5-1-11、图 5-1-12 所示。

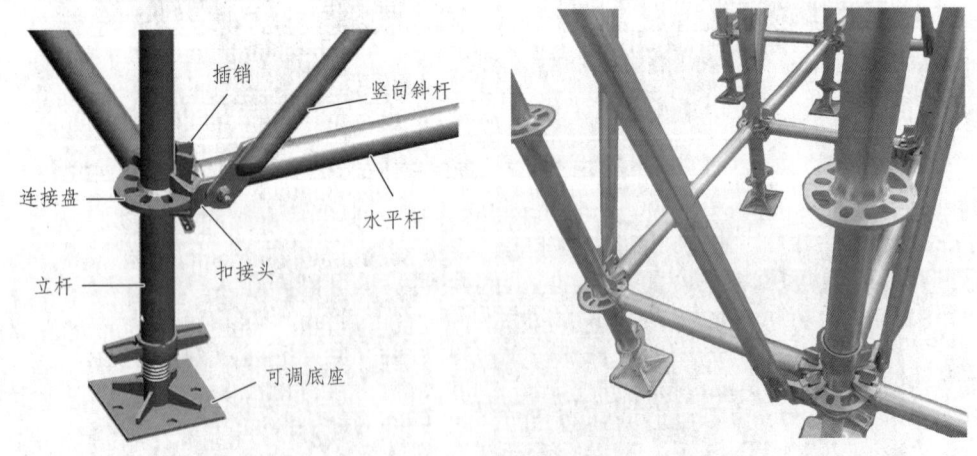

图 5-1-11　盘扣节点及可调底座

图 5-1-12 盘扣式钢管支架可调托座

承插型盘扣式钢管支架的构配件除有特殊要求外，其材质应符合现行国家标准《低合金高强度结构钢》(GB/T 1591)、《碳素结构钢》(GB/T 700)以及《一般工程用铸造碳钢件》(GB/T 11352)的规定。

连接盘、扣接头、插销以及可调螺母的调节手柄采用碳素铸钢制造时，其材料机械性能不得低于现行国家标准《一般工程用铸造碳钢件》(GB/T 11352)中牌号为 ZG230-450 的屈服强度、抗拉强度、延伸率的要求。

示例：承插型盘扣式钢管支架可采用立管管径为 60 mm、壁厚为 3.2 mm、材质为 Q345B 的高强度低合金钢，它具有高强度、高承载能力的特点。横杆采用 $\phi 48 \times 2.75$ mm 系列，管径为 48 mm，壁厚为 2.75 mm，材质为 Q345B 钢材。横杆步距为 2 m。斜拉杆采用 $\phi 42.8 \times 2.5$ mm 系列，管径为 42.8 mm，壁厚为 2.5 mm，材质为 Q345B 钢材。

（4）门式钢管支架。

门式钢管支架是以门架、交叉支撑、连接棒、挂扣式脚手板或水平架、锁臂等组成基本结构，再设置水平加固杆、剪刀撑、扫地杆、封口杆、托座与底座，并采用连墙件与建筑物主体结构相连的一种标准化钢管脚手架。如图 5-1-13、图 5-1-14 所示。

图 5-1-13 门式钢管支撑架基本结构

图 5-1-14　门式满堂钢管支撑架

支架的设计应分别符合现行《建筑施工碗扣式钢管脚手架安全技术规范》(JGJ 166)、《建筑施工门式钢管脚手架安全技术标准》(JGJ/T 128)、《建筑施工扣件式钢管脚手架安全技术规范》(JGJ 130)、《建筑施工承插型盘扣式钢管支架安全技术规程》(JGJ 231)和《桥梁用蟹钳式三角钢管支架》(JT/T 1107)的规定。采用其他材料的模板和支架的设计应符合其相应的技术规定。

2. 梁柱式支架

梁柱式支架一般采用重型钢或大直径钢管等作支撑，如图 5-1-15 所示。

图 5-1-15 梁柱式支架施工实例图

◆任务 1-2 支架设计

【工作任务】

熟悉桥梁施工支架的设计内容。

【任务目标】

知识目标：

熟悉桥梁施工支架的设计内容。

技能目标：

能够读懂支架设计方案。

【建议课时】

4 课时。

【任务相关理论】

支架要进行施工图设计，经批准后方可施工（支架计算部分只作为了解，所属内容也只作示例，并不全面）。

一、支架的构造要求

（1）支架的构造形式宜综合所采用的材料类别、所支承的结构及其荷载、地形及环境条件、地基情况等因素确定。

（2）支架的总体构造和细部构造均应设置成几何不变体系。

模板支撑架（满堂架）几何不变条件应保证（包括平面 x、y 两个方向）每行每列网格结构竖向每层有一根斜杆，如图 5-1-16 所示，也可采用侧面增加链杆和结构柱、墙相连或采用格构柱法。

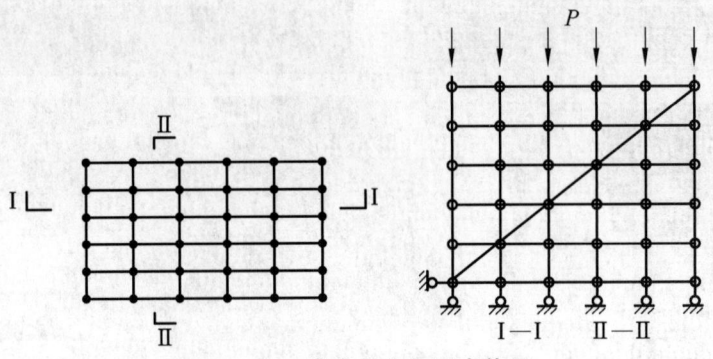

图 5-1-16　满堂架几何不变体系

（3）支架的立杆之间应根据受力要求和结构特点设置水平和斜向等支撑连接杆件，增强支架的整体刚度和稳定性。

（4）托架结构宜设置成三角形，且与预埋件的连接固定方式应可靠。

（5）采用定型钢管脚手架材料作支架时，其构造应符合相应技术规范的规定。

（6）支架应稳定、坚固，应能抵抗在施工过程中可能发生的振动和偶然撞击。

（7）支架、模板均应进行施工图设计，经批准后方可用于施工。施工图设计应包括下列内容。

① 根据支架所承受的实际荷载选择立杆的间距（30 cm、60 cm、90 cm、120 cm）和步距（60 cm、120 cm、180 cm）。底层纵、横向水平杆作为扫地杆时，距地面的高度应不大于 350 mm；立杆上端包括可调螺杆伸出顶层水平杆的长度应不大于 0.7 m，立杆上端应采用 U 形顶托支撑在模板主肋的底部。

② 支架高度大于 4.8 m 时，其顶部和底部均应设置水平剪刀撑，中间水平剪刀撑的设置间距应不大于 4.8 m。

③ 立杆间距小于或等于 1.5 m 时，应在支架的四周及中间的纵、横向，由底至顶连续设置竖向剪刀撑，其间距应不大于 4.5 m；立杆间距大于 1.5 m 时，应在拐角处设置通高的专用斜杆，中间每排每列均应设置通高的八字形斜杆或剪刀撑，如图 5-1-17 所示。剪刀撑的斜杆与地面的夹角应在 45°~60°，斜杆应每步与立杆扣接。

④ 支架的高宽比宜小于或等于 2；当高宽比大于 2 时，宜扩大下部架体尺寸（图 5-1-18）或采取设置缆风绳等加固措施。

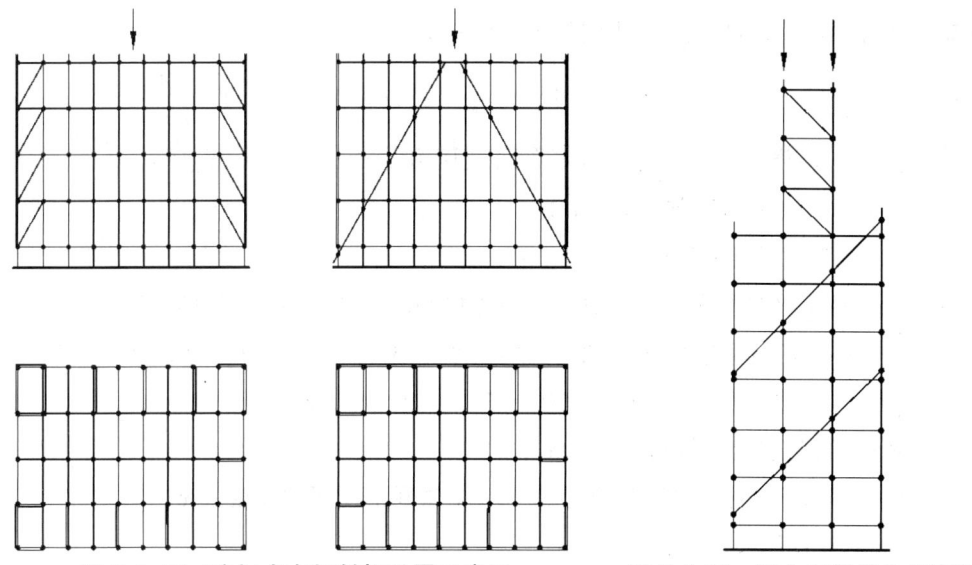

图 5-1-17　碗扣式支架斜杆设置示意图　　图 5-1-18　扩大下部架体示意图

⑤ 支架周围有主体结构时，应设置连墙体。

⑥ 在支架中设置通道时，其宽度应不大于 4.8 m。通道的上部架设专用横梁，通道两侧的立杆应加密并应设斜杆，与架体的连接应牢固。通行机动车的通道，应设置防撞击的设施。

二、支架、模板的设计荷载及组合

1. 应考虑的荷载

（1）模板、支架或拱架的自重力。

① 木材按容重取：松木 6 kN/m³；橡木落叶松 7.5 kN/m³；杉木、枞木 5 kN/m³。

② 钢材按容重或面积重量取：一般取 78.5 kN/m³；对定型钢模、钢模板及连接件取 0.5 kN/m²；钢模板、连接件加钢板可取 0.75 kN/m²。

（2）新浇混凝土、钢筋、预应力筋或其他圬工结构物的自重力。

新浇混凝土、钢筋混凝土按容重取：混凝土或混凝土砌块 24 kN/m³；钢筋混凝土中，当钢筋含量≤2%（以体积计）时为 25 kN/m³；当钢筋含量>2%时为 26 kN/m³。

（3）施工人员和施工材料、施工设备等荷载。

人群荷载及施工料具运输或堆放的荷载按均布荷载取：当计算模板及其下肋条时，均布荷载为 2.5 kPa，应与集中荷载 2.5 kN 进行比较，取产生弯矩较大者；当计算肋条下的梁或拱架时，均布荷载为 1.5 kPa；当计算支架立柱及其他支承构件时，均布荷载为 1.0 kPa。

（4）振捣混凝土时产生的荷载。

振捣混凝土时产生的荷载对底板取 2.0 kPa，对垂直侧板取 4.0 kPa。

（5）新浇混凝土对侧面模板的压力。

① 使用内部振捣器时，新浇混凝土对侧面模板的侧压力。

当采用插入式振捣器振捣且混凝土灌注速度在 6 m/h 以下时，作用于侧模的压力可按下面两式进行计算,取两式计算值较小者为侧压力。

$$p_m = 0.22\gamma t_0 K_1 K_2 V^{1/2} \text{ 和 } p_m = 2.5H$$

式中：p_m——新浇混凝土对侧面模板的最大压力（kPa）；
　　　γ——混凝土的容重（kN/m³）；
　　　t_0——新浇混凝土的初凝时间（h）；
　　　K_1——外加剂影响修正系数,不加外加剂时取 1.0,掺缓凝剂时取 1.2；
　　　K_2——坍落度影响修正系数,坍落度小于 30 mm 时,取 0.85,坍落度为 50～90 mm 时取 1.0,坍落度为 110～150 mm 时取 1.15；
　　　V——混凝土的浇筑速度（m/h）；
　　　H——混凝土侧压力计算位置处至新浇混凝土顶面的高度,m；
　　　h——有效压头高度,m。

② 使用外部振捣器时,新浇混凝土对侧面模板的最大侧压力可采用下式计算：

当 $v < 4.5$ m/h, $H \leq 2R$ 时,

$$p_{max} = \gamma H$$

当 $v \geq 4.5$ m/h, $H \leq 2R$ 时,

$$p_{max} = \gamma(0.27v + 0.78)K_1 K_2$$

式中：H——对模板产生压力的混凝土灌注层高度（m）；
　　　R——外部振捣器作用半径（m, $R=1$）；
　　　γ——混凝土的容重（kN/m³）；
　　　v——混凝土的浇筑速度（m/h）；
　　　K_1——混凝土的温度系数,5～7 ℃为 1.15,12～17 ℃为 1.0,28～32 ℃为 0.85；
　　　K_2——混凝土拌合物的坍落度影响系数,同前。

（6）混凝土入模时产生的水平方向的冲击荷载。

倾倒混凝土时产生的水平冲击荷载：用 0.2 m³ 容器或用溜槽、串筒、导管倾倒时取 2.0 kPa；用 0.2～0.8 m³ 容器倾倒时取 4.0 kPa；用大于 0.8 m³ 容器倾倒时取 6.0 kPa。

（7）设于水中的支架所承受的流水压力、波浪力、流冰压力、船只及漂浮物的撞击力。

通航河流中,支架立柱所受撞击力：对于五级航道横桥向上游取 300 kN；对于六级航道横桥向上游取 110～160 kN。

（8）其他可能产生的荷载,如雪荷载、冬季保温设施、风荷载等。

风荷载可取 0.5～1.0 kPa,支架高于 20 m 或处于沿海、海岛、峡谷口地区时,取大值,其他情况取均值或小值。

2. 模板、支架和拱架设计计算的荷载组合（表 5-1-2）

表 5-1-2　模板、支架设计计算的荷载组合

模板、支架结构类别	荷载组合	
	强度计算	刚度验算
梁、板的底模板以及支撑板、支架等	（1）+（2）+（3）+（4）+（7）+（8）	（1）+（2）+（7）+（8）
缘石、人行道、栏杆、柱、梁、板等的侧模板	（4）+（5）	（5）
基础、墩台等厚大结构物的侧模板	（5）+（6）	（5）

三、支撑架计算

1. 单肢立杆轴向力计算公式

$$N = [1.2Q_1 + 1.4(Q_3 + Q_4)]L_x L_y + 1.2Q_2 V$$

式中：L_x、L_y——单肢立杆纵向及横向间距（m）；

V——L_x、L_y 段的混凝土体积（m³）。

2. 单肢立杆承载力计算公式

$$N \leqslant \varphi A f$$

式中：φ——轴心受压杆件稳定系数，按长细比 λ 根据表 5-1-3 取值；

A——立杆横截面积（表 5-1-4）；

f——钢材强度设计值（表 5-1-5）。

表 5-1-3　P235A 钢管轴心受压构件的稳定系数

λ	0	1	2	3	4	5	6	7	8	9
0	1.000	0.997	0.995	0.992	0.989	0.987	0.984	0.981	0.979	0.976
10	0.974	0.971	0.968	0.966	0.963	0.960	0.958	0.955	0.952	0.949
20	0.947	0.944	0.941	0.938	0.936	0.933	0.930	0.927	0.924	0.921
30	0.918	0.915	0.912	0.909	0.906	0.903	0.899	0.896	0.893	0.889
40	0.886	0.882	0.879	0.875	0.872	0.868	0.864	0.861	0.858	0.855
50	0.852	0.849	0.846	0.843	0.839	0.836	0.832	0.829	0.825	0.822
60	0.818	0.814	0.810	0.806	0.802	0.797	0.793	0.789	0.784	0.779
70	0.775	0.770	0.765	0.760	0.755	0.750	0.744	0.739	0.733	0.728
80	0.722	0.716	0.710	0.704	0.698	0.692	0.686	0.680	0.673	0.667
90	0.661	0.654	0.648	0.641	0.634	0.626	0.618	0.611	0.603	0.595

续表

λ	0	1	2	3	4	5	6	7	8	9
100	0.588	0.580	0.573	0.566	0.558	0.551	0.544	0.537	0.530	0.523
110	0.516	0.509	0.502	0.496	0.489	0.483	0.476	0.470	0.464	0.458
120	0.452	0.446	0.440	0.434	0.428	0.423	0.417	0.412	0.406	0.401
130	0.396	0.391	0.386	0.381	0.376	0.371	0.367	0.362	0.357	0.353
140	0.349	0.344	0.340	0.336	0.332	0.328	0.324	0.320	0.316	0.312
150	0.308	0.305	0.301	0.298	0.294	0.291	0.287	0.284	0.281	0.277
160	0.274	0.271	0.268	0.265	0.262	0.259	0.256	0.253	0.251	0.248
170	0.245	0.243	0.240	0.237	0.235	0.232	0.230	0.227	0.225	0.223
180	0.220	0.218	0.216	0.214	0.211	0.209	0.207	0.205	0.203	0.201
190	0.199	0.197	0.195	0.193	0.191	0.189	0.188	0.186	0.184	0.182
200	0.180	0.179	0.177	0.175	0.174	0.172	0.171	0.169	0.167	0.166
210	0.164	0.163	0.161	0.160	0.159	0.157	0.156	0.154	0.153	0.152
220	0.150	0.149	0.148	0.146	0.145	0.144	0.143	0.141	0.140	0.139
230	0.138	0.137	0.136	0.135	0.133	0.132	0.131	0.130	0.129	0.128
240	0.127	0.126	0.125	0.124	0.123	0.122	0.121	0.120	0.119	0.118
250	0.117									

表 5-1-4 钢管截面特性

外径 F/mm	壁厚 t/mm	截面面积 A/cm^2	截面惯性矩 I/cm^4	截面模量 W/cm^3	回转半径 i/cm
48	3.5	4.89	12.19	5.08	1.58

表 5-1-5 钢材的强度和弹性模量（单位：N/mm^2）

P235A 钢材抗拉、抗压和抗弯强度设计值	205
弹性模量	2.05×10^5

四、支架的刚度、稳定性要求

支架受载后挠曲的杆件（横梁、纵梁），其弹性挠度为相应结构计算跨径的 1/400。

容许长细比：主要受压杆件（立柱）的长细比为 150；次要受压杆件的长细比为 200。所有杆件的长细比不得大于 250。

验算模板、支架在自重和风荷载等作用下的抗倾覆稳定性时，其抗倾覆稳定系数应不小于 1.3。

◆任务 1-3 支架安装与拆卸

【工作任务】

实地安装与拆卸盖梁支架。

【任务目标】

知识目标:

熟悉桥梁施工支架的安装与拆卸的步骤及注意事项。

技能目标:

能够熟悉安装程序。

能够辨别安装的优劣及对错。

【建议课时】

6课时。

【任务相关理论】

一、施工准备

(1)支架施工前必须制订施工设计或专项方案,保证其技术可靠、使用安全。经技术审查批准后方可实施。

(2)支架搭设前工程技术负责人应按设计或方案的要求对搭设和使用人员进行技术交底。

(3)对进入现场的支架构配件,使用前对其质量进行复验。

(4)支架堆放场地排水应畅通,不得有积水。

(5)搭设场地应平整、坚实,排水设施得当。

二、地基与基础处理

支架的地基基础必须进行施工设计,按地基承载力要求进行施工、验收。地基处理一般采用平整夯实、换填土,再浇筑混凝土层或混凝土垫块或加木板、钢板等方式,如图 5-1-19 所示。

图 5-1-19 地基处理

三、支架搭设

（1）支架应按施工图设计的要求进行安装。立柱应垂直，节点连接应可靠。

（2）支架在纵桥向和横桥向均应加强水平、斜向连接，增强整体稳定性。高支架应设置足够的斜向连接、扣件或缆风绳，横向稳定应有保证措施。

（3）支架搭设应与模板施工配合，利用可调底座或可调托撑调整底模标高。

（4）按施工方案弹线定位（图 5-1-20），放置底座后分别按先立杆后横杆再斜杆的搭设顺序进行。

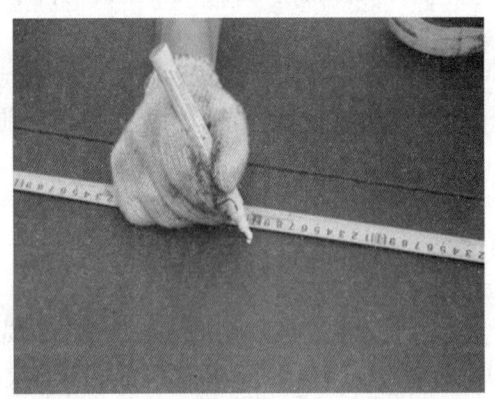

图 5-1-20 弹线定位

弹线是一种建筑作业方法，具体操作方法为：用一条沾了墨的线，两人各拿一端然后弹在地上或者墙上。作用是确定水平线或者垂直线，又或者作为砌墙的参考线；另外在工地上找水平位置时也会用到它。

（5）支架在安装完成后，应对其平面位置、顶部高程、节点连接及纵、横向稳定性进行全面检查，符合要求后，方可进行下一工序。

四、支架预压

对位于刚性地基上的刚度较大且非弹性变形可确定控制在一定范围内的支架，在经计算并通过一定审核程序，确认其满足强度、刚度和稳定性等要求的前提下，可不预压；但在施工过程中应对支架的材料和安装施工质量采取严格的管控措施。

对位于软土地基或软硬不均地基上的支架，应通过预压的方式，消除支架地基的不均匀沉降和支架的非弹性变形并获取弹性变形参数，或检验支架的安全性。对支架进行预压时，预压荷载宜为支架所承受荷载的 1.05～1.10 倍，预压荷载的分布宜模拟需承受的结构荷载及施工荷载。

1. 预压方法

支架拱架预压一般有砂袋法、加水法、千斤顶法或诸如加载钢筋、预制混凝土块的加载法等（图 5-1-21）。加载时尽量符合浇筑混凝土的状态（图 5-1-22），按每级加载进行底模变形观测，并做详细记录。全部加载后，不可立即卸载，需等压一段时间（一般为 24～72 h）后，再逐级卸载、逐级测量并详细记录。卸载完成后就可以按加载顺序浇筑混凝土，或边浇筑混凝土边卸载。

2. 加载程序

支架预压应按预压单元进行分级加载，且不应少于 3 级。3 级加载依次宜为单元内预压荷载值的 60%、80%、100%。

当纵向加载时，宜从混凝土结构跨中开始向支点处进行对称布载；当横向加载时，应从混凝土结构中心线向两侧进行对称布载。

每级加载完成后，应先停止下一级加载，并应每间隔 12 h 对支架沉降量进行一次监测。当支架顶部监测点 12 h 的沉降量平均值小于 2 mm 时，可进行下一级加载。

图 5-1-21　预压加载方法

图 5-1-22 加载布设

3. 沉降观测

（1）监测内容：加载之前监测点标高；每级加载后监测点标高；加载至 100% 后每间隔 24 h 监测点标高；卸载 6 h 后监测点标高。

预压监测应计算沉降量、弹性变形量、非弹性变形量。

（2）监测点布置：沿混凝土结构纵向每隔 1/4 跨径布置一个监测断面；每个监测断面上的监测点不宜少于 5 个，并应对称布置。

支架沉降监测点应在支架顶部和底部对应位置上分别设置。

（3）监测记录：预压监测宜采用三等水准测量要求作业。

支架沉降监测记录与计算内容为：加载前各监测点的初始标高；每级荷载施加完成后各监测点的标高并计算沉降量。

全部预压荷载施加完毕后，每隔 24 h 应监测一次并记录各标高，当支架预压达到规定（全部加载完成后，符合各监测点最初 24 h 的沉降量平均值小于 1 mm 或各监测点最初 72 h 的沉降量平均值小于 5 mm 时，判定支架预压合格）时，可进行卸载。

卸载 6 h 后，应监测各监测点标高，并计算支架各监测点的弹性变形量。

计算支架各监测点的非弹性变形量。

4. 加载注意事项

（1）采用砂袋法预压时，砂袋应逐袋称量，要设专人称量、专人记录；称量好的砂袋一旦到位就必须采用防水措施，要准备好防雨布。

（2）采用加水法预压时，加水的贴膜必须完整，加水前须严格检查，以防漏水；加满载后，防止雨水进入；卸载时防止水流入支架基础内，浸泡支架基础。

（3）无论使用何种加载方法，均应派专人观察支架变化情况，一旦发现异常，立即进行补救。

（4）无论采用何种加载方法，均应分级进行，并及时进行测量、观测，加载的顺序应尽量接近于浇筑混凝土的顺序，不可随意堆放。

（5）支架预压可一次性卸载，预压荷载应对称、均衡、同步卸载。

五、支架卸落

（1）专用支架应按其产品的要求进行卸落；自行设计的普通支架应在适当部位设置相应的木楔、木马、砂筒或千斤顶等卸落的装置（图 5-1-23），并应根据结构形式、承受的荷载大小确定卸落量。

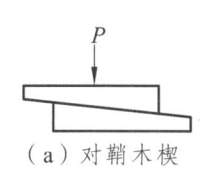

（a）对鞘木楔

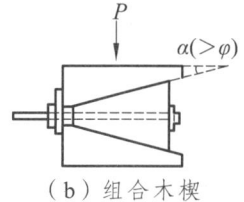

（b）组合木楔

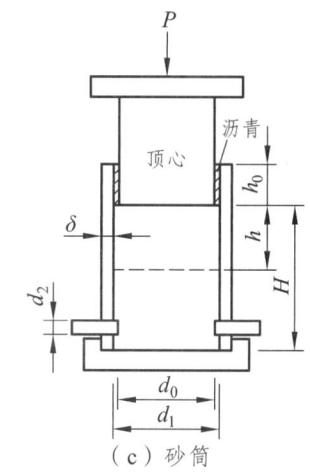

（c）砂筒

（d）装配式卸落块施工图

（e）装配式卸落块构件图

图 5-1-23 卸架设备

（2）支架、模板的拆卸期限和拆除程序等应严格按施工图设计的要求进行，设计未作要求时，应根据结构物特点、模板部位和混凝土所应达到的强度要求决定。

支架、承重模板、拱架，当构件跨径不大于 4 m 时，在混凝土强度符合设计强度标准值的 50%要求后，方可拆除；跨径大于 4 m 在混凝土强度符合设计强度标准值的 75%要求后，方可拆除。

支架、模板的拆除应遵循后支先拆，先支后拆的原则顺序进行，拆除时严禁抛扔。

拆除梁、板等结构的承重模板、支架时，在横向应同时、在纵向应对称均衡卸落。简支梁、连续梁结构的模板宜从跨中向支座方向依次循环卸落；悬臂梁结构的模板、支架宜从悬臂端开始顺序卸落。

对预应力混凝土结构，底模及支架应在结构建立预应力后方可拆除。

拆除模板、支架时，不得损伤混凝土结构。

任务 2 桥梁模板

◆任务 2-1 模板的类型与要求

【工作任务】

熟悉桥梁施工中常用模板的类型与要求。

【任务目标】

知识目标：
熟悉桥梁施工中的常用模板及要求。
技能目标：
能够掌握一般模板的检查工作。

【建议课时】

2 课时。

【任务相关理论】

模板是公路桥涵就地浇筑和工地、工厂预制构件的临时结构，是使混凝土结构和构件按所要求的几何尺寸成型的模型板，如图 5-2-1 所示。其作用主要是保证浇筑构件的形状和位置符合设计要求。模板系统包括模板和支架系统两大部分，此外尚需适量的紧固连接件。

图 5-2-1 桥梁模板

一、模板的基本要求

（1）模板宜采用钢材、胶合板或其他适宜的材料制作，其材料性能和质量要符合国家现行标准的规定。

（2）模板必须有足够的强度、刚度和稳定性，应能承受施工过程中产生的各种荷载。

（3）模板应构造简单、合理，结构受力明确，安装、拆卸方便。

（4）模板应能与混凝土结构或构件的特征、施工条件和浇筑方法相适应，应保证结构物各部位形状尺寸和相互位置的准确。

（5）模板的板面应平整，接缝处应严密且不漏浆。

（6）浇筑混凝土之前，模板应涂刷隔离脱模剂，外露面混凝土模板的脱模剂应采用同一品种，不得使用废机油等油料，且不得污染钢筋和混凝土的施工缝。

（7）在模板上设置的吊环应采用 HPB300 钢筋，严禁采用冷加工钢筋制作。每个吊环应按两肢截面计算，在模板自重标准值作用下，吊环的拉应力应不大于 65 MPa。

二、常用模板的类型及构造

1. 模板的构造要求

（1）模板背面应设置主肋和次肋作为其支承系统，主肋和次肋的布置应根据模板的荷载和刚度要求进行。次肋的配置方向应与模板的长度方向相垂直，应能直接承受模板传递的荷载，其间距应按荷载数值和模板的力学性能计算确定；主肋应承受次肋传递的荷载，且应能起到加强模板结构的整体刚度和调整平直度的作用，支架或支撑的着力点应设置在主肋上。

（2）模板的配板应根据配模面的形状、几何尺寸及支撑形式决定。配板时应选用大规格的模板为主板，其他规格的模板作为补充；配板后的板缝应规则，不得杂乱无章。

（3）对在墩柱、梁、板的转角处使用的模板及各种模板面的交接部分，应采用连接简便、结构牢固、易于拆除的专用模板。

（4）当设置对拉螺杆或其他拉筋，需要在模板上钻孔时，应使钻孔的模板能多次周转使用，并应采取措施尽量减少或避免在模板上钻孔，如图 5-2-2 所示。

图 5-2-2　对拉螺杆

2. 模板的类型

模板从材料上来分，有木模、钢模、钢木结合模板、胶结板、硬塑料模板、玻璃钢模板等。

从使用功能上分，有底模、内模（芯模）、侧模、端模。

下面介绍公路桥梁上常用模板。

3. 底　模

地坪底模：施工现场生产小型构件如栏杆柱、里程碑等，具体做法是将地面填筑薄层碎、砾石料，用水泥砂浆抹面压光，涂上隔离剂可作为地坪底模。

预制梁底模：多采用整平、夯实地面，浇筑 50～100 mm 混凝土亦可铺一层砖或其他加固措施；面层可用水磨石、钢模或加铺地板革等。如图 5-2-3 所示。

图 5-2-3　底模设置实例

一般梁、板等结构的预制构件底模板应设置预拱度，预应力混凝土梁的底模应设置反拱，一般按曲线布设。

现浇箱梁、盖梁底模多采用型钢作纵横梁，上加方木然后铺竹胶板或钢模板，如图 5-2-4 所示。

图 5-2-4 现浇箱梁、盖梁底模设置实例

4. 内 模

内模多用木、竹胶板等相组合，大型桥梁可用钢内模；圆形、椭圆形挖孔多采用胶囊内模。内模多为分节组装，也有整体式内模。如图 5-2-5、图 5-2-6 所示。

图 5-2-5 现浇梁内模形式及构造

图 5-2-6 预制板梁内模形式及构造

5. 侧 模

桥梁工程上，侧模一般要求用整体钢模或钢制大模板拼装，如图 5-2-7～图 5-2-11 所示。

图 5-2-7 T 梁模板

图 5-2-8 小箱梁（空心板）模板

图 5-2-9　现浇梁模板

图 5-2-10　墩柱模板

图 5-2-11　墙模板

6. 滑升模板

滑升模板是一种工具式模板，最适于现场浇筑高耸的圆形、矩形、筒壁形结构。近年来，滑升模板施工技术有了进一步的发展，不但适用于浇筑高耸的变截面结构，如桥梁塔架、烟囱等，而且应用于剪力墙、筒体结构等高层建筑的施工。

用滑升模板可以节约大量的模板和脚手架，节省劳动力，施工速度快，工程费用低，结构整体性好；但模板一次投资多，耗钢量大，对建筑的立面和造型有一定的限制，施工时宜连续作业，施工组织要求严。

滑升模板是由模板系统、操作平台系统和液压系统三部分组成的，如图 5-2-12 所示。

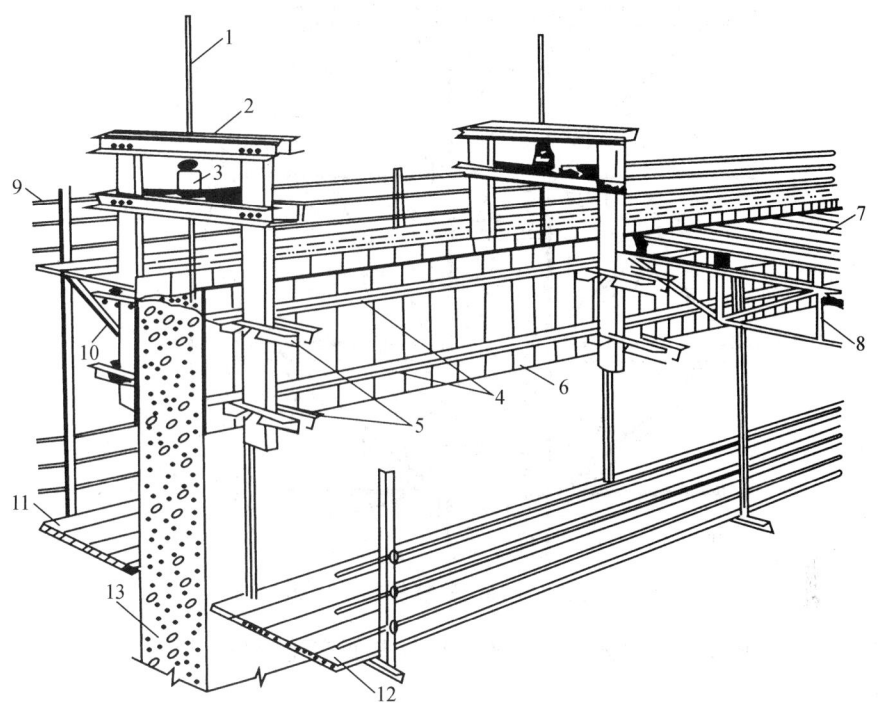

1—支承杆；2—提升架；3—液压千斤顶；4—围圈；5—围圈支托；6—模板；7—操作平台；8—平台桁架；
9—栏杆；10—外排三角架；11—外吊脚手；12—内吊脚手；13—混凝土墙体。

图 5-2-12 滑升模板组成示意图

采用滑升模板时，除应符合现行《滑动模板工程技术标准》（GB/T 50113）的规定外，尚应符合下列规定：

（1）模板的高度宜根据结构物的实际情况确定；模板的结构应具有足够的强度、刚度和稳定性；支撑杆及提升设备应能保证模板竖直均衡上升。

（2）模板的滑升速度宜不大于 250 mm/h，滑升时应检测并控制其位置。滑升模板的施工宜连续进行，因故中断时，宜在中断前将混凝土浇筑齐平，中断期间模板仍应继续滑升，直到混凝土与模板不致粘住时为止。

7. 翻升模板

这种模板系统制作简单，构件种类少，模板的大小可根据施工能力灵活选用，混凝土接缝较易处理，施工速度快。翻升模板一般由2~3层模板组成一个基本单元，每层模板均自成体系，自身与塔柱锚固在一起，在混凝土浇筑前及浇筑过程中支撑在下一层模板上，混凝土达到强度后将下层模板拆除并拼装，并通过其与混凝土的锚固力作为支撑，浇筑上一层混凝土，如此循环交替上升，如图5-2-13所示。

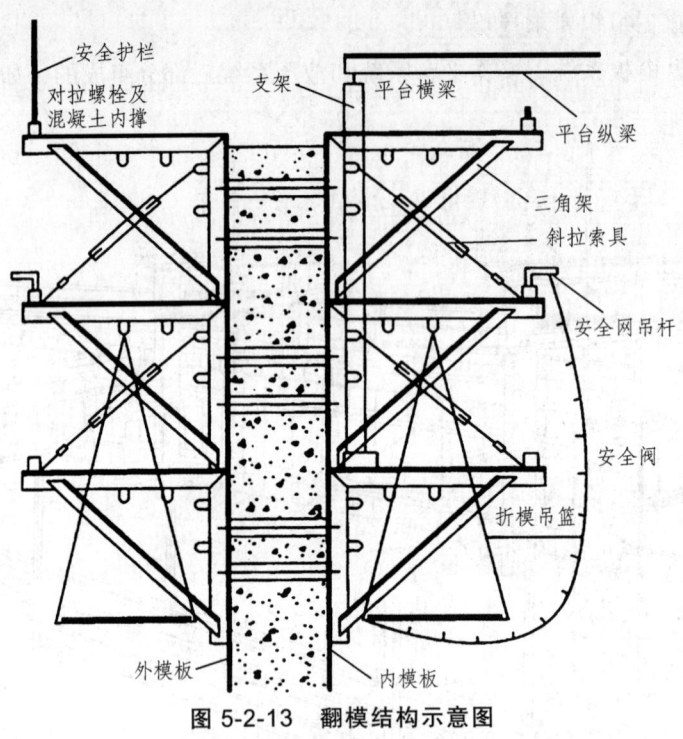

图 5-2-13　翻模结构示意图

由于翻模利用模板作支撑体系，要求结构物断面变化较少，同时混凝土内伸出的埋件等也应较少。

8. 爬升模板

支架通过千斤顶支撑于塔壁中的预埋件上，待浇筑好的混凝土达到一定强度后，通过模板自身锚固在塔壁上，利用模板将爬架提升到上一节段锚固，然后放松模板，用爬架将模板提升到新的位置，就位后再继续浇筑塔身混凝土，如此循环，逐渐爬升，如图5-2-14所示。

爬模按提升设备不同可分为倒链手动爬模、电动爬架拆翻模和液压爬升模三种。作用于爬模上接料平台、脚手平台和拆模吊篮的荷载应均衡，不得超载，严禁混凝土吊斗碰撞爬模系统。模板沿墩身周边方向应始终保持顺向搭接。在施工过程中，应随时检查爬模的中线、水平位置和高程等，发现问题应及时纠正。

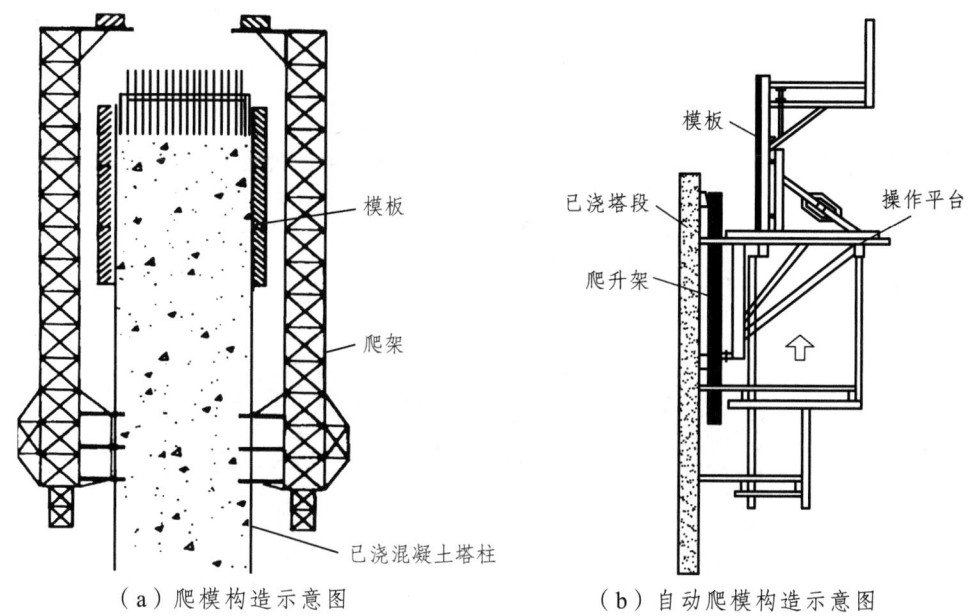

图 5-2-14 爬模结构示意图

三、模板的制作验收

模板的制作验收项目及要求应符合现行行业标准的要求。

◆任务 2-2 模板的安装

【工作任务】

对预制板模板、墩柱模板进行安装。

【任务目标】

知识目标:

熟悉桥梁施工中常用模板的安装要求。

技能目标:

能够进行一般模板的安装检查工作。

能够安装小型模板。

【建议课时】

8 课时。

【任务相关理论】

一、模板的安装要求

（1）模板应按设计要求准确就位，且不宜与脚手架连接。

（2）安装侧模时，支撑应牢固，应防止模板在浇筑混凝土时产生位移。

（3）模板在安装过程中，必须设置防倾覆的临时固定设施。

（4）模板安装完成后，其尺寸、平面位置和顶部高程等应符合设计要求，节点联系应牢固。

（5）梁、板等结构的底模应设置预拱度。

预拱度是为抵消梁、拱、桁架等结构在荷载作用下产生的挠度，而在施工或制造时所预留的与位移方向相反的校正量。根据梁的挠度和支架的变形所计算出来的预拱度之和，为预拱度的最高值，应设置在梁的跨径中点。其他各点的预拱度，应以中间点为最高点，以梁的两端为零，按圆曲线或二次抛物线进行分配，如图5-2-15所示。

图5-2-15 底模预拱度

（6）固定在模板上的预埋件和预留孔洞不得遗漏，安装应牢固，位置应准确。

二、常用模板的安装

（1）模板背面应设置主肋和次肋作为其支承系统，主肋和次肋的布置应根据模板的荷载和刚度要求进行。次肋的配置方向应与模板的长度方向相垂直；支架或支撑的着力点应设置在主肋上，如图5-2-16所示。

图5-2-16 模板主肋和次肋

（2）当设置对拉螺杆或其他拉筋，需要在模板上钻孔时，应使钻孔的模板能多次周转使用，并应采取措施减少或避免在模板上钻孔。

（3）容许挠度。

结构物表面外露的模板，计算时考虑其挠度宜小于模板构件跨度的 1/400；结构表面隐蔽的模板，其挠度宜小于模板构件跨度的 1/250。

钢模板的面板或单块钢模板变形应不大于 1.5 mm。

钢模板的钢棱和柱箍变形宜小于 $L/500$ 和 $B/500$（其中 L 为计算跨径，B 为柱宽）。

（4）支撑杆件的容许长细比。

主要受压杆件（立柱）的长细比为 150；次要受压杆件的长细比为 200。

（5）预应力预制梁底模设置。

① 台座尽量设置于地质较好的地基上，对软土地基要用碎石或砂砾进行换填。

② 根据梁长和张拉后梁所拱起的高度设置反拱，最低点由底模中间起按二次抛物线或圆曲线依次分配。

③ 梁体张拉后，中部会架空，只是梁的两端支于台座上，所以台座两端的基础要加强。

④ 注意预留对拉螺杆孔及吊装时穿钢丝的预留槽口。

⑤ 底模采用混凝土底模时，要注意涂隔离剂，防止吊装梁体时，由于黏结而造成底模"蜂窝"，对周转不利。

⑥ 底模采用钢板时，要使钢板平整、光滑，及时涂抹脱模剂。钢板不宜太薄以防变形，宜采用厚 6 mm 以上钢板。

⑦ 安装侧模时，在底模外边缘设置橡胶条或海绵条，以防漏浆，如图 5-2-17 所示。

图 5-2-17　底模外边缘设置橡胶条

（6）芯模。

① 木内胎模。

可沿全长分为两节，每隔 70 cm 设活动支撑一道，同时加骨架一道。木芯模使用时应防止漏浆和采取措施便于脱模。

② 橡胶胎模。
• 充气胶囊在使用前应经过检查，不得漏气，安装时应有专人检查钢丝头，钢丝头应弯向内侧，胶囊涂刷隔离剂。每次使用后，应妥善存放，防止污染、破损和老化。
• 从开始浇筑混凝土到胶囊放气时止，其充气压力应保持稳定。气囊内的气压应控制在 0.04～0.05 MPa。
• 浇筑混凝土时，为防止胶囊上浮和偏位，要采取有效措施加以固定，并应对称平衡地进行浇筑。防浮措施为：① 沿板梁长度每隔 1 m 绑扎一道 ϕ6 限浮定位箍筋（形状与外形相同）并与梁的架立钢筋相连，绑扎牢固。② 在气囊顶部布置 2～3 根通长钢筋与限浮定位箍筋连为一体，如图 5-2-18 所示。

图 5-2-18 橡胶内模防浮钢筋设置

胶囊可修补，修补后的胶囊应存放 3～4 d，并通过试验不漏气后才能使用。
③ 钢内模。
如图 5-2-5 所示，预制板的钢内模一般采用整体钢内模和分两节段内模，分节内模是为了便于拆除。
（7）组合钢模板作基础等墙模板的要求。
① 模板高度由两块以上钢模板拼成时，应有竖向钢楞连固。在钢模板端头接缝齐平布置的情况下，竖楞间距一般宜为 750 mm；在接缝错开布置的情况下，竖楞间距最大可到 1 200 mm。
② 在基坑设置垫板或锚固桩作为支撑的着力点，或在混凝土垫层预埋锚固件，以支承混凝土侧压力，可以不用或少用穿过钢模板对拉筋。
③ 高度在 1 400 mm 以内的侧面模板所受侧压力及竖楞间距见表 5-2-1（竖楞均可采用 1-ϕ48×3.5 钢管）。

表 5-2-1 侧面模板所受侧压力及竖楞间距表

模板高度/cm	最大侧压力/kPa	竖楞间距/cm	竖楞上的总荷载/kN
30	7.5	—	—
40	10.0	120	2.40
50	12.5	105	3.28
60	15	105	4.73
70	17.5	90	5.51
80	20	90	7.20
90	22.5	90	9.11
100	25	90	11.25
120	30.0	75	13.5
140	35.0	75	18.38

④ 对高度在 1 500 mm 以上组合钢模板。

模板荷载：大体积基础，混凝土都应水平分层灌注，混凝土对模板的侧压力数值除按公式计算之外，尚应考虑插入式振动器每次振捣能使混凝土局部液化深度达到 1 m 左右，所以模板应考虑能承受 1 m 高的混凝土压头，即最大侧压力应不小于 25 kPa。

钢模板的拼配：钢模板一般宜横排，端头接缝错开布置。

楞条布置：由于钢模板需要承受最大侧压力 25 kPa，直接支承钢模板的内楞，间距可固定为 750 mm。横排错缝布置时，可省去外楞，拉筋或支撑可以着力在内楞上，如有必要增强模板的整体刚度，可加设外楞，如图 5-2-19 所示。

图 5-2-19 模板的支撑

拉筋或支撑的间距：内楞的规格如采用 5-ϕ48×3.5 钢管，则外楞、拉筋或支撑的间距可以固定为 900 mm。若使用不同规格，其间距可查有关资料或计算确定。

⑤ 组合钢模板的清理及修补。

拆下的模板应逐块进行检查和清理。翘曲的模板面，可用手动丝杠压力机压平，不用的孔洞应用与钢模板面板同厚度已冲好的小圆钢板补焊平整，并用砂轮磨平，也可用与孔洞同直径的塑料瓶盖塞入孔内，平面朝向混凝土，瓶盖因有弹性也不漏浆，效果很好。

用灰铲铲掉残余的灰浆，再用砂纸打磨或用钢丝刷除锈至光亮无锈为止，清理时严禁用铁锤敲击钢模板的方法来清理模板上的混凝土。

清理整修好的钢模板应刷脱模剂，薄膜覆盖，平整放置。

三、安装要求

模板、支架的安装要求见表 5-2-2。

表 5-2-2 模板、支架安装质量标准

项 目		允许偏差/mm
模板高程	基础	±15
	柱、梁	±10
	墩台	±10
模板尺寸	上部构造的所有构件	+5,0
	基础	±30
	墩台	±20
轴线偏位	基础	15
	柱	8
	梁	10
	墩	10
装配式构件支承面的高程		+2,-5
模板相邻两板表面高低差		2
模板表面平整		5
预埋件中心线位置		3
预留孔洞中心线位置		10
预留孔洞截面内部尺寸		+10,-0
支架	纵轴的平面位置	跨度的 1/1 000 或 30

◆任务 2-3 模板的拆除

【工作任务】

熟悉模板的拆除工序及要求。

【任务目标】

知识目标：
熟悉桥梁施工中常用模板的拆除程序及要求。
技能目标：
能够进行一般模板的拆除检查工作。

【建议课时】

2 课时。

【任务相关理论】

模板拆除期限和拆除程序等应根据结构物特点、模板部位和混凝土所应达到的强度要求确定外，还应严格按其相应的施工图设计的要求进行。

一、芯　模

芯模和预留孔道的内模，应在混凝土强度能保证其表面不发生塌陷或裂缝现象时，方可拆除。过早拆模易造成混凝土坍落，过晚会造成拆模困难。应根据施工条件经试验确定拆模时间。每次拆模后要观察混凝土是否塌落，以确定合理的拆模时间。

橡胶胎模的放气时间（表 5-2-3）应经试验确定，以混凝土强度达到能保持构件不变形为宜。

表 5-2-3　胶囊放气抽拔时间

气温/℃	0	5～15	15～20	20～30	>30
混凝土浇完后/h	10～12	8～10	6～8	4～6	2～4

二、侧　模

非承重侧模板应在混凝土抗压强度达到 2.5 MPa，且能保证其表面及棱角不致因拆模而受损坏时方可拆除。非承重模拆除的估计龄期参见表 5-2-4。

表 5-2-4　拆除非承重模板的混凝土估计龄期

混凝土强度/MPa	水泥品种及等级	混凝土硬化时昼夜平均温度/℃						
		+5	+10	+15	+20	+25	+30	+35
		混凝土强度达到 2.5 MPa 所需时间/h						
20	42.5 矿渣水泥	23	16	13	10	9	8	7
40	42.5 矿渣水泥	22	10	9	7	6	5	5
	52.5 普通水泥	15	11	9	8	6	5	4
	52.5 硅酸盐水泥	14	9	7	6	4	4	4

注：① 本表拆模期限按混凝土强度达到 2.5 MPa 的时间考虑。
　　② 当采用火山灰水泥、粉煤灰水泥时，可参照矿渣水泥考虑。
　　③ 混凝土强度等级小于或等于 C15 时，拆模时间应酌情以延长。

三、承重模板

承重模板应在混凝土强度能承受其自重荷载及其他可能的叠加荷载时，方可拆除。一般当构件跨径不大于 4 m 时，在混凝土强度符合设计强度标准值的 50%要求后，方可拆除；大于 4 m 在混凝土强度符合设计强度标准值的 75%要求后，方可拆除。承重模拆除的估计龄期参见表 5-2-5。设计有要求时，应按设计规定执行。

表 5-2-5　拆除承重模板的混凝土估计龄期

达到设计强度 /%	水泥		混凝土硬化时昼夜的平均温度/℃						
	品种	等级	+5	+10	+15	+20	+25	+30	+35
			拆模期限						
50	硅酸盐、普通	52.5	6.5	5	4.2	3	3	2.5	2
	矿渣	42.5	17	13	9.5	6	4	3	2.5
100	硅酸盐、普通	52.5	41	36	32	28	19	15	13
	矿渣	42.5	56	47	39	28	26	19	17

注：① 本表按 C20 级以上一般混凝土考虑。
② 火山灰水泥、粉煤灰水泥可参照表中矿渣水泥考虑。
③ 普通水泥强度等级小于或等于 42.5 的，拆模期限应酌情予以延长。
④ 采用干硬性、低流动性或掺有外加剂的混凝土时，拆模期限可通过试验确定。

四、模板拆除顺序

（1）模板、支架的拆除应遵循后支先拆、先支后拆的原则顺序进行。

墩、台模板宜在其上部结构施工前拆除。

对预应力混凝土结构，其侧模应在预应力钢束张拉前拆除；底模及支架应在结构建立预应力后拆除。

（2）拆除梁、板等结构的承重模板时，在横向应同时、在纵向应对称均衡卸落。简支梁、连续梁结构的模板宜从跨中向支座方向依次循环卸落；悬臂梁结构的模板宜从悬臂端开始顺序卸落。

（3）注意事项。

在低温、干燥或大风环境下拆除模板时，应采取必要措施，防止混凝土表面产生裂缝。

拆除模板、支架时，不得损伤混凝土结构。

模板拆除后，应维修整理，分类妥善存放。

（4）模板拆除设备。

模板、支架的拆除可采用千斤顶（图 5-2-20）、楔木、砂箱（图 5-2-21）等设备，均匀缓慢、分批卸落、拆除。

图 5-2-20　预设千斤顶模板拆除设备

图 5-2-21　砂箱模板拆除设备

任务3 拱　架

【工作任务】

熟悉拱架的构造及安装、拆除工序及要求。

【任务目标】

知识目标：

熟悉拱架的构造。

技能目标：

能够进行拱架的安装、拆除检查工作。

【建议课时】

4课时。

【任务相关理论】

一、拱架的类型

拱架的类型很多，从材料上来分有木拱架、钢木结构拱架、工字钢、万能杆件、公路钢桥等拼装的拱架，从结构和受力上分，有满布式支架（图5-3-1）和拱式支架（图5-3-2）。

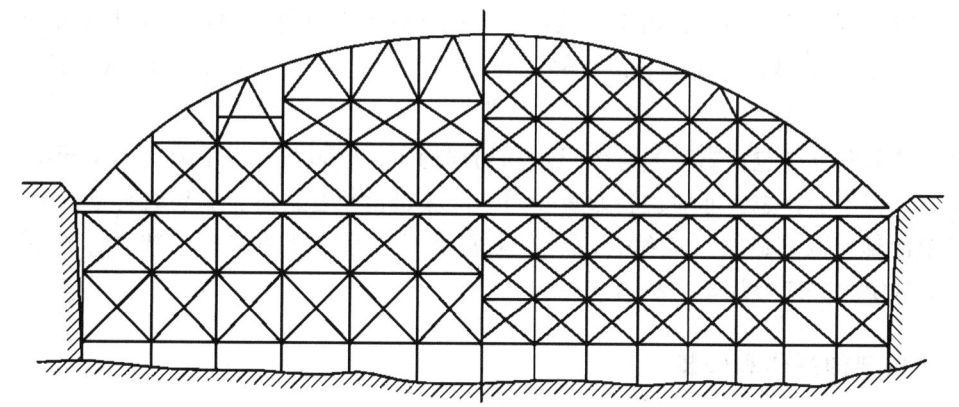

图5-3-1 满布式拱架

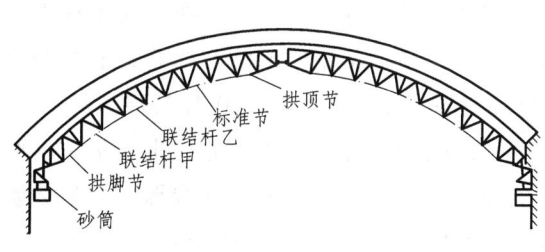

（a）常备拼装式

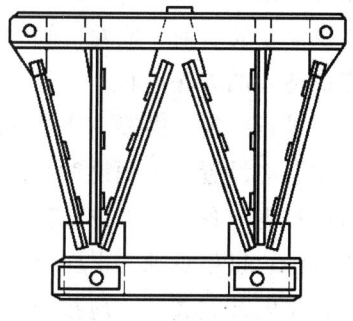

（b）标准节

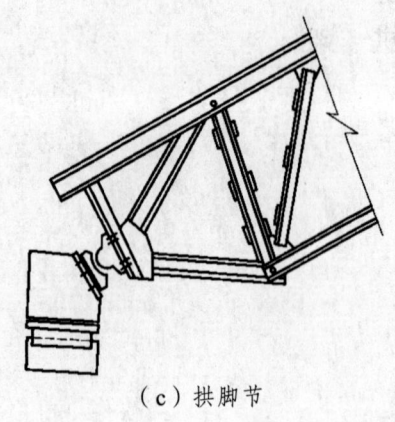 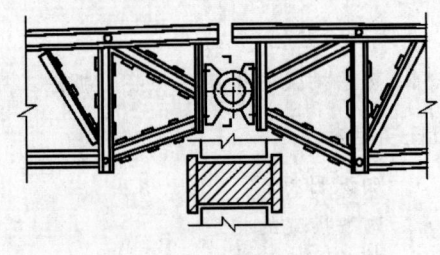

(c）拱脚节　　　　　　　　　　　　　（d）拱顶节

图 5-3-2　常备拼装式桁架型拱架

二、拱架的要求

拱架应进行专门设计，并符合下列规定：

拱架的设计应遵循安全可靠、结构简单、受力明确、制作和安拆方便的原则。

设计荷载应根据拱桥的结构特点和施工荷载特性分析取用，拱圈的自重荷载宜乘以 1.2 倍系数。

应严格控制拱架的刚度，拱架受载后，对落地式拱架其弹性挠度应不大于相应结构跨度的 1/2 000，且不得超过 50 mm；对拱式拱架，应不大于相应结构的 1/1 000，且不得超过 100 mm。

稳定性的验算应包括拱架的整体稳定和局部稳定，抗倾覆稳定系数应不小于 1.5。对拱架在拼装过程中的稳定性亦应进行验算，当不能满足拼装要求时，应采取必要的辅助措施。

拱架的地基与基础设计应符合现行行业标准《公路桥涵地基与基础设计规范》（JTG 3363）的规定，并应对地基承载力进行验算。

三、拱架的制作和安装

制作拱架所采用材料的规格和质量应符合施工设计要求。对钢拱架，宜采用标准化、通用化的常备式构件，或型钢、钢管等材料；只有在特殊情况下才采用木拱架。

拱架在安装前，应对桥轴线、拱轴线、跨径、高程等进行校核。拼装应根据拱架构造确定的适宜的方法进行，分片或分段拼装时应有保证拱架稳定的临时措施，必要时应设置缆风绳进行固定；拱架拼装时尚应设置足够的平联、斜撑和剪刀撑保证其横向的稳定。

拱架应设置施工预拱度和卸落装置。拱式拱架尚应考虑其受载后产生水平位移所引起的拱圈挠度。各类拱架的顶部高程应符合拱圈下缘加预拱度后的几何线形，允许偏差为上下 10 mm；拱架纵轴的平面位置偏差应不大于 1/1 000，且不大于 30 mm。

拱架安装完成后，应按设计荷载进行预压，并应对其平面位置、顶部高程、节点连接及纵横向的稳定性进行全面检查。

拱架应稳定、牢固，应能抵抗在施工过程中可能发生的偶然碰撞和震动。

四、拱架拆卸

1. 现浇混凝土拱圈拱架的拆除

现浇混凝土拱圈的拱架，其拆除期限应符合设计规定；设计未规定时，应在拱圈混凝土强度达到设计强度的85%后，方可卸落拆除。

卸落拱架应按提前拟定的程序进行，且宜分步卸落；在纵向应对称均衡卸落，在横向应同时一起卸落。满布式落地拱架卸落时，可从拱顶向拱脚依次循环卸落；拱式拱架可在两支座处同时均匀卸落；多孔拱桥卸架时，若桥墩允许承受单孔施工荷载，可单孔卸落，否则应多孔同时卸落，或各连续孔分段卸落。拱架卸落时，应设专人对拱圈的挠度和墩台位移等情况进行监测，并详细记录。当有异常时，应暂停卸落，查明原因并采取相应措施后方可进行。

2. 石拱桥的拱架卸落时间

（1）浆砌石拱桥拱架，应待砂浆强度达到设计强度的85%后方可卸落；设计另有规定时，从其规定。

（2）跨径小于10 m的小拱桥，宜在拱上建筑全部完成后卸架；中等跨径的实腹式拱，宜在护拱砌完后卸架；大跨径空腹式拱桥，宜在拱上小拱横墙砌好（未砌小拱圈）后卸架。

（3）当需要进行裸拱卸架时，应对裸拱进行截面强度及稳定性验算，并应采取必要的辅助稳定措施。

项目六 桥梁图识读

任务1 识图方法

桥梁设计图纸是应用"道路工程图"的基本理论，结合桥梁结构的特点而编制的。基本上是应用"三视图"理论即长对正、高平齐、宽相等，同时又是"三视图"理论的一种变形应用，根据内容的不同，部分采用"概括化"、部分采用"详细化"。其基本目的为：能够描述清楚，工程人员能够读懂，又能节省篇幅，不重复、不赘述。

【工作任务】

阅读钢筋混凝土简支空心板桥施工图。

【任务目标】

知识目标：

熟悉桥梁施工图的读图方法和步骤。

技能目标：

能够识读一般钢筋图和构造图。

【建议课时】

4课时。

【任务相关理论】

一、认真细读、通读设计说明

阅读本部分的目的是：了解设计意图、设计依据；熟悉图纸所描述的桥梁地址的地形、地质，当地的水文、气候条件；掌握桥梁的主体结构、主要材料的应用说明。在图纸细部结构中难以描述的内容、本桥梁的施工注意事项，在本部分均有描述，所以要细读、通读，做到心中有数，既要有一个框架结构，又要注意到该桥的特殊性。

二、阅读总体布置图和桥位平面图

在本部分熟悉桥梁的上、下部结构类型，并结合所学知识，在头脑中构建该类型的结构特点，再结合其标注的各种标高、地形、地质、水位等条件，构建该桥的总体框架。

三、阅读细部结构图

本部分是桥梁图识读的重点、难点。对每一张结构图要做到：先整体后局部，步步细化、前后印证，要在头脑中构建其模型结构，并根据图纸内容不断修复其模型，最终达到非对即错，即要么图纸有错误，提出疑问，要么是读图有误，重新阅读，再次修复"模型"，对每一结构形式、断面，每种钢筋都要做到受力需要、作用满足、三视图指向一致，不能出现模棱两可的问题。

1. 先读每张图纸的题目说明，构想其位置、作用，利用已知知识联想其主要特点

例如："20 m 空心板中板一般构造图"，就要联想到何谓中板、何谓边板。这种板的长、宽、高各是多少？沿长度方向其结构尺寸有无变化？何种形状、尺寸的挖空？若再深一步可理解为什么挖空？带着这些问题去读图，就会更容易些。

再如："20 m 空心板预应力钢筋构造图"，何谓预应力钢筋？何谓普通钢筋或非预应力筋？这种简支结构的空心板受力主要特征是怎样的？这是受弯构件，结构的底部受拉，而钢筋的主要作用是抗拉，那么是否该预应力筋应布置在板的底部？而弯矩在结构的跨中大，向支点方向逐渐减小，那么这种力筋又怎样变化呢？是不是在跨中要多些，在支点附近少些？那么又怎么实现减少呢？是截断还是弯起？弯起又有何意义？

2. 读主视图

在一张图纸中，我们总是把主要的内容、最能反映实质的内容放在主视图中，其会占据一张图的主要位置、占较大的篇幅，那么我们先读该部分，从该部分攫取重要的、主要的信息。

例如：一张简支结构的钢筋图中主视图为其纵断面图，在该部分就能看出其布置的抗拉的主筋、抗剪的箍筋、弯起筋、斜筋、成骨架的架立筋，而梁板的主要受力也即弯拉力和剪力。

如我们在纵断面图中看到编号为 1 的抗拉筋，它可能在纵断面图中表现为底部的一根或很少的几根黑线，一道表示一根或者一排钢筋，那么承受主要受拉力的钢筋，能是一根吗？答案是显而易见的。这类钢筋用何种型号的钢筋？长度、直径是多少？形状如何？如

图 6-1-1 所示的钢筋信息表示为编号为 7,钢筋直径为 18 mm 的 Ⅲ 级钢筋（HRB400 热轧带肋钢筋）、断料长度为 1 290 cm、直线部分 1 179 cm,图示部分只画出二分之一。

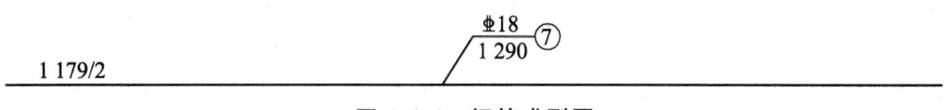

图 6-1-1　钢筋成型图

这种钢筋有多少根？如何布置？间距怎样？我们既然从纵断面图和图示的钢筋图中不能得知，就再在横断面图或者平面图或者钢筋数量表中寻找 7 号筋，进而得到答案，而且找出来的答案还要和纵断面图中的 7 号筋相对应，即它是一种钢筋在不同图中的投影显示，要满足"长对正、宽相等、高平齐"的原则，还要与这种钢筋的作用相一致。如果不能满足上述原则，说明我们的判断有问题，重新对照、构想。

3. 综合运用各种有效信息

钢筋的型号、直径、长度、根数、位置，结构的受力特点等都是有效信息，要综合运用。

如工程中常用的普通钢筋为 Ⅰ 级筋和 Ⅲ 级筋，钢筋的特征是随着含碳量的增加，强度增加、脆性也增加，Ⅲ 级筋比 Ⅰ 级筋的强度高，但塑性和脆性也高，在主要承受拉力的地方用 Ⅲ 级筋而不用 Ⅰ 级筋，而吊钩用 Ⅰ 级筋而不用 Ⅲ 级筋。如果一种钢筋级别较高、根数比较多、直径也较大，那么它极可能是受力筋，架立筋用不了那么多根数，防收缩筋用不了那么大的直径也不用那么高的钢筋强度。既然是受力筋就该放在受力的地方，什么地方受力呢？这就是一种判断。

再如：如果是一块 13 m 长、50 cm 高、99 cm 宽的空心板，而一种钢筋的长度是 12.69 m，那么它会怎么放呢？只能沿着长度方向放置，而有几种钢筋通长放置呢？如果钢筋长 85 m，那么它会怎样放呢？不会沿高度方向放置，极有可能沿宽度方向放置。而如果是 2 m 长呢？它不会沿高度、宽度方向放置，而只能沿长度方向，如果不是放在跨中，那么就应该两侧对称放置。

再如：箍筋要封闭成箍，但设计中为方便施工常分成两种或多种钢筋绑扎搭接。如图 6-1-2 所示，9 号、10 号筋的钢筋种类、直径相同，都为直径 8 mm 的 Ⅰ 级筋，我们判断它们可能有某种联系，10 号筋缺上封，而 9 号筋的形状合适，它们正好可以构成箍筋。双肢箍筋的总宽为 55+55 = 110 cm，有部分重叠，所以宽不到 110 cm，而 9 号筋的平直部分长度 106.4 cm，是比较合适的。我们再从数量上判断，如果 10 号钢筋为 9 号钢筋数量的两倍，我们几乎可以肯定这种联系。

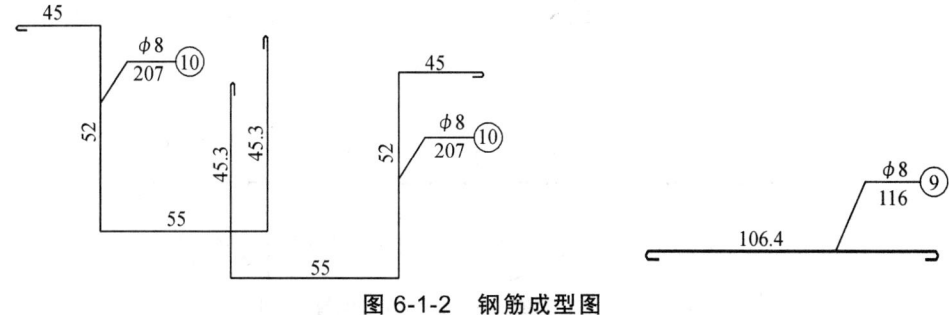

图 6-1-2　钢筋成型图

4. 综合判定，形成整体概念

每一幅图的结构部分要符合制图理论，前后统一，形成整体概念，并要在头脑中勾勒出结构模型，甚至是按实体尺寸放出"大样"；钢筋图也应如此，并按顺序号，确定每种钢筋的所有信息，包括品种、形状、长度、直径、根数、位置等，并符合结构的受力要求；验算钢筋数量表；识读并理解附注说明，每种钢筋的信息要与钢筋数量表相符合。

每幅图的内容要与前后相关内容相一致，并符合设计说明中的内容，否则应重新读图，确定或者提出疑问。

任务2　梁式桥施工图

【工作任务】

阅读施工图并制作钢筋混凝土实心板桥。

【任务目标】

知识目标：

熟悉梁板钢筋构造。

技能目标：

能够识读一般构造图和钢筋图。

【建议课时】

4课时。

【任务相关理论】

一、结构受力

梁桥的梁板主要承受弯矩和剪力。

1. 简支梁

图 6-2-1 为简支梁所受弯矩图，从图中可看出，跨中弯矩最大，两支点处为0，因此，在正常情况下，钢筋混凝土或预应力混凝土结构中受力筋应当中间最多，向两支点处逐渐减少，这也是一些受力筋在梁跨的端部或弯起或失效的原因。

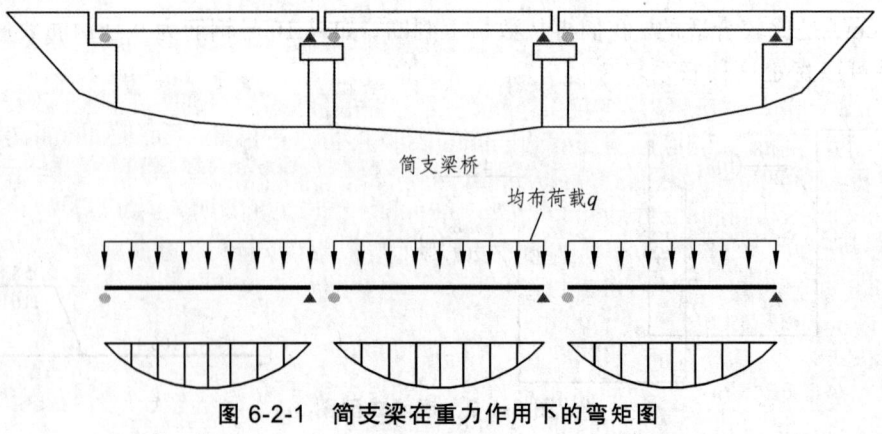

图 6-2-1　简支梁在重力作用下的弯矩图

简支梁的剪力，支点处的支承反力为定值，梁板断面均匀时为其重力的一半；取部分梁段为研究对象，在竖直方向，支承反力、重力、剪力形成平衡。支点处，重力较小，约为 0，剪力等于反力，随着所取截面的增大，重力逐渐增加，则剪力逐渐减小，至跨中，反力等于重力，则剪力为 0。

因此，简支梁的剪力图为跨中为零的线段，如图 6-2-2 所示。

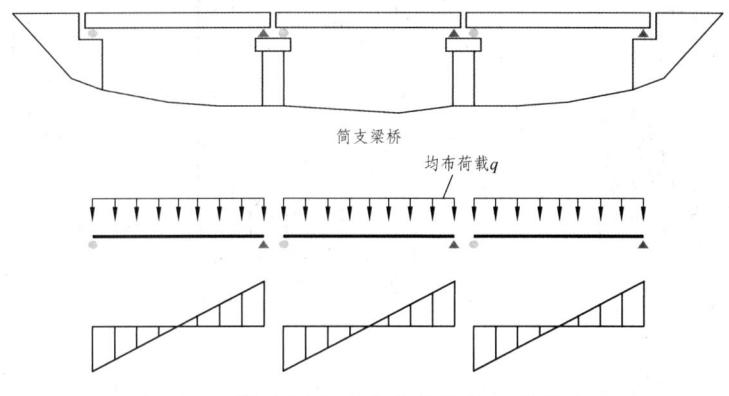

图 6-2-2　简支梁在均布荷载作用下的剪力图

2. 连续梁

连续梁所受弯矩图如图 6-2-3 所示。钢筋的布置应与其受力图相适应，在跨中受正弯矩，受力筋应在梁的底部，在支点附近，梁受负弯矩，因此受力筋应当布置在梁的上部。

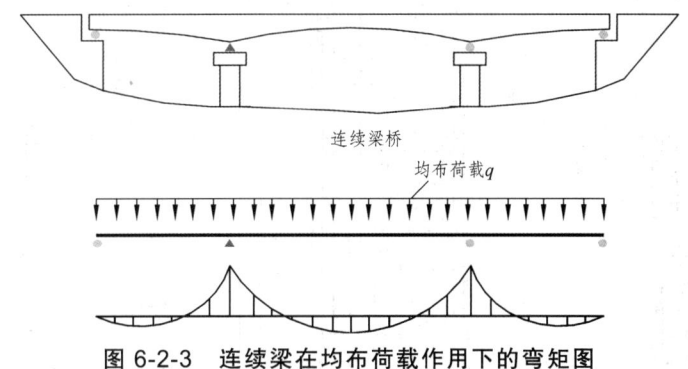

图 6-2-3　连续梁在均布荷载作用下的弯矩图

二、结构中的钢筋

结构中的钢筋主要有受力筋、架立筋、箍筋、构造筋、分布筋、防收缩筋等。

受力筋主要承受拉力，布置在梁承受拉力的部位。

架立筋的作用为使各种筋成骨架，因此布置在梁板的边角，一般直径较大。

箍筋的主要作用是承受剪力，并使各种筋成骨架。支点处剪力最大，因而支点附近要加强，所以，从跨中到支点，箍筋应当越来越密或者用加粗、加肢、增加钢筋级别的方式加强。

剪力是梁式桥结构中一种主要力，承担剪力的不仅有箍筋，钢筋的弯起部分或者另加的斜筋也是为承受剪力的；梁板在支点附近腹板加厚，一方面为支承的安全考虑，另一方面也是承受剪力。

三、阅读预应力空心板普通钢筋构造图（图6-2-4）

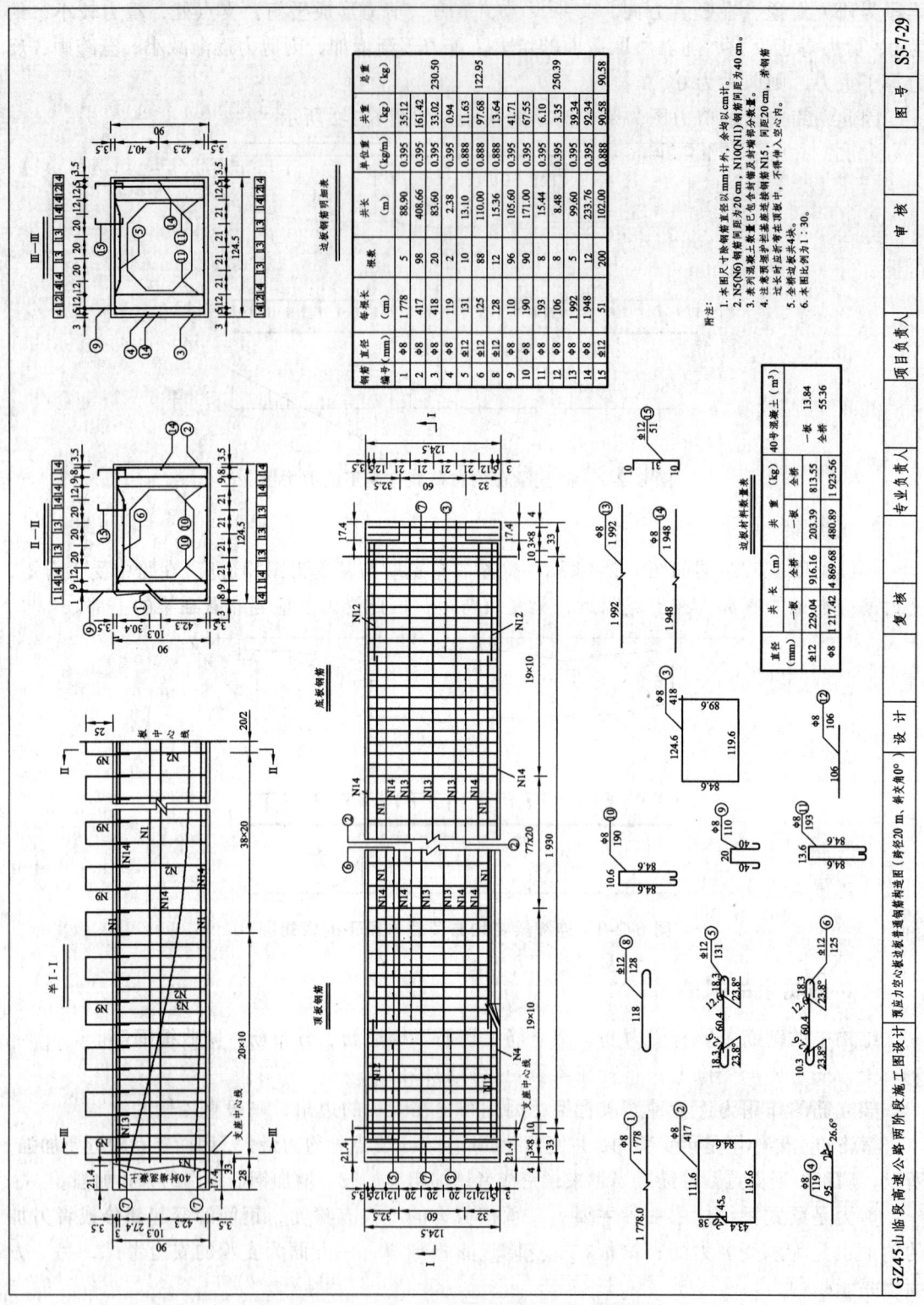

图6-2-4 预应力空心板边板普通钢筋构造图

单元三　桥梁下部结构施工

项目七　桥梁扩大基础施工

桥梁下部施工包括基础施工和墩台施工。基础施工本教材只讲授常见的钻挖孔灌注桩和扩大基础施工。

由于地基强度一般较墩台或墙柱的强度低，因而需要将基础平面尺寸扩大以满足地基强度要求，这种基础又称为扩大基础。桥梁的扩大基础多是柔性浅基础（以刚性角控制的素混凝土基础、砌体基础为刚性扩大基础），其施工方法常采用明挖法。

明挖法的施工工艺流程：施工准备（测量、试验、物资和施工组织准备）→基坑开挖（坑壁支撑、基坑排水、基坑检验、基底处理）→基础施工→基坑回填。

任务1　基坑开挖

【工作任务】

结合基础施工的现场环境、结构特点，试判断采用哪种围堰类型进行施工？支护、排水方式及开挖方式有哪些？

【任务目标】

知识目标：

熟悉明挖地基的工艺流程。

掌握明挖地基的施工要点。

技能目标：

能根据具体情况，选用合适的围堰类型。

能确定基坑边坡的开挖坡度。

能确定支护、排水的方式。

【建议课时】

4课时。

[任务相关理论]

一、施工准备工作

（1）首先要熟悉设计文件、研究施工图纸，必要时进行现场核查、补充调查，对基底高程、基础尺寸、桩位坐标、工程数量进行复核计算。对设计图纸的疑问和有关建议，及时向设计单位书面提出，以求补全更正。

（2）编制分项工程施工方案及开工报告，报请监理工程师审批。

（3）认真进行施工放样测量，设置控制桩，同时放出相邻几个墩台基础，对其相对位置和坐标进行复核，确保准确无误。

（4）准备好基础施工所需的设备、材料、相应配套设施。例如：临时便道要畅通，砂石、水泥、钢材等材料要运至现场，电力供应要正常，凡与工程有关的事项均应协调妥当，保障工程开工后顺利实施。

（5）制定完善的安全技术措施，进行安全技术交底。

二、围 堰

基础施工最好在无水或静水的条件下进行，但桥梁墩台基础常常位于地表水位以下，有时水流流速较大，这样就需要采用围堰法进行水中基础施工。围堰的作用主要是防水、围水和搭建施工平台，有时还起着支撑基坑坑壁的作用，如图 7-1-1、图 7-1-2。

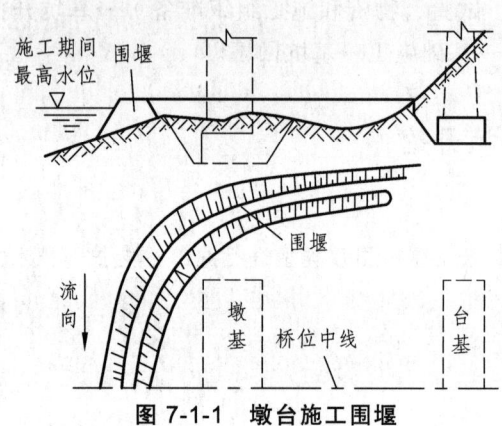

图 7-1-1　墩台施工围堰

图 7-1-2　土石围堰实例图

1. 围堰的类型

公路桥梁中应用的围堰类型很多，应根据水深、流速、地质情况、基础形式以及通航要求等条件进行选择合适的类型。其中常用的类型如下：

（1）土围堰。

适用条件：水深 1.5 m 以内、流速 0.5 m/s 以内，河床土质渗水性较小且满足泄洪要求时，可筑土围堰。

在筑堰之前，应将堰底河床处的树根、石块及其他杂物清除干净。筑堰材料宜采用黏性土或砂夹黏土，填筑应自上游开始至下游合龙，超出水面之后应进行夯实。堰外坡面有受水流冲刷的危险时，应采用合适的材料对其进行防护。

（2）土袋围堰。

适用条件：水深在 3 m 以内，流速在 1.5 m/s 以内，河床土质渗水性较小且满足泄洪要求时，可筑土袋围堰。

袋内填土宜采用黏性土，装填量宜为 60% 左右；水流流速较大时，在过水面及迎水面，袋内可装填粗砂或卵石。堆码时土袋的上下层和内外层应相互错缝，搭接长度占比宜为 1/2～1/3，堆码应密实平整。围堰中心部分可填筑黏土及黏性土芯墙。堰外边坡坡度宜为 1∶0.5～1∶1，堰内边坡坡度宜为 1∶0.2～1∶0.5，如图 7-1-3。

（3）竹笼、木笼、铅丝笼及钢笼围堰。

适用条件：水深在 4 m 以内，水流流速较大，且能满足泄洪要求时，可筑竹、木或铅丝笼围堰（图 7-1-4）；水深超过 4 m 时可筑钢笼围堰。

各种笼体的制作应坚固，并满足使用要求。围堰的层数宜根据水深、流速、基坑大小及防渗要求等因素确定；宽度宜为水深的 1.0～1.5 倍；宜在堰底外围堆填土袋，防止堰底渗漏。

图 7-1-3 土袋围堰实例图

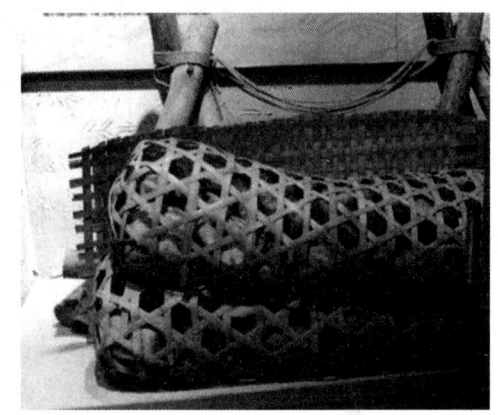
图 7-1-4 竹笼

（4）单行板桩围堰。

适用条件：水深在 3～4 m 以内，土质河床。

可节约部分筑堰用土量，增加打拔木板桩工作量，由于支撑关系，坑内工作面尺寸加大。如图 7-1-5 所示。

（5）双行板桩围堰。

适用条件：水深在 4 m 以上，河床土质松软的情况。

板桩与板桩之间应尽量严密，沉入时注意防止歪斜，随时校正位置，行与行之间用金属拉系拉结牢固。如图 7-1-6 所示。

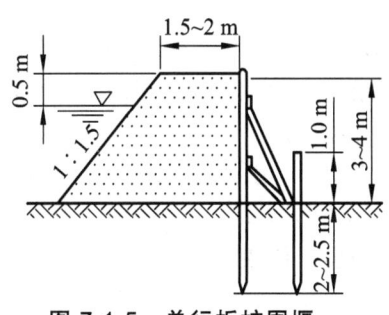
图 7-1-5 单行板桩围堰

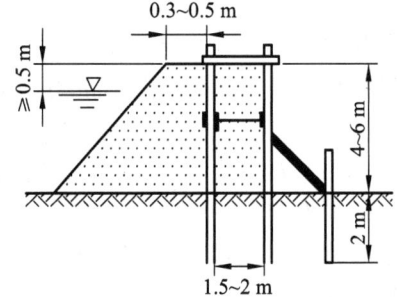
图 7-1-6 双行板桩围堰

（6）膜袋围堰。

膜袋围堰亦称"大型土工织物充填袋围堰"，适用条件：水深 5 m 以内，流速在 3.0 m/s 以内，且河床较平缓时。如图 7-1-7 所示。

膜袋的缝合应牢固严密，袋内可采用砂或水泥固化土材料填充，填充后应采取有效措施降低膜袋内的水分。围堰沉降稳定后可进行基坑的排水,排水时应控制水位降速。

图 7-1-7　膜袋围堰

（7）钢板桩围堰。

适用条件：各类土（包括强风化岩）的深水基坑。

钢板桩的施打要求板桩竖直,接口严密,减少和避免渗水,降低排水工作量。如图 7-1-8、7-1-9 所示。

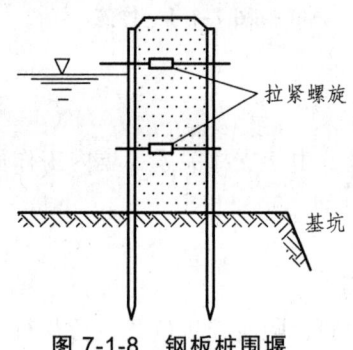　　

图 7-1-8　钢板桩围堰　　　　　　图 7-1-9　钢板桩围堰

2. 围堰的一般规定和要求

（1）围堰顶面的高程应高出施工期间可能出现的最高水位（包括浪高）0.5~0.7 m。

（2）围堰的外形应考虑河流断面被压缩后流速增大导致水流对围堰本身和河床的集中冲刷,以及对河道泄洪、通航和导流的影响等不利因素。

（3）堰内的平面尺寸应满足基础施工作业的需要（包括坑内集水沟、排水井、工作富余空间等所需的工作面）。

（4）围堰要进行专项设计,对钢围堰应进行强度、刚度和稳定性计算；土石围堰的填筑应分层进行,减少渗漏。

三、基坑开挖

基坑一般采用挖掘机等机械开挖,工程量不大的无水基坑,可用人工开挖；基坑开挖前应根据水文、地质、开挖方式及施工环境条件等因素,确定是否对坑壁采取支护措施和排水设施。

1. 降水与排水

地下水位较高或者围堰渗水等都会增加基坑开挖难度,极易造成质量事故和安全事故,渗水量较大时应当先采取措施降低地下水位,然后开挖基坑;渗水量较小时,可采取边开挖边排水或降水的措施。

(1)集水坑(井)排水。

适用于粉细砂土质以外的各种地层基坑。

基坑开挖中,在坑底基础范围之外设置集水坑并沿坑底周围开挖排水沟,使水汇入集水坑内,排出坑外。集水坑(井)的尺寸应根据渗水的情况而定。如图7-1-10所示。

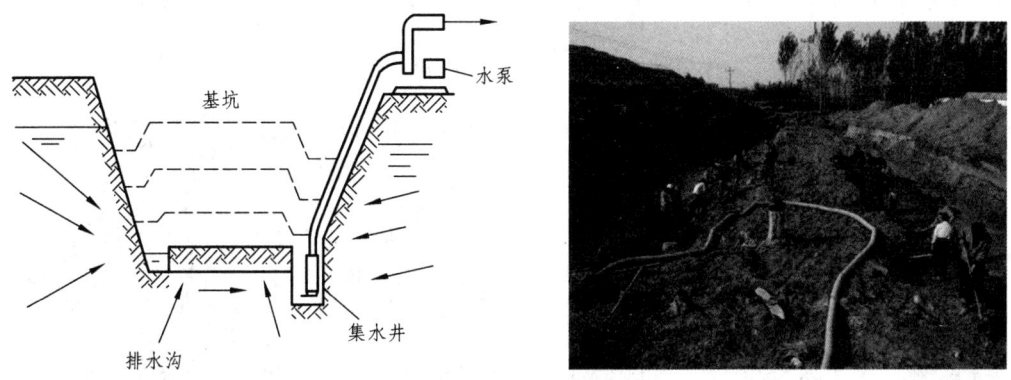

图 7-1-10 集水坑排水

(2)井点法排水。

井点降水适用于粉砂、细砂、地下水位较高、有承压水、挖基较深、坑壁不易稳定的土质基坑;在无砂的黏质土中不宜使用。井点类别的选择,宜按照土壤的渗透系数、要求降低水位深度以及工程特点而定,见表7-1-1、图7-1-11、图7-1-12。井管的成孔可根据土质分别用射水成孔、冲击钻机、旋转钻机及水压钻探机成孔。井点降水曲线至少应深于基底设计高程0.5 m。

表 7-1-1 各种井点法的适用范围

井点类别	土壤渗透系数/(m/d)	降低水位深度/m	井点类别	土壤渗透系数/(m/d)	降低水位深度/m
一级轻型井点法	0.1~80	3~6	电渗井点法	<0.1	5~6
二级轻型井点法	0.1~80	6~9	管井井点法	20~200	3~5
喷射井点法	0.1~50	8~20	深井泵法	10~80	>15
射流泵井点法	0.1<50	<10			

注:① 降低土层中地下水位时,应将滤水管埋设于透水性较大的土层中。
② 井点管的下端滤水长度应考虑渗水土层的厚度,但不得小于1 m。

井点布置应随基坑形状与大小、土质、地下水位高低与流向、降水深度等要求而定。同时,应做好沉降及边坡位移观测,确保水位降低区域内建筑物的安全。尽可能将滤水管埋设在透水性较好的土层中,并对井点孔位加强维护和检查,保证不间断地进行抽水。

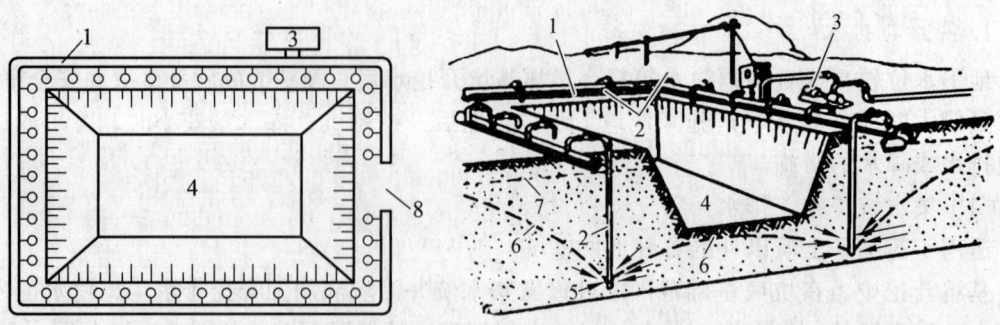

1—集水总管；2—井点管；3—抽水设备；4—基坑；5—滤水管；6—地下水降落曲线；
7—原地下水位线；8—挖土机出入口。

图 7-1-11 环形井点布置示意图

图 7-1-12 井点降水实例图

2. 直接放坡开挖

当基坑深度较小且坑壁土层稳定时，可直接放坡开挖。当为无水基坑且土层构造均匀时，基坑坑壁的坡度可按表 7-1-2 确定；当土的湿度有可能使坑壁不稳定而引起坍塌时，基坑坑壁坡度应缓于该湿度下的天然坡度。

表 7-1-2 基坑坑壁坡度

坑壁土类	坑壁坡度		
	坡顶无荷载	坡顶有静荷载	坡顶有动荷载
砂类土	1：1	1：1.25	1：1.5
卵石、砾类土	1：0.75	1：1	1：1.25
粉质土、黏质土	1：0.33	1：0.5	1：0.75
极软岩	1：0.25	1：0.33	1：0.67
软质岩	1：0	1：0.1	1：0.25
硬质岩	1：0	1：0	1：0

注：① 坑壁有不同土层时，基坑坑壁坡度可分层选用，并酌设平台。
② 坑壁土类按照现行《公路土工试验规程》（JTG E40）划分；岩面单轴抗压强度小于 5 MPa、为 5～30 MPa、大于 30 MPa 时，分别定为极软、软质、硬质岩。
③ 基坑深度大于 5 m 时，基坑坑壁坡度可适当放缓或加设平台。

3. 坑壁支护开挖

坑壁土层不易稳定且有地下水影响，或放坡开挖场地受限，或放坡开挖工程量大时，应选择适宜的坑壁支护方案开挖，如图 7-1-13 所示。

图 7-1-13 常用支护方式

基坑较浅且渗水量不大时，可采用竹排、木板、混凝土板或钢板等对坑壁进行支护；基坑深度不大于 4m 且渗水量不大时，可采用槽钢、H 型钢或工字钢支护；基坑深度大于 4m 时，宜采用锁扣钢板或锁扣钢管桩围堰进行支护。坑壁还可采用喷射混凝土、锚杆喷射混凝土、预应力锚索和土钉支护等方式。

支护结构应进行设计计算，当支护结构受力过大时应加设临时支撑，支护结构和临时支撑的刚度、强度及稳定性应满足基坑开挖施工的要求；不论采用何种加固方式，均应按设计要求逐层开挖、逐层加固，坑壁或边坡上有明显出水处应设置导管排水。

4. 基坑开挖的一般要求和规定

（1）挖基施工宜安排在枯水或少雨季节进行。基坑的开挖应连续施工，对有支护的基坑应采取防碰撞的措施；基坑附近有其他结构物时，应有可靠的防护措施。

（2）基坑边缘的顶面应设置防止地面水流入基坑的拦水和排水设施。基坑开挖时，应对基坑边缘顶面的各种荷载进行严格限制，并应在基坑边缘与荷载之间设置护道，基坑深度小于或等于 4m 时护道的宽度应不小于 1m；基坑深度大于 4m 时护道的宽度应按边坡稳定计算的结果进行适当加宽，水文和地质条件较差时应采取加固措施。

（3）在开挖过程中进行排水时，应不对基坑的安全产生影响，在确认基坑坑壁稳定的情况下，方可进行基坑内的排水。排水困难时，宜采用水下挖基方法，但应保持基坑中的原有水位高程。

（4）采用机械开挖时应避免超挖，宜在挖至基底前预留一定的厚度，再由人工开挖至设计高程；如超挖，则应将松动部分清除，并对基底进行处理。

（5）基坑开挖施工完成后不得长时间暴露、被水浸泡或被扰动，应及时检验其尺寸、高程和基底承载力，检验合格后应立即进行基础工程的施工。

（6）在基坑的底部，为了施工方便应留有一定宽度的工作面。其宽度因土质的不同而取不同值，一般基底应比基础的平面尺寸增宽 0.5～1.0 m，如图 7-1-14 所示。

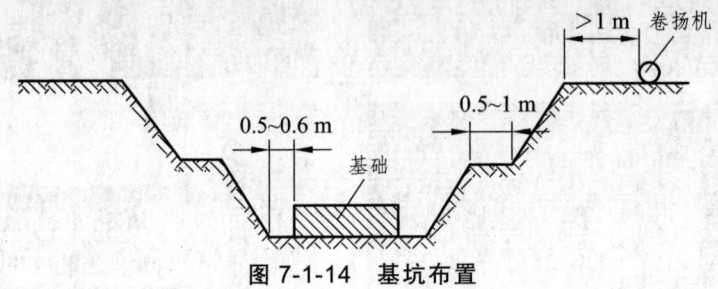

图 7-1-14 基坑布置

（7）基坑开挖过程及使用过程中应加强监测，监测的主要内容包括基坑周边地表沉降、周边重要建筑沉降、周边建筑及地面裂缝、支护结构的受力及变形、坑内地下水位、坑底隆起等。

任务 2 基底检验与扩大基础施工

【工作任务】

根据具体的情况，如何开展基底检验工作？检验不合格，如何进行基底处理？

【任务目标】

知识目标：

熟悉基底检验内容和检验方法、各种地基的处理方法。

技能目标：

能根据具体情况，选用合理的地基处理方法。

能对地基进行检验，并可以对不同的地基进行处理。

【建议课时】

2 课时。

【任务相关理论】

基坑开挖完成后，应尽快组织对基底进行各项指标检验，并根据情况进行基底处理。

一、基底检验

1. 检验内容

（1）检查基底的平面位置、尺寸和基底高程是否符合设计要求。

（2）检查基底的地质情况和承载力是否与设计资料相符。

（3）检查基底处理和排水情况是否符合规范要求。

（4）检查施工记录及有关试验资料是否齐全等。

2. 承载力检验方法

按桥涵大小、地基土质复杂（如溶洞、断层、软弱夹层、易溶岩等）程度及结构对地基有无特殊要求，可采用以下检查方法：

（1）小桥涵的地基检验可采用直观或触探器方法，必要时可进行土质试验，以鉴定土的容许承载力。

（2）大、中桥和地基土质复杂、结构对地基有特殊要求的地基检验，宜采用触探和钻探（钻深至少4 m）取样做土工试验或按设计文件的特殊要求进行荷载试验。

（3）特大桥按设计要求进行处理。

二、基底处理

符合设计要求的细粒土、特殊土基底，修整妥善后，应尽快进行基础施工，不得使基底浸水和长期暴露。地基不符合设计要求时，应采取相应的方法进行处理，地基处理的范围应宽出基础之外不小于0.5 m。

1. 细粒土或特殊土地基的处理

对强度低、稳定性差的细粒土或特殊土地基，如饱和软弱黏土层、粉砂土层、湿陷性黄土、膨胀土、季节性冻土等，处理时应视该类土的处治深度和含水率等情况，采取固结、换填（图7-2-1）等措施。

图 7-2-1　换填处理

2. 粗粒土和巨粒土的处理

对于强度和稳定性满足设计要求的粗粒土及巨粒土基底，应将其承重面平整夯实，其范围应满足基础的要求，然后采用灌浆固结处理。基底有水不能彻底排干时，应将水引至排水沟，然后在其上进行基础的施工。

3. 岩层基底的处理

岩石的风化程度对其承载力影响很大。风化岩层应尽快进行封闭；未风化的岩层，基础施工前，应先将淤泥、苔藓、松动的石块清除干净，并凿出新鲜岩面；对于坚硬的倾斜岩层，宜将岩层面凿平；倾斜度较大无法凿平时，则应凿成多级台阶，台阶的宽度不宜小于 0.3 m。

4. 多年冻土地基的处理

基础不应置于季节冻融土层上，并不得直接与冻土接触。基础位于多年冻土层（即永冻土）上时，基底之上应设置隔温层或保温层材料，且铺筑宽度应在基础外缘加宽 1 m。按保持冻结的原则设计的明挖基础，其多年平均地温等于或高于 -3 ℃ 时，应于冬季施工；多年平均地温低于 -3 ℃ 时，可在其他季节施工，但应避开高温季节。

5. 溶洞地基的处理

处理溶洞地基时，不得堵塞溶洞的水路。对于干溶洞可挖除洞内软弱充填物后用砂砾石、碎石、干砌或浆砌片石及灰土等回填密实；基底干溶洞较大，回填处理有困难时，可采用桩基处理，桩基应进行设计，并经有关单位批准。

6. 泉眼地基的处理

可将有螺口的钢管紧密打入泉眼，盖上螺帽并拧紧，阻止泉水流出；或向泉眼内压注速凝的水泥砂浆，再打入木塞堵眼。

堵眼有困难时，可采用管子塞入泉眼，将水引流至集水坑排出或在基底下设盲沟引流至集水坑排出，待基础施工完成后，再向盲沟压注水泥浆堵塞。采用引流方式排水时，应注意防止砂土流失，引起基底沉陷。

应采取必要措施尽量使地基承载力均衡，如图 7-2-2 所示。

图 7-2-2 基底处理

三、混凝土扩大基础施工

1. 基底处理

当扩大基础的基底为非黏性土或干土时，在施工前将其润湿，并应按设计要求浇筑混凝土垫层，垫层的顶面不得高于基础底面设计高程。

地基为淤泥或承载力不足时，应按设计要求进行处理。

基底为岩层时，应用水冲洗干净，且在基础施工前铺设一层不低于基础混凝土强度等级的水泥砂浆。

2. 混凝土浇筑

扩大基础施工宜采用钢模板，宜在全平面范围内水平分层浇筑混凝土，如图 7-2-3 所示；大体积混凝土可采用分块浇筑，如图 7-2-4 所示。

图 7-2-3　分层浇筑混凝土

图 7-2-4　分块浇筑混凝土

3. 基坑回填

一般要到结构物的拆模期终了 3 d 之后进行回填。如果混凝土养生条件不正常，应延长时间。桥台和桥墩基础等周围的回填，应同时在两侧及基本相同的高程上进行，特别要防止对结构物形成单侧受土压。

回填材料应分层摊铺，并用符合要求的设备压实。需回填的基坑应及时排水。若无法排除基坑积水时，则应采用砂砾材料回填，并在水中分薄层铺筑，直到回填进展到该处的水全部被回填的砂砾材料所掩盖并达到能充分压实的程度时，再进行充分夯实。

4. 扩大基础质量检验

扩大基础检查项目见表 7-2-1。

表 7-2-1　扩大基础检查项目

项次	检查项目		规定值或允许偏差
1	混凝土强度/MPa		在合格标准内
2	平面尺寸/mm		±50
3	基础底面高程/mm	土质	±50
		石质	+50，-200
4	基础顶面高程/mm		±30
5	轴线偏位/mm		25

项目八 桩基础施工

桩基础按施工方法不同可分为钻孔灌注桩、挖孔灌注桩、打入桩等。实际工程中钻孔灌注桩应用最为广泛,其原理是采用特定的钻孔方法,在土中形成一定直径的井孔,达到设计高程后将钢筋骨架(笼)吊入井孔内,灌注混凝土形成桩基础。由于其施工速度快,质量稳定,受气候环境影响小,因而被普遍采用。本任务只讲述钻孔灌注桩的施工。

钻孔灌注桩的施工工艺流程:施工准备工作→钻孔施工→清孔→吊放钢筋骨架→下放导管→二次清孔→灌注水下混凝土→凿出桩头→成桩检验。

任务 1 桩基础施工准备工作

【工作任务】

试述钻孔灌注桩的准备工作。

【任务目标】

知识目标:

熟悉桩基础施工前准备工作的内容和要求。

技能目标:

能根据施工方案、图纸等,进行桩基础施工准备工作。

能对各项准备工作进行质量控制和检验。

【建议课时】

4 课时。

【任务相关理论】

灌注桩基础施工为水下浇筑混凝土,施工中一旦出现问题很难进行处理,因此应十分重视施工前的各项准备工作,只有准备充分才能保证施工顺利进行。其准备工作包括桩位施工放样、钻孔场地准备、设备和材料准备、埋设护筒、制备泥浆等。

1. 桩位施工放样

桩位的放样要满足规范、设计要求的精度,并用不同的测量方法或仪器进行校核,确保桩位放样的准确性。

2. 钻孔场地准备

桩位位于旱地时,可在原地适当平整并填土压实形成工作平台,如图 8-1-1(a)所示。

位于浅水区时,宜采用筑岛形成施工平台,如图 8-1-1(b)所示。

位于深水区时,宜搭设钢制平台,如图 8-1-1(c)、(d)所示。当水位变动不大时,亦可采用浮式工作平台;施工钻孔场地应按桩基设计的平面尺寸、钻机数量和钻机基座平面尺寸、钻机移位要求、施工方法及其他配合设施布置等情况决定。施工场地或工作平台的平面尺寸应满足钻孔成桩作业的需要,顶面高程应高于桩施工期间可能出现的最高水位 1.0 m 以上,在受波浪影响的水域,尚应考虑波高的影响。

图 8-1-1 桩基施工平台

3. 设备、材料准备

（1）机电设备准备。

根据地质土质、桩径大小、入土深度等资料，确定科学合理的钻孔方法和选用适当的钻孔设备，施工前应仔细检修施工机械，并准备好备用机械、设备（经调试处于待运转状态）和备用的发电设备，发生故障时立即启用备用设备，以保证施工连续进行。

（2）材料及试验准备。

进场的砂、石、水泥、钢筋等原材料必须进行检查验收，提前进行水下混凝土的配合比试验，并报请监理工程师的批准。

水下混凝土的配制要求为：

① 水泥可采用火山灰质硅酸盐水泥、粉煤灰硅酸盐水泥、普通硅酸盐水泥或硅酸盐水泥，采用矿渣硅酸盐水泥时应采取防离析措施。

② 粗集料宜选用卵石，如采用碎石宜适当增加混凝土配合比中的含砂率，粗集料的最大粒径不应大于导管内径的 1/6 ~ 1/8 和钢筋最小净距的 1/4，同时不应大于 37.5 mm。

③ 细集料宜采用级配良好的中砂。

④ 掺用外加剂、粉煤灰等时，其技术条件及掺用量可参照产品说明书经实验确定；

混凝土的初凝时间应根据气温、运距及灌注时间长短等因素确定，可经试验掺配适量缓凝剂。

⑤ 混凝土拌合物应具有良好的和易性，灌注时应能保持足够的流动性，其坍落度当桩孔直径 $D<1.5$ m 时，宜为 180～220 mm，$D≥1.5$ m 时，宜为 160～200 mm，且应充分考虑气温、运距及施工时间的影响导致的坍落度损失。

4. 埋设护筒

（1）护筒的作用。

埋设护筒起到以下作用：固定钻孔位置；对钻头起导向作用；保护孔口，防止孔口土层坍塌；隔离地面表层水流入井孔，保证孔内水位（泥浆）高出地下水或施工水位一定高度，形成静水压力，以稳定孔壁、防止坍塌。

（2）护筒制作。

护筒宜采用钢板卷制。在陆上或浅水区筑岛处的护筒，其内径应大于桩径至少 200 mm，壁厚应能使护筒保持圆筒状且不变形；在水中以机械沉设的护筒，其内径和壁厚应考虑护筒的平面、垂直度偏差要求及长度等因素，确定并应在护筒的顶、底口处采取适当的加强措施，保证其在沉设过程中不变形。

护筒顶宜高出地面 0.3 m 或水面 1.0～2.0 m，同时应高于桩顶设计高程 1 m。在有潮汐影响的水域，护筒顶应高出施工期最高潮水位 1.5～2.0 m，并应在施工期间采取稳定孔内水头的措施；当桩孔内有承压水时，护筒顶应高于稳定后承压水位 2.0 m 以上。

护筒埋置深度在旱地或筑岛处宜为 2～4 m，在水中或特殊情况下应根据设计要求或桩位的水文、地质情况经计算确定。对有冲刷影响的河床，护筒宜沉入施工期局部冲刷线以下 1.0～1.5 m，且宜采取防止河床在施工期过度冲刷的防护措施。

（3）钢护筒的埋设定位。

在旱地和筑岛处设置护筒时，可采用挖坑埋设法实测定位，且护筒的底部和外侧四周应采用黏质土回填并分层夯实，使护筒底口处不致漏失泥浆，如图 8-1-2 所示；在水中沉设护筒时，宜采用导向架定位，并应采取有效措施保证其平面位置、倾斜度的准确，如图 8-1-1 (c) 所示。

（a）埋置护筒

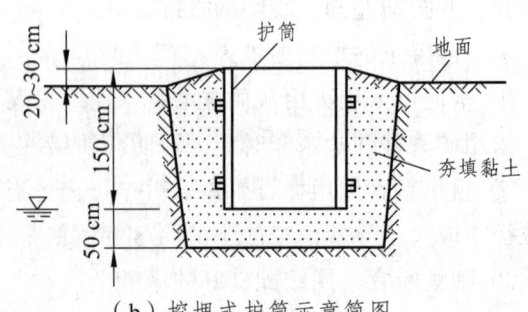
（b）挖埋式护筒示意简图

图 8-1-2 挖埋式护筒

护筒在埋设定位时，除设计另有规定外，护筒中心与桩中心的平面位置偏差应不大于 50 mm，护筒在竖直方向的倾斜度应不大于 1%；对深水基础中的护筒，在竖直方向的倾斜度宜不大于 1/150，平面位置的偏差可适当放宽，但应不大于 80 mm。

5. 制备泥浆

钻孔泥浆由水、黏土（或膨润土）和添加剂按适当比例配制而成。其作用为：

（1）在孔内产生较大的静水压力，可防止坍孔。

（2）泥浆向孔外土层渗漏，在孔壁表面形成一层胶泥，具有护壁的作用。

（3）将孔内外水流切断，稳定孔内水位。

（4）泥浆相对密度较大，能悬浮钻渣，利于钻渣的排出。

泥浆的配合比和配制方法宜通过现场试验确定，不宜硬性规定指标，但应与钻孔方法、土层情况相适应。当缺乏性能指标参数时，可参照表 8-1-1 选用。

表 8-1-1 泥浆性能指标要求

钻孔方法	地层情况	泥浆性能指标							
		相对密度	黏度/(Pa·s)	含砂率/%	胶体率/%	失水率/(mL/30 min)	泥皮厚/(mm/30 min)	静切力/Pa	酸碱度(pH)
正循环	一般地层	1.05～1.20	16～22	9～4	≥96	≤25	≤2	1.0～2.5	8～10
	易坍地层	1.20～1.45	19～28	9～4	≥96	≤15	≤2	3.0～5.0	8～10
反循环	一般地层	1.02～1.06	16～20	≤4	≥95	≤20	≤3	1.0～2.5	8～10
	易坍地层	1.06～1.10	18～28	≤4	≥95	≤20	≤3	1.0～2.5	8～10
	卵石土	1.10～1.15	20～35	≤4	≥95	≤20	≤3	1.0～2.5	8～10
旋挖	一般地层	1.02～1.10	18～22	≤4	≥95	≤20	≤3	1.0～2.5	8～11
冲击	易坍地层	1.20～1.40	22～30	≤4	≥95	≤20	≤3	3.0～5.0	8～11

注：① 地下水位高或其流速大时，指标取高限，反之取低限。
② 地质状态较好，孔径或孔深较小的取低限，反之取高限。

调制泥浆时，将土加水浸透，然后用泥浆搅拌机或人工拌制成合格的泥浆。如图 8-1-3 所示。钻孔过程中，应随时对孔内泥浆的性能进行检测，不符合要求时应及时调整。钻孔泥浆宜进行循环处理后重复使用，减少排放量，施工完成后废弃的泥浆应采取集中沉淀再处理的措施，严禁随意排放，污染环境和水域。

图 8-1-3 泥浆制备

任务 2 钻孔施工

【工作任务】

总结钻孔施工的施工流程、施工要求和注意事项。

【任务目标】

知识目标：

掌握正循环钻进施工工艺、注意事项。

掌握冲击钻成孔施工工艺、注意事项。

技能目标：

能参与正循环钻孔施工的各个工序施工

能参与冲击钻孔施工的各个工序施工

能够进行施工质量控制和质量检验

【建议课时】

4 课时。

【任务相关理论】

一、常用的钻孔方法

钻孔灌注桩成孔常用的钻机机械有回旋钻机、冲击钻机、冲抓钻机、旋挖钻机等。

1. 正循环回旋钻孔

钻机利用钻具旋转切削土体钻进，泥浆泵形成高压把泥浆压入空心钻杆，并使其从钻杆底部射出，底部的钻头（钻锥）在回转时将土层搅松成为钻渣，钻渣悬浮在泥浆中，随着泥浆上升而溢出流出井外，经过沉淀池沉淀净化，泥浆再循环使用，如图 8-2-1 所示。

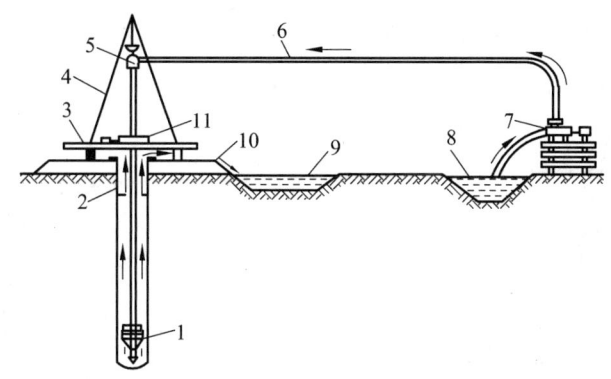

1—钻锥；2—护筒；3—工作台；4—钻架；5—水龙头；6—高压胶管；7—泥浆泵；
8—储浆池；9—沉淀池；10—土台；11—磨盘钻机。

图 8-2-1　正循环回旋钻孔示意图

正循环回旋钻成孔的优点是钻进与排渣同时连续进行，成孔速度较快，钻孔深度较大。其缺点是设备较复杂，孔壁泥浆护壁层厚度常为 5~7 cm，降低了桩周摩擦力。

2. 反循环回旋钻孔

同正循环相反，如图 8-2-2 所示，泥浆由钻杆外流（注）入井孔，用真空泵或其他方法（如空气吸泥机）将钻渣从钻杆中吸出排放到沉淀池。

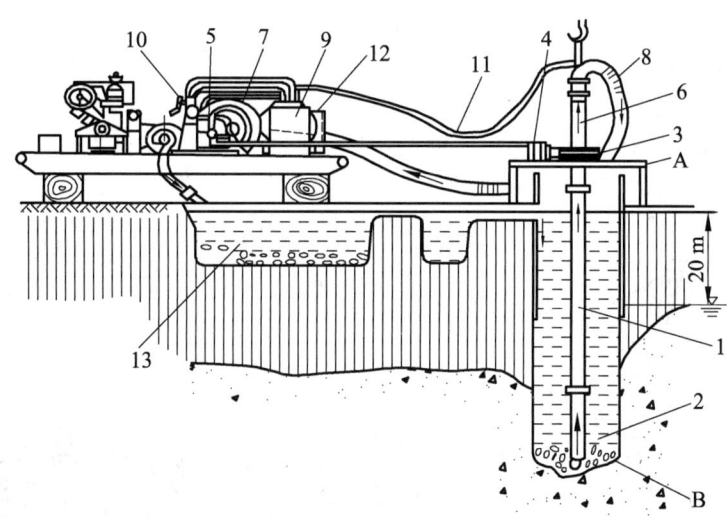

1—钻杆；2—钻锥；3—转盘；4—液压电动机；5—油压泵；6—方形传动杆；7—泥石泵；
8—吸泥胶管；9—真空罐；10—真空泵；11—真空胶管；12—冷却水槽；
13—泥浆沉淀池；A—井盖；B—井底。

图 8-2-2　泵吸式反循环回转钻工作示意图

反循环回旋钻成孔的优点是排渣连续性好，速度较正循环快；缺点是扩孔率较大，只适用于孔壁稳定、不易坍塌的土层。

3. 冲抓钻孔

用冲抓锥张开抓瓣冲入土石中，然后收紧锥瓣绳，抓瓣将土抓入锥中，提升冲抓锥出井孔，松绳开瓣将土卸掉，如图 8-2-3 所示。冲抓锥的构造如图 8-2-4 所示。井壁保护同回旋钻孔法。

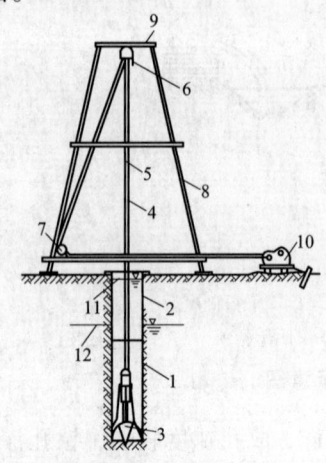 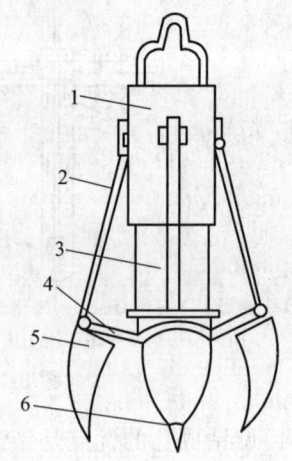

1—钻孔；2—护筒；3—冲抓锥；4—开合钢丝绳；
5—吊起钢丝绳；6—天滑轮；7—转向滑轮；
8—钻架；9—横梁；10—卷扬机；
11—水头高度；12—地下水位。

1—外套；2—连杆；3—内套；4—支撑杆；
5—叶瓣；6—锥头

图 8-2-3　冲抓钻机工作示意图　　　　　　图 8-2-4　冲抓锥

4. 冲击钻孔

用冲击式装置或卷扬机提升钻锥，上下往复冲击，将土石劈裂、劈碎，有些钻渣被挤入井壁之内。大部分钻渣用泥浆悬浮，冲击一定时间后，对于实心钻锥，放入掏渣筒掏渣，提到孔外倒掉，对于空心钻锥，冲碎的钻渣可以从锥底进入空心锥管内，提钻锥，倒钻渣。如图 8-2-5 所示。

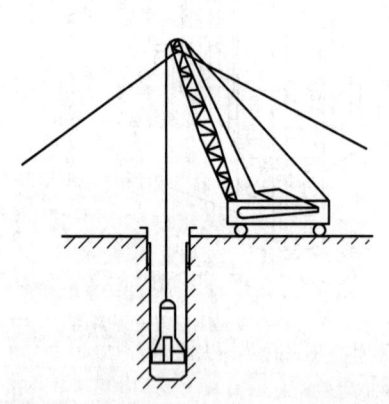 

图 8-2-5　冲击钻进工作示意图

冲击钻机成孔时，应小冲程开孔，并应使初成孔的孔壁坚实、竖直、圆顺，能起到导向作用。待钻进深度超过钻头全高加冲程后，方可进行正常的冲击。冲击钻进过程中，应采取有效措施防止坍孔；掏取钻渣和停钻时，应及时向孔内补浆，保持水头高度。

遇到大卵石、漂石及岩石较硬时，只有冲击锥才能攻克；有些钻渣被挤入孔壁，起到加强孔壁并增加土层与桩身间的侧摩阻力。其缺点是钻普通土时进度较慢。

5. 螺旋钻

干作业成孔，无泥浆污染，最适合于城市及干旱区；振动小，噪声低；钻孔进度快，长螺旋钻机连续出土，成孔速度远非其他类型的钻机可比，短螺旋钻机不能连续出土，但不用泥浆，也较其他钻机快，如图 8-2-6 所示。

图 8-2-6　长螺旋钻机

螺旋钻成孔直径小，一般用作地基处理的旋喷桩，桥梁钻孔桩中较少使用。

6. 旋挖钻钻孔

旋挖钻机本身机、电、液一体化高度集中，自动化程度高，可根据地质状况配置不同的钻头，可采用短螺旋钻头进行干式作业，可在泥浆护壁的情况下，用回转钻头进行湿挖作业；旋挖和冲击相互结合，可钻碎坚硬土层，岩土装入钻斗运至地面。如图 8-2-7 所示。

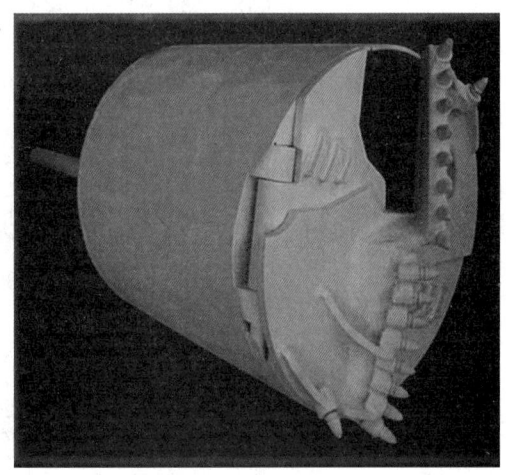

图 8-2-7　旋挖钻机

钻进过程中应保证泥浆面始终不低于护筒底部 500 mm，并应严格控制钻进速度，避免进尺过快造成塌孔埋钻事故。钻斗的升降速度宜控制在 0.75～0.80 m/s；在粉砂层或亚砂土层中，升降速度应更加缓慢。泥浆初次注入时，应垂直向桩孔中间进行注浆。

旋挖钻适用范围较广，成孔深度一般在 50～60 m 的范围内。

二、钻孔施工

钻孔施工的方法很多，钻机的选型宜根据孔径、孔深、桩位处的水文和地质情况、施工环境条件等因素综合确定，所选用的钻机及钻孔方法应能满足施工质量和施工安全的要求。现以正循环钻进施工为例进行讲述，施工现场如图 8-2-8 所示。

图 8-2-8　正循环回转法钻孔施工现场

具体的施工工序：

1. 钻机就位

立好钻架并调整和安设好起吊系统，将钻头吊起，徐徐放进护筒内。钻机安装后，其底座和顶端应平稳。要求转盘中心同钻架上的起吊滑轮在同一铅垂线上，钻杆位置偏差不得大于 20 mm，如图 8-2-9 所示。在钻进过程中要经常检查转盘，如有倾斜或位移，应及时纠正。

图 8-2-9　正循环回转法钻机就位

2. 钻 进

先启动泥浆泵和转盘，使之空转一段时间，待泥浆输进钻孔中一定数量后，方可开始钻进。

（1）初钻。

开钻时应慢速钻进，待导向部位或钻头全部进入地层后，方可正常钻进。

（2）正常钻进。

钻进应连续进行。在钻进过程的同时，泥浆连续循环，边钻进边排渣。钻进过程中应根据土质不同，变换钻进速度和泥浆比重，泥浆比重一般控制在 1.1～1.3；接、卸钻杆的动作要迅速、安全。

减压钻进。正、反循环回旋钻机钻孔时，钻机的主吊钩始终应承受部分钻具的重力，孔底承受的钻压不应超过钻具重力之和（扣除浮力）的 80%，使钻杆在钻进过程中维持竖直状态，钻进回旋平稳，避免或减少斜孔、弯孔和扩孔现象。

钻进过程中应根据土质变化变换钻进速度（冲击钻变换冲程大小）和泥浆比重，以防塌孔。在黏质土中钻进，宜选用尖底钻锥、中等转速、大泵量、稀泥浆钻进。在砂类土或软土层中钻进时，易塌孔，宜选用平底钻锥、控制进尺、轻压、低挡慢速、大泵量、稠泥浆钻进。

在低液限黏土或卵、砾石夹土中钻进时，因土层太硬，会引起钻锥跳动、憋车、钻杆摆动加大、钻锥偏斜等现象，宜采用低挡慢速、优质泥浆、大泵量、两级钻进的方法钻进。

钻孔作业应分班连续进行，填写钻孔施工记录，交接班时交代钻进情况及下一班应注意事项。经常对钻孔泥浆进行检测和试验，不符合要求时，随时改正。应经常注意地层变化，在地层变化处应捞取渣样，判明后计入记录表中并与地质剖面图核对。

在钻孔排渣、提钻头除土或因故停钻时，应保持孔内具有规定的泥浆高度和要求的泥浆相对密度和黏度。处理孔内事故或因故停钻时，必须将钻头提出孔外。

三、钻孔事故处理

1. 坍 孔

坍孔的表征是孔内水位忽然上升溢出护筒，随即骤降，孔口冒出细密的水泡，出渣量显著增加而不见进尺，钻机负荷显著增加等。

发生孔口坍塌时，可立即拆除护筒并回填，重新埋设护筒再钻；如发生孔内坍塌，坍孔不严重时，可调整钻进速度和泥浆稠度继续钻进。坍孔严重时应采用掏渣、射水、加大泥浆循环而不进尺等措施，取出坍塌土后正常钻进。

2. 孔身偏斜

在钻孔过程中，钻机底座未安置水平或产生不均匀沉陷、位移，钻杆弯曲、接头不正，钻孔中遇有较大的孤石或探头石，在有倾斜的软硬地层交界处、岩面倾斜处钻进等情况时，易造成孔身偏斜。

一般可在偏斜处吊住钻头上下反复扫孔，使钻孔正直；冲击钻进时，应回填砂砾石和黄土或片石到该位置以上 1 m 左右，待沉积密实后再钻进。

3. 糊钻、埋钻

若发生糊钻，可向孔内投放石块解决；严重糊钻，应停钻提出钻锥，清除钻渣。遇到塌方或其他原因造成埋钻时，应使用空气吸泥机吸走埋钻的泥沙，提出钻锥。

4. 卡钻

当出现卡钻时，不宜强提以防坍孔、埋钻。若锥头向下有活动余地，可使钻头向下活动并转动至孔径较大方向提起钻头。也可松一下钢丝绳，使钻锥转动一个角度，有可能将钻锥提出。

5. 梅花孔（或十字孔）

梅花孔是主要的冲击钻成孔事故。其原因有：锥顶转向装置失灵，泥浆相对密度和黏度过高，冲击转动阻力太大，钻头转动困难；操作时钢丝绳太松和冲程太小，冲锥刚提起又落下，钻头转动时间不充分或转动很小等。可用低冲程时，每冲击一段换用高一些的冲程冲击，交替冲击修整孔形。

任务 3　成孔检查与清孔

【工作任务】

模拟成孔及清孔检查过程。

【任务目标】

知识目标：

熟悉终孔检查的检查内容、检查方法和允许偏差。

熟悉清孔的目的、方法。

技能目标：

能根据检查内容和规范要求，进行各终孔检查。

【建议课时】

2 课时。

【任务相关理论】

一、终孔检查

钻孔灌注桩成孔后，应对钻孔的孔位、孔径、孔形、孔深和倾斜度进行检验，符合要求后进行清孔。清孔后，应对孔底的沉淀厚度、泥浆指标等进行检验，检验结果应符合表 8-3-1 的允许偏差。

表 8-3-1　钻孔灌注桩检查项目

项次	检查项目			规定值或允许偏差
1	桩位 /mm	群桩		≤100
		排架桩	允许	≤50
			极值	≤100
2	孔深/m			≥设计值
3	孔径/mm			≥设计值
4	钻孔倾斜度/mm			≤1%S（桩长），≤500
5	沉淀厚度 /mm	摩擦桩		符合设计要求，当设计无要求时，对于直径≤1.5 m 的桩，≤300 mm；对桩径>1.5 m 或桩长>40 m 或土质较差的桩，≤500 mm
		支承桩		不大于设计规定；设计未规定时，不大于 50 mm
6	钢筋骨架底面高程/mm			±50

（1）孔深达到设计长度后，应尽快用专用测绳检验并记录，防止时间过长，钻渣沉淀造成测量值不准确，如图 8-3-1（a）所示。测绳过水后必须用钢尺重新校核。

（a）孔深量测　　　　　　　　　（b）沉淀厚度量测

图 8-3-1　孔深量测

（2）孔径、孔形和倾斜度宜采用专用仪器检测，对于中、小桥梁工程，可采用外径不小于桩孔直径、长度为外径 4~6 倍的钢筋检孔器吊入钻孔内检测，如图 8-3-2 所示。

图 8-3-2　检孔器检孔

（3）沉淀厚度的检测方法。

测锤法是一种极简易又最常用的方法。将规范的圆锥体测锤系在测绳的始端，把重锤慢慢地沉入孔内，凭人的手感探测沉渣顶面的位置，其施工孔深和测量孔深之差，即为沉淀厚度，如图8-3-1（b）所示。

此外，沉淀厚度的检测方法还有电阻率法、电容法、声呐法、沉淀盒法等。

二、清 孔

1. 清孔的目的

清孔的目的是：降低孔内泥浆的相对密度、黏度、含砂率等指标；清除钻渣，减少孔底沉淀厚度，防止桩底存留沉淀过厚而降低桩的承载力。此外，清孔还为水下混凝土的顺利灌注创造良好条件。

2. 清孔方法

① 抽浆清孔。

抽浆清孔比较彻底，适用于各种钻孔方法的摩擦桩、支承桩。一般用反循环钻机、空气吸泥机、水力吸泥机或离心吸泥泵等进行，如图8-3-3所示。

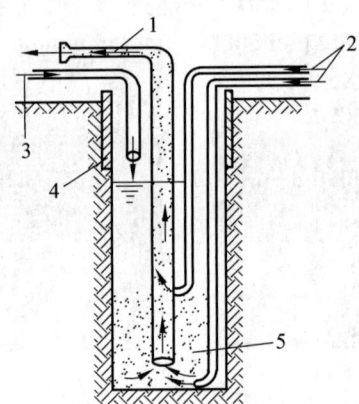

1—泥浆砂石渣喷出；2—通入压缩空气；3—注入清水；4—护筒；5—孔底沉积物。

图 8-3-3 空气吸泥机抽浆清孔

② 换浆清孔。

当使用正循环回转钻钻进时，终孔后停止进尺，稍提钻锥离孔底100～200 mm空转，并保持泥浆正常循环，将相对密度较低的泥浆压入，把钻孔内悬浮钻渣较多的泥浆换出。

③ 掏渣清孔。

此法适用于冲抓钻、冲击钻施工的井孔，可在清渣前，投入水泥1～2袋，通过冲击锥低冲程反复冲拌数次，使孔内泥浆、钻渣和水泥形成混合物，然后以掏渣工具掏出。

④ 喷射清孔。

在灌注水下混凝土前，对孔底进行高压射水或射风数分钟，使沉淀物飘浮后，立即灌注水下混凝土。常在其他清孔方法清孔后或清孔过程中配合使用。

清孔方法应根据设计要求、钻孔方法、机具设备条件和地层情况决定。不论采用何种方法清孔，在清孔排渣时，均必须保持孔内水头，防治坍孔。不得用加深钻孔深度的方式代替清孔。

任务4　钢筋骨架与导管安装

【工作任务】

制作桩基钢筋笼，模拟其下放、固定过程。

【任务目标】

知识目标：

熟悉钢筋骨架的制作、运输和起吊要求、注意事项。

熟悉导管安装要求。

技能目标：

能根据设计图纸，进行钢筋下料和骨架的制作。

能根据施工要求，对钢筋的运输、起吊和就位进行等各道施工程序进行质量控制和质量检验。

能指导导管下放。

【建议课时】

4课时。

【任务相关理论】

一、钢筋骨架（笼）制作

钢筋骨架（笼）应根据设计图纸要求，按吊装和钢筋单根定长确定下料长度，骨架宜在场内坚固的工作台或胎架上分节加工制作，主筋的连接宜采用机械连接接头。如图8-4-1所示。

（a）钢筋骨架制作　　　　　　　　　　（b）成型钢筋骨架

图8-4-1　钢筋骨架

钢筋骨架（笼）的制作要满足下列要求：

（1）钢筋接头的布置与连接质量应符合有关规定。

（2）钢筋骨架制作时应采取必要措施，保证骨架的刚度，防止钢筋骨架在运输和就位时变形。主筋的接头应错开布置。大直径长桩骨架宜在胎架上分段制作，且宜编号，安装时应按编号顺序连接。

（3）钢筋骨架外侧设置控制混凝土保护层厚度的定位筋或垫块，垫块的间距在竖向应不大于2 m，在横向圆周应不少于4处。

（4）钢筋骨架在运输和安装过程中，应采取适当的措施防止其变形。

（5）钢筋骨架在安装时，其顶端应设置吊环。

二、钢筋骨架的运输和起吊就位

1. 骨架存放与运输

制作好的钢筋骨架必须放在平整、干燥的场地上并垫方木以免沾上泥土。每组骨架的各节段要排好次序，便于使用时按顺序装车运出。在骨架每个节段上都要挂上标志牌，写明墩号、桩号、节号等，如图8-4-2所示。骨架运输的总体要求是：不使骨架变形。

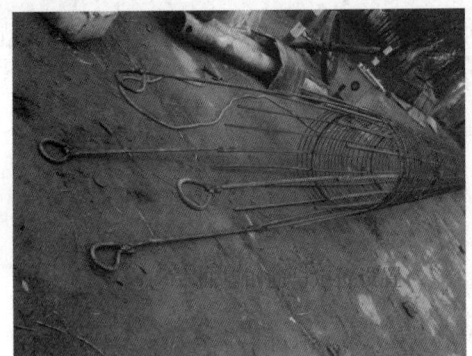

图8-4-2　钢筋骨架应依次编号

2. 骨架的起吊和就位

清孔结束后，随即吊放钢筋骨架，入孔一般用吊机，无吊机时，可采用钻机钻架、灌注塔架，如图8-4-3所示。

图8-4-3　钢筋笼起吊

钢筋骨架下放时，要竖直居中；节段连接可采用焊接或机械连接的方式，连接位置接头应符合规范规定，如图 8-4-4 所示。

安装钢筋骨架时，不得直接将钢筋骨架支承在孔底，应将其吊挂在孔口的钢护筒上，钢筋骨架入孔后，应进行平面位置及高程的检验、调整，合格后进行固定，既要防止导管或其他机具的碰撞而使整个钢筋骨架变位或落入孔中，又要防止浇筑混凝土时骨架上浮现象发生，如图 8-4-5 所示。

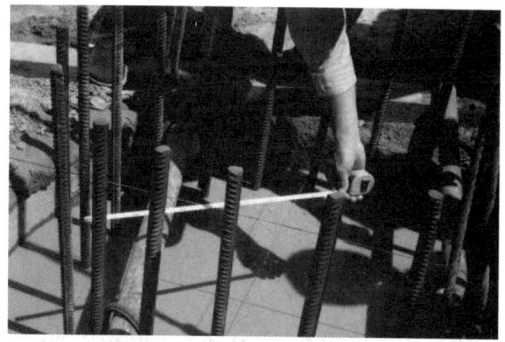

图 8-4-4 钢筋骨架现场连接与平面位置检查

图 8-4-5 钢筋笼固定

3. 钢筋骨架质量标准

钢筋骨架的制作与安装质量应符合表 8-4-1 的规定。

表 8-4-1 钢筋骨架质量标准

项 目	允许偏差	项 目	允许偏差
主筋间距/mm	±10	保护层厚度/mm	±20
箍筋间距/mm	±20	中心平面位置/mm	20
外径/mm	±10	顶端高程/mm	±20
倾斜度/mm	0.5	底面高程/mm	±50

三、导管选择与下放

水下混凝土宜采用钢导管灌注，导管内径宜为 200～350 mm，视桩径大小而定。

导管分节长度应便于拆装和搬运,并小于导管提升设备的提升高度。中间节一般长 2 m 左右,底节可加长至 4~6 m,漏斗下可配长约 1 m 的上端导管,以便调节漏斗的高度。

导管在使用前应进行水密承压和接头抗拉试验,严禁用压气试压。进行水密试验的水压应不小于孔内水深 1.3 倍的压力,亦应不小于导管壁和焊缝可能承受灌注混凝土时的最大内压力 P 的 1.3 倍。

导管连接方法有法兰盘、丝扣和卡口三种形式。导管吊放时,应使位置居于孔中,轴线顺直,稳步沉放,防止卡挂钢筋骨架和碰撞孔壁。导管的连接应安全、可靠,如图 8-4-6 所示。

(a)导管吊放　　　　　　　　　(b)导管拼接

图 8-4-6　导管安装图

四、二次清孔

灌注水下混凝土之前,应再次检查孔内泥浆的性能指标和孔底沉淀厚度,如超过设计或规范要求,应进行第二次清孔,符合要求后方可灌注水下混凝土。

二次清孔一般利用导管进行泥浆循环或注入清水循环;也可用喷射清孔的方法,使孔底沉淀悬浮,如图 8-4-7 所示。

图 8-4-7　混凝土灌注前沉淀厚度检测及利用导管二次清孔

任务 5　灌注水下混凝土

【工作任务】

编制灌注水下混凝土施工方案。

【任务目标】

知识目标：

掌握灌注水下混凝土施工流程。

掌握灌注水下混凝土的事故预防和处理方法。

技能目标：

能根据施工要求，编制水下混凝土施工方案。

【建议课时】

6课时。

【任务相关理论】

水下混凝土工程的施工可采用导管法。用导管法灌注水下混凝土，即混凝土拌合物通过导管下口，进入到初期灌注的混凝土（作为隔水层）下面，顶托着初期灌注的混凝土及其上面的泥浆或水上升，其施工工艺流程如图 8-5-1 所示。为使灌注工作顺利进行，应尽量缩短灌注时间，坚持连续作业，使水下混凝土的灌注在首批混凝土初凝之前完成。

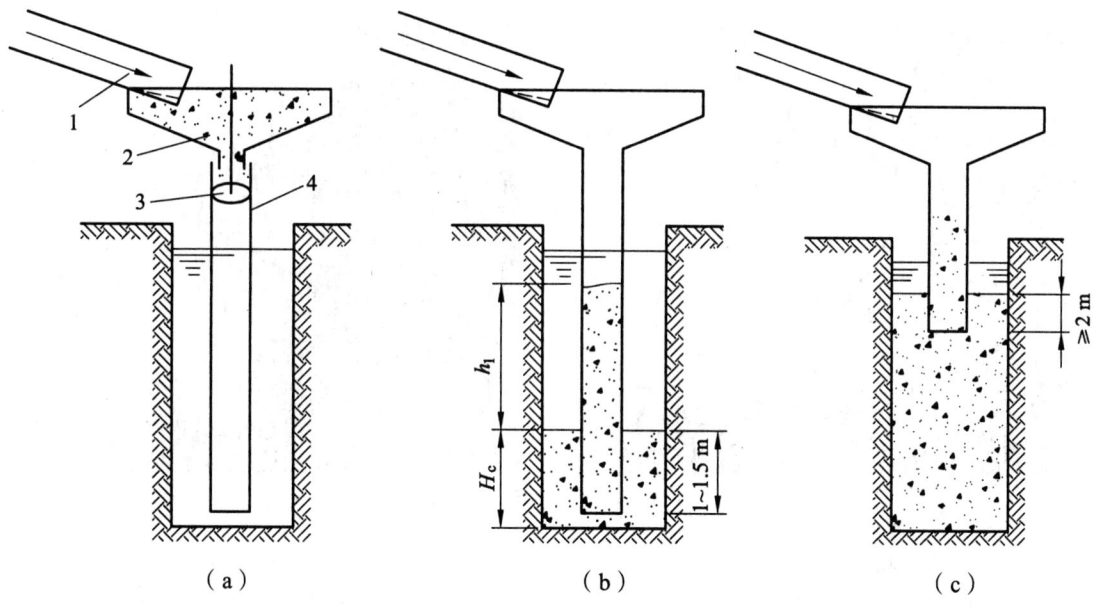

1—混凝土灌注设备；2—混凝土；3—隔水栓；4—导管。

图 8-5-1　灌注水下混凝土流程

一、灌注水下混凝土前的准备工作

（1）按水下混凝土灌注数量和灌注速度的要求配齐施工机具设备，设备的能力应满足桩孔在规定时间内灌注完毕的要求，且应保证其完好率，对主要设备应有备用。

混凝土拌和机使用强制式拌和机,运输设备采用混凝土搅拌运输车或混凝土泵送,如图 8-5-2 所示。

图 8-5-2　混凝土运输

（2）工作平台、储料斗。

导管顶部应设漏斗,其上设溜槽、储料斗和工作平台。储料斗和漏斗高度除应满足导管拆卸等操作需要外,还应在灌注到最后阶段时,不致影响导管内混凝土柱的灌注高度;也可利用钻机架等机具把漏斗提升起来完成最后阶段混凝土的灌注,如图 8-5-3 所示。

图 8-5-3　工作平台、料斗

（3）首批混凝土的计算。

首批灌注混凝土的数量应能满足导管首次埋置深度≥1.0 m 的需要,如图 8-5-4 所示,首批混凝土数量可参考下式计算：

$$V \geqslant \frac{\pi d^2}{4}h_1 + \frac{\pi D^2}{4}H_c$$

式中：V——首批混凝土所需数量（m³）;

　　　h_1——桩孔内混凝土面高度达到 H_c 时,导管内混凝土柱平衡导管外水（或泥浆）压所需高度（m），即 $h_1 = H_w \gamma_w / \gamma_c$；

H_c——灌注首批混凝土时所需桩孔内混凝土面至孔底的高度（m），$H_c = h_2 + h_3$；

H_w——桩孔内混凝土面以上水或泥浆深度（m）；

D——桩孔直径（m）；

d——导管内径（m）；

γ_w、γ_c——孔内水（泥浆）及混凝土的容重（kN/m³）；

h_2——导管初次埋置深度（$h \geq 1.0$ m）（m）；

h_3——导管底至钻孔底间距（m），一般为 0.3～0.4 m。

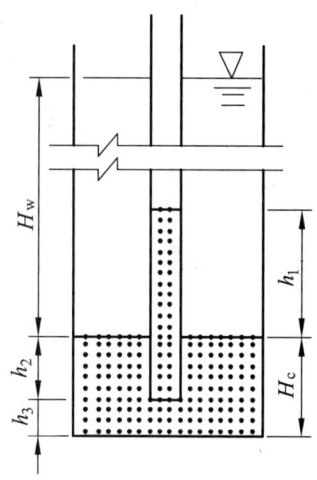

图 8-5-4　首批混凝土灌注数量计算

二、水下混凝土的灌注过程

（1）漏斗和储料斗一次性储存首批混凝土的数量，用隔水栓或阀门与导管内的泥浆或水隔离，如图 8-5-1（a）所示。隔水栓可用塑料布包裹麻絮（锯屑）或混凝土拌合物制成。

（2）可采用剪球法或拔球法开启，首批混凝土将导管内泥浆压出，并将导管底埋置 1 m 以上深度，如图 8-5-1（b）所示。

（3）继续灌注混凝土，至导管埋深达 6 m 时，提升导管 4 m 使管底埋深 2 m。

（4）循环第（3）步骤，直至混凝土桩灌注完成。

三、灌注水下混凝土的规定和注意事项

（1）水下混凝土的灌注时间不得超过首批混凝土的初凝时间。

（2）混凝土运至灌注地点时，应检查其均匀性和坍落度等，不符合要求时，不得使用。防止因混凝土离析、石子超径等造成卡管。

（3）首批混凝土灌入孔后，立即测探孔内混凝土面高度，计算出导管埋置深度，若符合要求，即可正常灌注。如发现导管内大量进水，表明出现灌注事故，应按事故进行处理。

（4）首批混凝土入孔后，应连续灌注，不得中断。

(5) 在灌注过程中,应保持孔内的水头高度。导管的埋置深度宜控制在 2～6 m,并应随时测探桩孔内混凝土面的位置,及时调整导管埋深,正确指挥导管的提升和拆除,如图 8-5-5 所示。在确保能将导管顺利提升的前提下,方可根据现场的实际情况适当放宽导管的埋深,但最大埋深应不超过 9 m。桩孔内溢出的水或泥浆引流至适当地点处理,不得随意排放。

图 8-5-5 导管拆除

(6) 为防止钢筋骨架上浮,当灌注的混凝土顶面距钢筋骨架底部以下 1 m 左右时,宜降低灌注速度;混凝土顶面上升到骨架底口 4 m 以上时,宜提升导管,使其底口高于骨架底部 2 m 以上后再恢复正常灌注速度。

(7) 灌注将近结束时,应采取措施保持导管内的混凝土压力,避免桩顶泥浆密度过大而产生泥团致使混凝土灌注不顺利或桩顶混凝土不密实、松散等现象。

为确保桩顶混凝土质量,灌注的桩顶高程应比设计高出不小于 0.5 m,超灌部分在承台施工前或接桩前必须凿除,凿除后的桩头应密实、无松散层。

(8) 混凝土灌注过程中,宜不断抖动导管,以防止因混凝土与导管的摩阻力过大或因混凝土顶面测量不准确、不及时使导管埋置过深而造成埋管事故。

(9) 导管连接确保牢固或在导管底部两侧挂钢丝绳等措施,防止导管在接口处发生拔断或进水事故。

四、水下混凝土灌注过程中常见事故处理

灌注水下混凝土是成桩的关键性工序,由于桩深常达到四五十米甚至上百米,又是水下灌注,不可预见性较多,导致混凝土桩不完整或出现夹层(也称断桩)、不密实等事故,因此,灌注过程中应分工明确、密切配合,统一指挥,做到快速、连续施工,防止发生质量事故。应提前做出事故处理预案,出现事故时,应尽快查明原因,迅速采取相应措施,及时补救。

混凝土灌注过程中的事故主要有导管进水、埋管、卡管、堵管、短桩、塌孔、钢筋笼上浮等。

首批混凝土储量不足,或储量已够,但导管底口距孔底间距过大,混凝土不能埋没导管底口;导管接头不严或导管提升过猛或测深出错致使导管底口高出混凝土面,底口涌入

泥水等原因而造成的导管进水。混凝土离析、超粒径、坍落度损失等原因造成的卡管（混凝土在导管中下不去）。导管埋入混凝土过深，或导管外混凝土已初凝使导管与混凝土间摩阻力过大，或因提管过猛将导管拉断而造成的埋管。还有混凝土灌注过程中的塌孔、钢筋笼上浮、短桩，机械设备或混凝土运输中出现故障而导致混凝土无法继续灌注。以上这些事故，应及时采取适当措施进行处理，但当导致混凝土无法继续灌注或继续灌注会影响桩的质量时，常采用的处理方法有：

1. 重新灌注混凝土

若混凝土灌注数量不多，则可提出钢筋笼、拔出导管，再次安装钻机成孔，重新灌注混凝土。

2. 下钢护筒、抽浆，按空气中灌注混凝土的方法灌桩

制作略小于孔径的具有一定厚度的钢护筒，下沉到事故处以下，抽出孔内泥浆、凿除表面松弱层，按空气中灌注混凝土的方法继续灌注，边灌边拔出护筒。

3. 换新导管灌注混凝土

拔出原导管，若不能拔出导管，可插入一直径稍小的护筒至已灌混凝土中，用吸泥机吸出混凝土表面泥渣，派潜水工下至混凝土表面，在水下将导管在混凝土表面处切断，拔出小护筒，重新下导管灌注。新导管用混凝土封口，插入原灌拌合物内 2 m 以上，按灌注首批混凝土的方法重新灌注，灌注结束后，此桩应以补强。

4. 设扁担桩

弃掉此桩，重新在该桩位两侧设两个短桩，上设承台，以代替原桩。此法属设计变更，应按程序由设计院出变更图纸。

五、挖孔灌注桩

挖孔灌注桩（以下简称挖孔桩）是采用人工或适当的爆破，配合简单机具设备下井挖掘成孔，然后安装钢筋笼，灌注混凝土成桩，如图 8-5-6 所示。

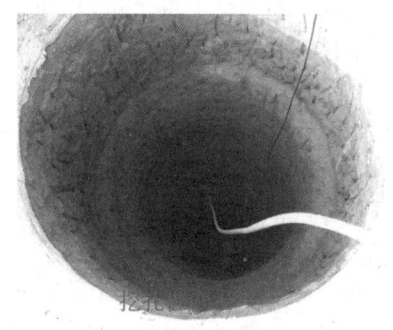 

图 8-5-6　挖孔桩

1. 挖孔桩的适用范围

在无地下水或有少量地下水，且较密实的土层或风化岩层中，或无法采用机械成孔或机械成孔非常困难且水文、地质条件允许的地区，可采用人工挖孔施工。

岩溶地区和采空区不宜采用人工挖孔施工；孔内空气污染物超过现行《环境空气质量标准》（GB 3095）规定的三级标准浓度限值，且无通风措施时，不得采用人工挖孔施工；桩径或最小边宽度小于 1 200 mm 时不得采用人工挖孔施工。

2. 人工挖孔施工安全规定

（1）施工前应编制专项施工方案，并应对作业人员进行安全技术交底。

（2）挖孔作业前，应详细了解地质、地下水文等情况，不得盲目施工。

（3）桩孔内的作业人员必须戴安全帽、系安全带，人员上下时必须系安全绳。

（4）桩孔内应设防水带罩灯泡照明，电压应为安全电压，电缆应为防水绝缘电缆，并应设置漏电保护器。

（5）挖孔作业时，应始终保持孔内空气质量符合标准要求。孔深大于 10 m 时或空气质量不符合要求时，孔内作业必须采取机械强制通风措施。

（6）桩孔内遇岩石需爆破作业时，应进行爆破的专门设计，且宜采用浅眼松动爆破法，并应严格控制炸药用量。孔深大于 5 m 时，必须采用导爆索或电雷管引爆。桩孔内爆破后应先通风排烟 15 min 并经检查确认无有害气体后，施工人员方可进入孔内继续作业。爆破作业的安全管理应符合现行《爆破安全规程》（GB 6722）的有关规定。

3. 挖孔桩施工

（1）应制订专项施工技术方案并应根据工程地质、水文地质情况，因地制宜选择孔壁支护方式。现浇混凝土护壁应用最广泛的支撑形式，有等厚度护壁、外齿式护壁、内齿式护壁三种形式，如图 8-5-7 所示。等厚度护壁适用于各类土层，多用于渗水、涌水的土层和薄层流砂、淤质土层中。

外齿式护壁优点是抗坍孔的性能好，便于人工用钢钎等捣实混凝土，可增大桩侧摩阻力，如图 8-5-7（a）所示。内齿式护壁特点是护壁外侧面为等直径的圆柱，内侧为圆锥台，上下护壁间搭接 50～75 mm，如图 8-5-7（b）所示。

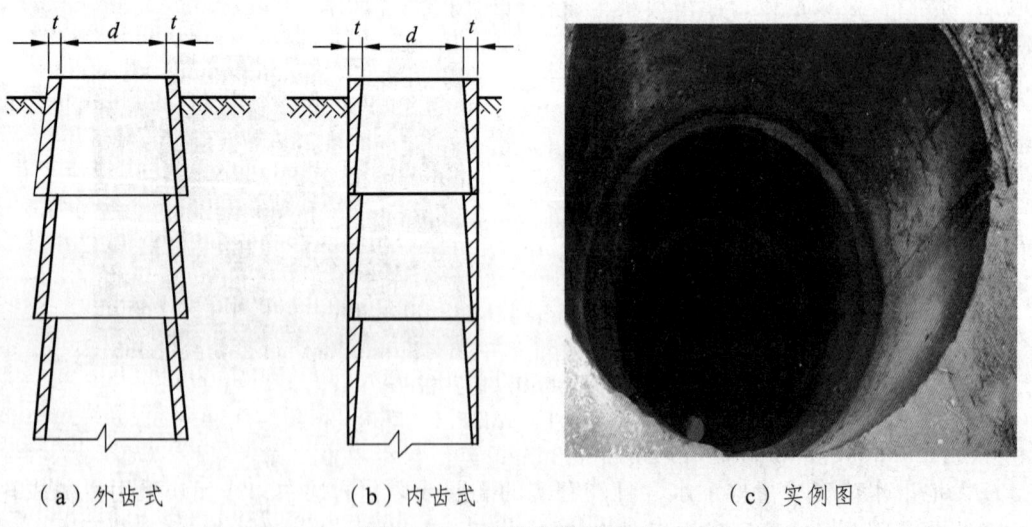

(a) 外齿式　　　　(b) 内齿式　　　　(c) 实例图

图 8-5-7　混凝土护壁形式

预制钢筋混凝土套壳护壁一般用于渗水、涌水较大和流砂、淤泥的土层中。作为桩身截面的一部分时，其强度等级与桩身相同，壁厚一般为 100～150 mm。

喷射混凝土护壁适用于渗水量不大的、土质为泥土质砂、含砂泥土及卵石夹土的井孔，优点是施工速度较快、设备简单。

（2）孔口处应设置高出地面不小于 300 mm 的护圈，并应设临时排水沟，防止地表水流入孔内。

（3）相邻两桩孔不得同时开挖，宜间隔交错跳挖。

（4）采用混凝土护壁支护的桩孔，必须挖一节浇筑一节护壁，严禁只挖不及时浇筑护壁的冒险作业。

（5）挖孔过程中应经常检查桩孔尺寸、平面位置和竖轴线倾斜情况，如有偏差应随时纠正；孔壁支护不得占用桩径尺寸。

（6）挖孔的弃土应及时转运，孔口四周作业范围内不得堆积弃土及其他杂物。

（7）挖孔达到设计高程并经确认后，应将孔底的松渣、杂物和沉淀泥土等清除干净。

（8）孔内无积水时，混凝土可按一般灌注方法灌注；孔内有积水且无法排净时，宜按水下混凝土灌注的要求施工。

六、桩基质量检验

（1）桩身混凝土的抗压强度应符合设计规定。每根桩的试件取样组数应为 3～4 组。

（2）对桩身的完整性进行检验，检测的数量和方法应符合设计要求。宜选择有代表性的桩采用无破损法进行检测，重要工程或重要部位的桩宜逐桩进行检测，如图 8-5-8 所示。设计有规定或对桩的质量有疑问时，应采用钻取芯样法对桩进行检测。

图 8-5-8 桩基检测

（3）经检验桩身质量不符合要求时，应研究处理方案，报批处理。

（4）当设计或合同有要求时，钻（挖）孔灌注桩应进行单桩承载力试验。

任务6 承台（系梁）施工

【工作任务】

根据承台（系梁）施工的工艺流程，编制承台施工方案。

【任务目标】

知识目标：

掌握承台、系梁的施工流程及施工要点。

技能目标：

能识读承台、系梁构造图。

能根据设计图纸，对承台、系梁施工进行质量控制和质量检验。

【建议课时】

4课时。

【任务相关理论】

承台有水上承台和陆上承台，施工工序也略有不同，陆上承台施工程序如图 8-6-1。

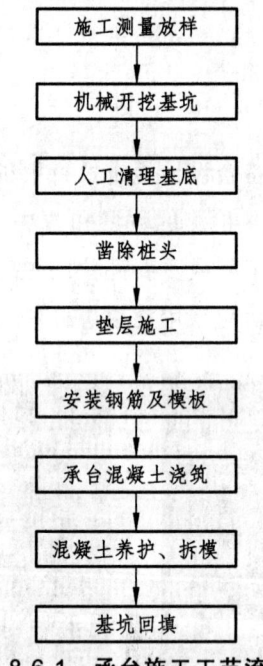

图 8-6-1 承台施工工艺流程

一、陆上承台施工

1. 承台挖基

桩基础混凝土达到一定强度后进行基坑开挖和承台的施工。基坑开挖同扩大基础基坑开挖，采用放坡开挖或支护开挖，如图 8-6-2 所示。当地下水位较高时，开挖时应进行降水处理，如图 8-6-3 所示。

图 8-6-2 承台挖基

图 8-6-3 井点降水挖基

2. 破除桩头

待桩基混凝土达到一定强度后，将灌注桩桩顶 0.5~1.0 m 掺杂有泥浆或其他杂物的多余混凝土部分凿除，如图 8-6-4 所示。

（a）破除桩头施工　　　　　　　　（b）破除后的桩头

图 8-6-4 破除桩头

3. 承台放样

当基底经测量找平并经验收合格后，应利用测量仪器放样出基底处各桩的中心点，测设出纵横中线，然后精确放出承台基础结构大样。

4. 铺设基础垫层混凝土

承台基坑开挖至设计基底高程经检验合格后，立即浇筑基础垫层混凝土，如图 8-6-5 所示。

图 8-6-5　承台混凝土底模

5. 钢筋绑扎

钢筋绑扎应在垫层混凝土达到设计强度的 75%后进行。在垫层面上弹出钢筋的外围轮廓线，并用油漆标出每根钢筋的平面位置。承台钢筋集中加工，现场进行绑扎，底层承台钢筋网片与桩身钢筋焊接牢固；搭设钢管架绑扎、定好上层承台钢筋和预埋于承台内的墩身钢筋。

6. 模板安装

承台模板宜采用大块钢模，吊机配合安装。也可采用组合钢模板、胶合板支立。模板立设在钢筋骨架绑扎完毕后进行。采用绷线法调直，吊垂球法控制其垂直度。加固时通过型钢、方木、拉杆与基坑四周坑壁挤密、撑实，确保模板稳定牢固、尺寸准确。如图 8-6-6 所示。

图 8-6-6　承台钢筋绑扎、模板安装

7. 承台混凝土浇筑

混凝土施工采用拌合站集中拌和，经搅拌运输车或输送泵运输入模，人工手持振捣棒分层浇筑振捣，如图 8-6-7 所示。施工时应注意浇筑高程，对墩台身预埋筋范围内的混凝土进行拉毛处理。

图 8-6-7 承台混凝土浇筑

8. 养生及模板拆除

承台浇筑完成混凝土初凝后,应立即用覆盖洒水保湿养护。待混凝土达到相应的拆模强度时再行拆模,采用人工配合吊车扶模拆卸。模板拆除时应注意不能损坏台身混凝土。

9. 基坑回填

混凝土达到规定强度后进行基坑回填,基坑四周同步进行,回填土分层回填,每层厚度 10~20 cm,如图 8-6-8 所示。

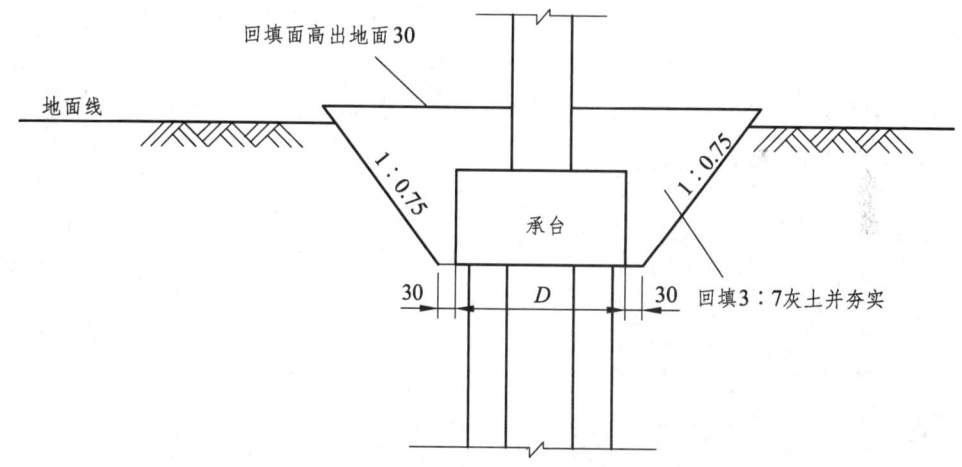

图 8-6-8 基坑回填范围示意图(单位:cm)

注:D 为承台长或宽。

二、水中承台施工

承台的钢筋和混凝土应在无水条件下进行施工,水中承台施工一般采用钢围堰作为挡水(土)设施,施工时应根据结构特点、水文、地质和施工条件等因素确定适宜的围堰形式,并应对围堰进行专项设计。

围堰的平面尺寸宜满足承台施工操作空间的需要，围堰内侧距承台边缘的净距宜不小于 1 m（围堰内侧兼作模板时除外）。围堰的顶面高程应高出施工期间可能出现的最高水位（包括浪高）0.5～0.7 m。围堰应满足自身的刚度、强度和稳定性的要求，尚应考虑河床断面被压缩后的河床冲刷、水流压力增大、浮力等施工过程中的各种工况。

水中承台的施工程序一般为：钢围堰的制作→下沉→封底→抽水→钢筋绑扎→模板支立→混凝土浇筑→养生→钢围堰拆除。

钢围堰的常用形式有钢板桩围堰、锁口钢管桩围堰、钢套箱围堰、双壁钢围堰等，如图 8-6-9 所示。其主要控制点为测量定位控制、接头防水处理、围堰施打顺序或下沉的对称均衡。

图 8-6-9 常用水中围堰方式

水中墩承台吊箱围堰施工工艺流程框图一般如图 8-6-10 所示。

三、系梁施工

为了增加桩柱的横向刚度，在桩顶设置横系梁；当立柱较高时，为加强立柱之间的联系，在立柱内设置系梁。对第一种情况，系梁应与接桩一起施工。第二种情况，应与立柱同时施工，其施工工艺流程为：

测量放样→搭设支架→铺设或安装底模→钢筋安装→侧模安装→混凝土浇筑筑→混凝土养生→拆除模板，如图 8-6-11 所示。

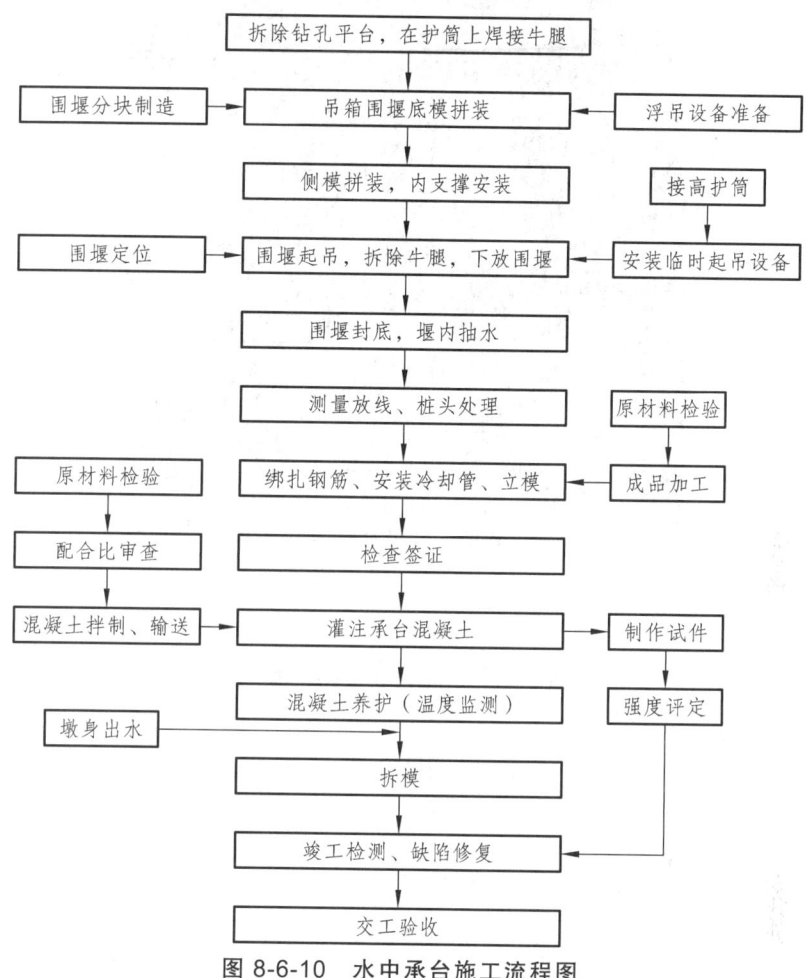

图 8-6-10 水中承台施工流程图

具体施工要求参考其他钢筋混凝土结构，本节不再赘述。

图 8-6-11 系梁施工

项目九 桥梁墩台施工

任务 1 砌体墩台施工

【工作任务】

根据砌筑的相关理论,简述墩台、身的砌筑要点。

【任务目标】

知识目标:

熟悉圬工材料、墩台的砌筑方法。

掌握砌体墩台施工的技术要求。

技能目标:

能识读圬工墩台的构造图。

能根据设计图纸,参与圬工墩台的砌筑并对各施工程序进行质量控制和质量检验。

【建议课时】

4 课时。

【任务相关理论】

桥梁墩台在使用过程主要承受压力,设计时经常选用受压性能较好的材料。圬工墩台是用胶结材料将天然石料、混凝土预制块件等块材按一定规则砌筑而成的整体结构。

圬工墩台常用于产石区的中、小桥梁墩台。

一、圬工材料

1. 石 料

圬工砌体工程所用的石料应符合设计规定的类别和强度,石质应均匀、不易风化、无裂纹。强度、试件规格及换算应符合设计要求。石料的一般规定:

(1)片石。

厚度应不小于 150 mm。用作镶面的片石,应选择表面较平整、尺寸较大者,并应稍加修整。

(2)块石。

块石形状应大致方正,上下面大致平整,厚度应为 200~300 mm,宽度应为厚度的 1.0~1.5 倍,长度应为厚度的 1.5~3.0 倍。块石如有锋棱锐角,应敲除。块石用作镶面时,应从外露面四周向内稍加修凿;后部可不作修凿,但应略小于修凿部分,如图 9-1-1 所示。

(3)粗料石。

外形应方正,成六面体,厚度应为 200~300 mm,宽度应为厚度的 1.0~1.5 倍,长度应为厚度的 2.5~4.0 倍,表面凹陷深度应不大于 20 mm。加工镶面粗料石时,丁石长度应比相邻顺石宽度大 150 mm;镶面石的外露面和所有垂直于外露面的表面应如图 9-1-2 所示修凿。

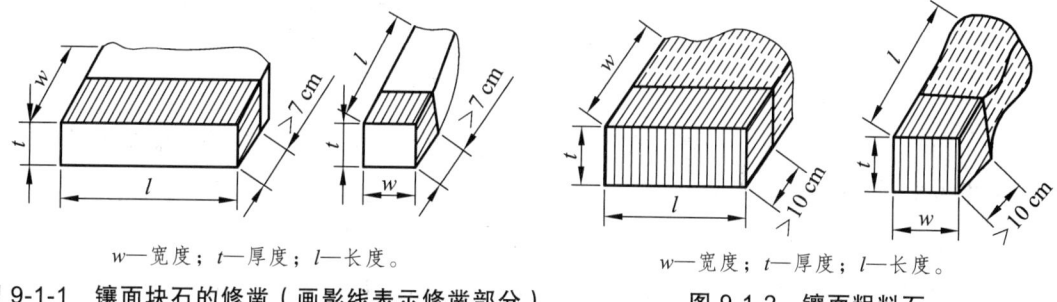

w—宽度;t—厚度;l—长度。

图 9-1-1 镶面块石的修凿(画影线表示修凿部分)

w—宽度;t—厚度;l—长度。

图 9-1-2 镶面粗料石

2. 混凝土预制块

用于砌体工程的混凝土预制块,其规格、形状和尺寸应统一,表面应平整,强度应符合设计要求。

3. 砂 浆

(1)砂浆中所用水泥、砂、水等材料的质量应符合规范要求。砂宜采用中砂或粗砂,当缺乏天然中砂或粗砂时,可采用满足质量要求的机制砂代替;在保证砂浆强度的基础上,也可采用细砂,但应适当增加水泥用量。砂的最大粒径,当用于砌筑片石时,不宜超过 5 mm;当用于砌筑块石、粗料石时,不宜超过 2.5 mm。

(2)砂浆均宜采用机械拌和,拌和时间宜为 3~5 min。拌和的砂浆应具有良好的和易性,用于石砌体时其稠度宜为 50~70 mm,气温较高时可适当增大。

(3)砂浆的配制宜采用质量比,并随拌随用,保持适宜的稠度,且宜在 3~4 h 内使用完毕;气温超过 30 ℃时,宜在 2~3 h 内使用完毕。

（4）砂浆在运输过程或储存器中发生离析、泌水时，砌筑前应重新拌和；已凝结的砂浆，不得使用。

二、砌筑墩台的定位放样

放样是根据施工测量定出的墩台中心线，放出砌筑墩台的轮廓线，再依线砌筑。墩台砌筑的定位放样方法有：

1. 垂线法

垂线法适用于墩台身和基础较低的情况，此时可依据平面轮廓线砌筑圬工。对直坡墩台可用吊垂球的方法来控制定位石的位置。为了吊垂球方便，吊点与轮廓线间留 10 ~ 20 mm，如图 9-1-3（a）所示。对于斜坡墩台可用规板控制定位石的位置，如图 9-1-3（b）所示。规板根据设计横截面尺寸，用竹、木制作，做砌筑时的尺寸依据，按墩、台宽度（即横桥向之长）设置 2 ~ 3 只规板，之间可随时（固定）拉线以利控制平面校验。

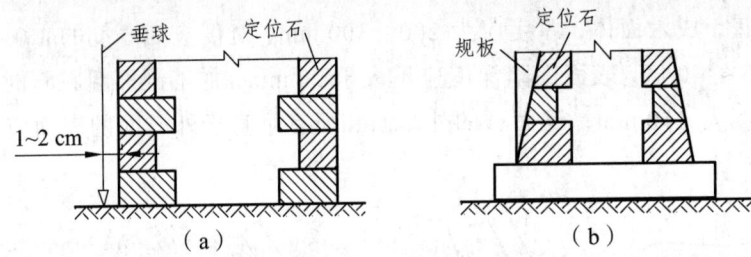

图 9-1-3 墩台砌筑定位法

还可以斜边靠近墩台面，悬垂线若与所画墨线重合，则表示所砌墩台斜度符合要求。规板如图 9-1-4 所示。

2. 瞄准法

当墩台身较高时，可采用瞄准法控制定位石，如图 9-1-5 所示。当墩身每升高 1.5 ~ 2 m 时，沿墩台平面棱角埋设铁钉，使上下铁钉位于一个垂直平面上，并挂以铅丝。砌筑时，拉直铅丝，使与下段铅丝瞄成一直线，即可以此安砌定位石于正确位置。为确保各部尺寸正确，采用此法时，每砌 2 ~ 3 m，应用仪器测定中线，进行各部分尺寸的校核，以确保各部尺寸正确。

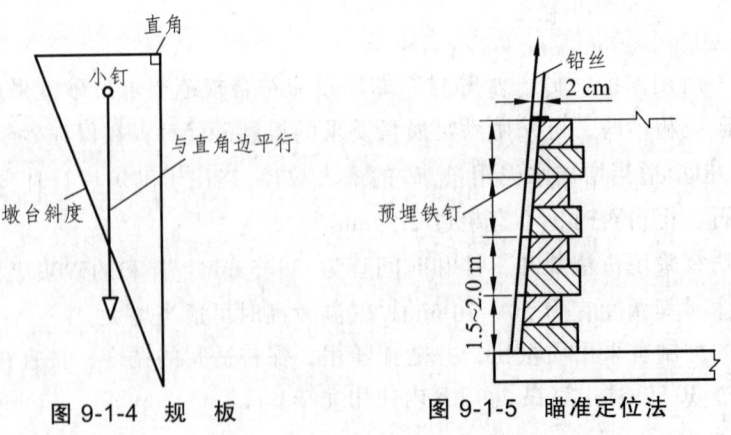

图 9-1-4 规 板　　图 9-1-5 瞄准定位法

三、墩台砌筑施工

1. 工艺流程

砂石等材料准备→墩台底放样→基础顶处理→边角石定位挂线→砌筑→砂浆养护。

2. 砌筑一般要求

（1）砌块在使用前应浇水湿润，砌块的表面如有泥土、水锈，应清洗干净。

（2）砌筑基础的第一层砌块时，如基底为岩层或混凝土基础，应先将基底表面清洗、湿润，再坐浆砌筑；如基底为土质，可直接坐浆砌筑。

（3）砌体宜分层砌筑，砌体较长时可分段分层砌筑，但相邻工作段的砌筑高差不宜超过 1.2 m；分段位置宜尽量设在沉降缝或伸缩缝处，各段水平砌缝应一致。

（4）各砌层应先砌外圈定位行列，再砌筑里层，其外圈砌块应与里层砌块交错连成一体。砌体里层应砌筑整齐，分层应与外圈一致，应先铺一层适当厚度的砂浆再安放砌块和填塞砌缝。砌体外露面可预留深约 20 mm 的空缝以备勾缝之用；隐蔽面砌缝可随砌随刮平，不另勾缝。

（5）各砌层的砌块应安放稳固，砌块间应砂浆饱满，黏结牢固，不得直接贴靠或脱空。砌筑时，应在下层石块上铺满砂浆，竖缝砂浆应先在已砌好的砌块侧面铺放一部分，然后在石块放好后用砂浆填满捣实。用小石子混凝土填竖缝时，应捣固密实。

（6）砌筑上层砌块时，应避免振动下层砌块。砌筑工作中断后恢复砌筑时，已砌筑的砌层表面应加以清扫和湿润。

3. 浆砌片石的砌筑要求

片石应分层砌筑，宜以 2~3 层砌块组成一工作层，每一工作层的水平缝应大致找平。各工作层竖缝应相互错开，不得贯通。

外圈定位行列和转角石，应选择形状较为方正及尺寸较大的片石，并长短相间地与里层砌块咬接。砌缝宽度不宜大于 40 mm。

较大的砌块应用于下层，安砌时应选择形状和尺寸较为合适的砌块，敲除尖锐突出部分。竖缝较宽时，应在砂浆中塞以小石块，但不得在石块下面用高于砂浆砌缝的小石片支垫。

4. 浆砌块石的砌筑要求

块石应平砌，每层石料高度应大致相同。对外圈定位行列和镶面石块，应丁顺相间或两顺一丁排列，砌缝宽度不大于 30 mm，上下层竖缝的错开距离不小于 80 mm。

砌体里层平缝的宽度不应大于 30 mm，竖缝宽度不应大于 40 mm，用少石子混凝土砌筑时不应大于 50 mm。

5. 浆砌粗料石及混凝土预制块的砌筑要求

砌筑前应按石料及灰缝厚度，预先计算层数并选好料，砌筑时严格控制平面位置和高度。镶面石应一丁一顺排列，砌缝应横平竖直，砌缝宽度对粗料石应不大于 20 mm，对混凝土预制砌块应不大于 10 mm；上下层竖缝错开距离应不小于 100 mm，同时在丁石的上层或下层不宜有竖缝。砌体里层为浆砌块石时，应符合块石浆砌的规定。

砌筑时宜先将已修凿的石块试摆，为求水平缝一致，可先平放于木条和铁棍上，然后将石块沿边棱 A—A 翻开，在石块砌筑地点的砌石上及侧缝处抹砂浆一层并将其摊平，再将石块翻回原位，以木槌轻击，使石块结合紧密，如图 9-1-6 所示。垂直缝中砂浆若有不满，应补填插捣至溢出为止。石块下垫放的木条或铁棍，在砂浆捣实后即行取出，空隙处再以砂浆填补压实。

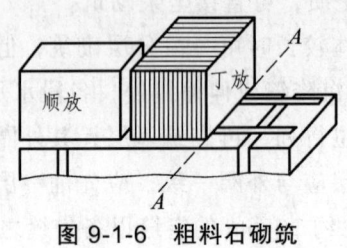

图 9-1-6 粗料石砌筑

四、砌体勾缝及养护

砌体勾缝宜采用凸缝或平缝。浆砌较规则的块料时，可采用凹缝。勾缝的砂浆强度不低于砌体的砂浆强度，主体工程不应低于 M10，勾缝应嵌入砌缝内 20 mm 深，缝槽深度不足时，应凿沟深度后再勾缝。

浆砌砌体应在砂浆初凝后，洒水覆盖养生 7～14d。养护期间应避免碰撞、震动或承重。

五、墩台砌体施工质量标准

墩、台砌体施工质量标准应符合表 9-1-1 的规定。

表 9-1-1 墩、台砌体施工质量标准

项次	项 目		允许偏差
1	轴线偏位/mm		20
2	墩台长度、宽度/mm	片石	+40，-10
		块石	+30，-10
		粗料石	+20，-10
3	大面积平整度/mm（2 m 直尺检查）	片石	30
		块石	20
		料石	10
4	竖直度或坡度/%	片石	0.5
		块石、粗料石	0.3
5	墩、台顶面高程/mm		±10

任务 2 混凝土墩台施工

【工作任务】

结合钢筋混凝土墩台的施工工艺流程，熟悉各施工要点。

【任务目标】

知识目标：

掌握混凝土、钢筋混凝土墩台的施工工艺流程及施工要点。

技能目标：

能识读混凝土、钢筋混凝土墩台的构造图。

能根据设计图纸，参与混凝土、钢筋混凝土墩台的施工并对各施工程序进行质量控制和质量检验。

【建议课时】

4 课时。

【任务相关理论】

混凝土墩台具有较高的抗压强度，而抗拉强度较低，可以根据墩台的受力情况，合理地配置钢筋可形成承载能力较高、刚度较大的结构。

一、墩台身施工工艺流程图（图 9-2-1）

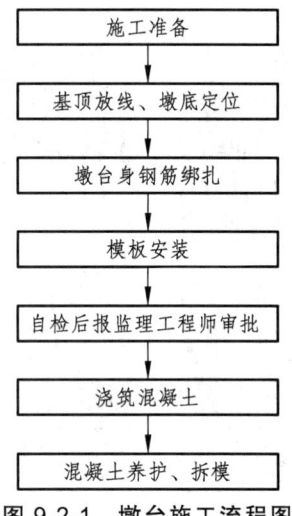

图 9-2-1 墩台施工流程图

二、混凝土墩台施工

混凝土和钢筋混凝土墩台的施工程序及注意事项基本相同，本节只介绍钢筋混凝土桥墩的施工。

1. 测量放样

墩柱施工前应按图纸测量定线，检查基础平面位置、高程和预埋筋的位置。在基础（桩、扩大基础或承台）顶面放出墩、台身的轴线及边缘线。

墩、台身高度超过 10 m 时，可分节段施工，节段的高度宜根据混凝土施工条件和钢筋定尺长度等因素确定。对分节段施工的墩、台身，其首节模板安装的平面位置和垂直度应严格控制，如图 9-2-2 所示。

图 9-2-2　墩台放样

2. 基础顶处理

墩、台身施工前，应对其施工范围内基础顶面的混凝土进行凿毛处理，并应将表面的松散层、石屑等清理干净；对分节段施工的墩、台身，其接缝亦应作相同的凿毛和清洁处理，如图 9-2-3 所示。

图 9-2-3　基础顶处理

3. 钢筋加工和绑扎

若墩柱不高时，承台或基础施工时可将墩台身钢筋按全高一次预埋到位，也可在基础预埋筋上接长墩台筋，预埋钢筋长度应高出基础并错开布置，错开距离满足规范要求，如图 9-2-3、图 9-2-4 所示。钢筋也可分节段制作和安装，且应保证其连接精度；条件具备时，亦可采用整体制作、整体安装的方式施工，但在制作、存放、运输和安装时应采取有效措施保证其刚度，避免产生过大的变形。

图 9-2-4 预埋钢筋

钢筋骨架应按照规范要求绑扎适量的垫块，以保证钢筋在混凝土中的准确位置和保护层厚度。

4. 模板加工及安装

模板一般采用钢模板，在地面拼装，整体吊装到结构上或现场拼装。如图 9-2-5 所示。模板安装前，应在基础顶面放出桥墩的轴线及边缘线；对分节段施工的桥墩，其首节模板安装的平面位置和垂直度应严格控制。模板在安装过程中应通过测量监控措施保证墩、台身的垂直度，并应有防倾覆的临时措施；对高墩且风力较大地区的墩身模板，应考虑其抗风稳定性。

图 9-2-5 模板吊装

5. 混凝土墩台的浇筑

混凝土浇筑应连续进行，水平分层浇筑，在一次作业中完成整柱浇筑。一般同排立柱要同时进行浇筑，在一个立柱浇筑一层混凝土后，振捣的同时，浇筑同排其他立柱，形成流水作业，各立柱的浇筑进度应保持一致。如图 9-2-6 所示。

应采取措施，缩短墩、台身与承台之间浇筑混凝土的间隔时间，间歇期不宜大于 10 d，以防混凝土期龄相差过大而引起混凝土的裂缝。

分节段施工墩台，上一节段施工时，已浇节段的混凝土强度应不低于 2.5 MPa。

图 9-2-6 墩台混凝土浇筑

6. 混凝土养护

混凝土浇筑完成后,应用塑料布将顶面覆盖,混凝土凝固后洒水养护。模板拆除后,及时用塑料布或阻燃保水材料将其包裹或覆盖,并洒水养护。养护时间应不少于 7 d。

7. 拆除模板

在混凝土抗压强度达到 2.5 MPa 时可以拆除侧模。上系梁底面模板应在混凝土强度达到设计强度的 75%后再拆除。

8. 质量要求

混凝土墩台的位置及外形尺寸允许偏差见表 9-2-1。

表 9-2-1 墩、台身检查允许偏差

项次	项 目	墩、台身允许偏差/mm	柱式墩身允许偏差/mm
1	断面尺寸	±20	±15
2	竖直度或斜度	0.3%H 且不大于 20	0.3%H 且不大于 20
3	顶面高程	±10	±10
4	轴线偏位	10	10
5	预埋件位置	符合设计规定,设计未规定时≤5	
6	相邻间距		±20
7	大面积平整度	≤8	
8	节段间错台	≤5	3

注:表中 H 为墩、台身或柱高度。

三、预制墩台施工

1. 预制柱式墩台安装（图 9-2-7）

图 9-2-7　港珠澳大桥预制桥墩

（1）预制墩台身构件宜与基础顶面的基座对应编号、对应安装，安装前应检查各墩台预制构件的尺寸和基础顶面基座的顶面高程是否符合设计要求，基座槽口四周与预制墩台身构件之间的空隙宜不小于 20 mm。经检验合格后方可进行安装施工。

（2）预制墩台身构件起吊安装就位后，应检查墩台身的竖直度及平面位置，符合设计要求后，应尽快对其进行固定或锁定。固定装置或锁定装置应牢固可靠，应能保证墩台身的稳定和位置准确，在后续施工中不产生倾斜和移位。

（3）槽口内现浇混凝土、养护。

2. 预制环管式墩台的安装施工

（1）放样并严格控制管节或环圈的设计轴线，避免出现倾斜或上下错位现象。

（2）检查基础顶部预留钢筋的数量、伸入管节或环圈内钢筋的锚固长度。

（3）采用设计规定的混凝土或砂浆将管节或环圈的接缝填塞、捣实并抹平。

任务 3　墩（台）帽、盖梁施工

【工作任务】

根据盖梁的施工工艺流程，编写盖梁的施工方案。

【任务目标】

知识目标：

掌握墩（台）帽、盖梁的施工工艺流程及施工要点。

技能目标：

能识读墩（台）帽、盖梁的构造图。

能根据设计图纸，参与墩（台）帽、盖梁的施工并对各施工程序进行质量控制和质量检验。

【建议课时】

4 课时。

【任务相关理论】

一、墩、台帽施工

墩、台帽施工和盖梁的施工工艺流程基本相同，本节只介绍墩、台帽施工的不同之处。

1. 墩、台帽放样

墩台混凝土（或砌石）灌注至离墩、台帽底下 300~500 mm 高度时，既需测出墩台纵横中心线，并根据实际尺寸、偏位情况做适当调整。

2. 墩、台帽立模

（1）混凝土和钢筋混凝土墩、台帽。

墩、台身混凝土灌注至墩、台帽下 300~500 mm 处就应停止灌注，以上部分待墩、台帽模板立好后一次灌注，以保证墩、台帽底有足够厚度的密实混凝土。如图 9-3-1（a）所示。墩帽模板下面的拉杆可利用墩帽下面的分布钢筋，以节省铁件。

台帽背墙模板应特别注意纵向支撑或拉条的刚度，防止浇筑混凝土时发生鼓肚，侵占梁端空隙。模板与墩台身之间应密贴，防止浇筑混凝土时出现漏浆现象。

（2）石砌墩、台帽模板。

在墩、台帽底面高程以下 250~300 mm 处（填筑腹石前），开始安装墩、台帽模板。先用两根大约 150 mm×150 mm 的方木用长螺栓拉夹于墩帽下，如图 9-3-1（b）所示。然后再在方木上安装墩、台帽模板。台帽模板亦可用木料支承在墩体上。

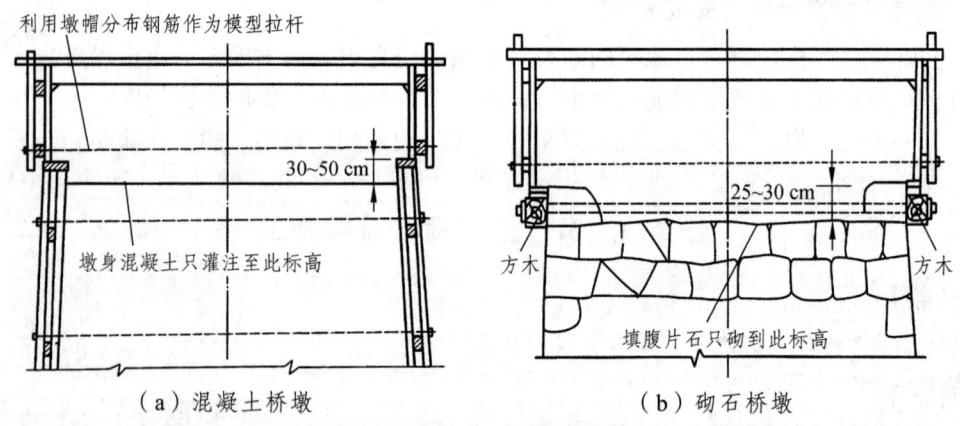

（a）混凝土桥墩　　　　　（b）砌石桥墩

图 9-3-1　混凝土桥墩墩帽模板

（3）悬臂墩帽模板。

当桥墩不高时，可利用桥墩基础襟边竖立支架，在悬出的支架上立模，如图 9-3-2（a）所示。如桥墩较高时，可预先在墩身上部预埋螺栓 2~3 排，以锚定牛腿支架，承托模板，如图 9-3-2（b）所示。也有利用模板本身刚度较大而实现悬臂施工的，如图 9-3-3 所示。

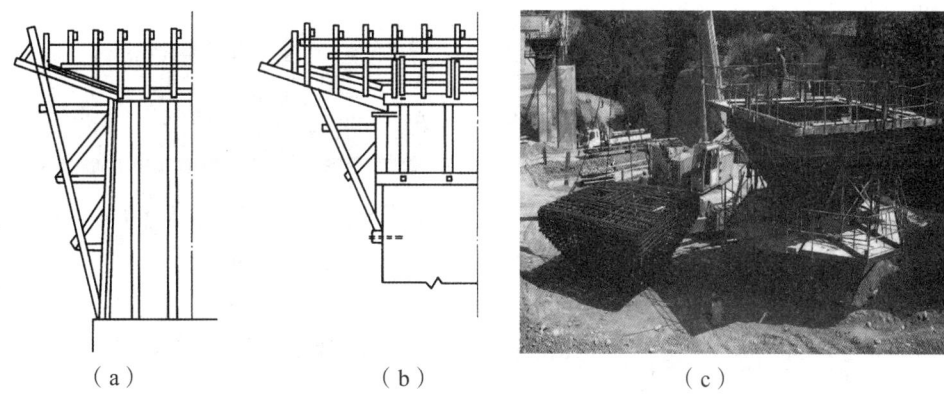

图 9-3-2 悬臂墩帽施工

图 9-3-3 悬臂墩帽模板

二、盖梁施工

盖梁施工工艺与其他钢筋混凝土构件基本相同，即为：高程、位置测量放样→混凝土结合面处理→支撑或支架设置→模板安装→钢筋绑扎或安装→混凝土浇筑→混凝土养生→模板、支架拆除。

盖梁因悬在空中，其模板需要临时支撑结构，常用的方法有芯棒法、托架法、支架法、抱箍法等，如图 9-3-4～图 9-3-7 所示，这些临时支撑结构必须进行受力计算与验算，保证其具有足够的刚度、强度和稳定性。

图 9-3-4 盖梁芯棒支承方式实例图

图 9-3-5 盖梁抱箍法支承方式实例图

图 9-3-6 托架法支承盖梁施工实例图

图 9-3-7 盖梁支架法支承方式实例图

盖梁钢筋可在预制场加工成型，用车运至施工现场，吊装就位，也可在施工现场绑扎成型后再立侧模浇筑混凝土，如图 9-3-8 所示。

两侧模板借助于横梁、上拉杆和一对三角撑所组成的方框架来固定。所有框架榫眼及角撑均预先制好，安装时只用木楔打进框构四周，就能迅速而正确地使模板定位，如图 9-3-9 所示。无论采用何种方法安装模板，必须保证其安全可靠。

混凝土的浇筑、养护（图 9-3-10）、支架模板的拆除见相关章节。

图 9-3-8 盖梁钢筋吊装、绑扎实例图

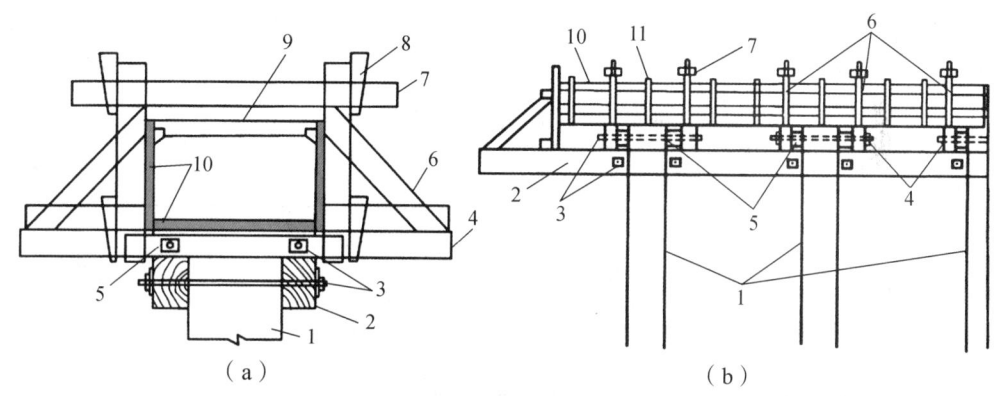

1—钢筋混凝土桩柱；2—木梁或钢梁；3—螺栓；4—横梁；5—衬木；6—角撑；7—拉杆；
8—木楔；9—内模；10—模板；11—肋木。

图 9-3-9 盖梁模板安装示意图

图 9-3-10 盖梁混凝土浇筑与养护

预制盖梁安装见图 9-3-11。在墩、台柱顶安装盖梁前，应先检查盖梁预留槽眼的位置是否符合设计要求。

图 9-3-11　预制盖梁安装

三、质量要求

墩台帽、盖梁施工的质量要求见表 9-3-1。

表 9-3-1　墩台帽和盖梁施工质量标准

项目	规定值或允许偏差	项目	规定值或允许偏差
混凝土强度	在合格标准范围内	断面尺寸/mm	±20
轴线偏位/mm	≤10	顶面高程/mm	±10
支座垫石预留位置/mm	≤10	平整度/mm	≤8

单元四 桥梁上部结构施工

项目十 预应力混凝土工程

任务1 先张法施工

先张法施工是在浇筑混凝土之前先进行预应力筋的张拉，并将其临时固定在张拉台座上，然后进行模板的安装、钢筋骨架成型、混凝土浇筑、养生及拆模等工序；待混凝土的强度达到设计要求后，再放松预应力筋，力筋回缩与混凝土之间的黏结作用，使构件获得预加应力。先张法施工的工艺流程如图10-1-1所示。

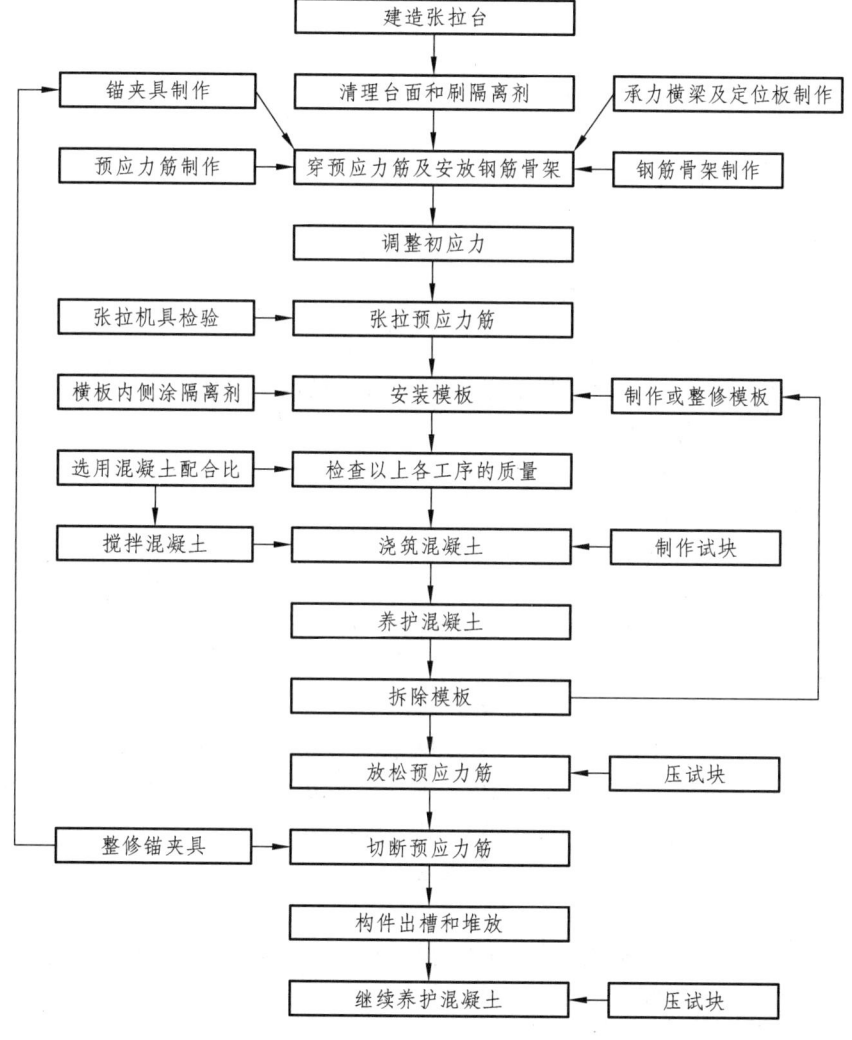

图10-1-1 先张法施工的工艺流程图

◆任务 1-1　预应力筋与张拉设备

【工作任务】

某桥梁预制场进行 16 m 先张法预应力空心板制作，预应力钢材为钢绞线，熟悉钢绞线的制作过程，选择合适的夹具、连接器以及张拉设备，进行验收及准备工作。

【任务目标】

知识目标：
熟悉常用预应力筋的类型、性能。
熟悉夹具和连接器的类型及使用。
掌握预应力筋及夹具、连接器的检验内容及合格标准。
技能目标：
能根据具体情况，进行钢绞线的下料、检验等工作。
能进行夹具、连接器及张拉设备的检验。

【建议课时】

4 课时。

【任务相关理论】

一、预应力筋及其制作

公路桥涵预应力混凝土结构主要采用钢丝、钢绞线、螺纹钢筋三大类产品作为预应力筋，其性能和质量应符合现行国家标准的规定。

1. 钢绞线

钢绞线应符合《预应力混凝土用钢绞线》（GB/T 5224）的规定。
（1）钢绞线按结构分为 8 类，其代号为：

用两根钢丝捻制的钢绞线	1×2
用三根钢丝捻制的钢绞线	1×3
用三根刻痕钢丝捻制的钢绞线	$1 \times 3I$
用七根钢丝捻制的标准型钢绞线	1×7
用六根刻痕钢丝和一根光圆中心钢丝捻制的钢绞线	$1 \times 7I$
用七根钢丝捻制又经模拔的钢绞线	$(1 \times 7)C$
用十九根钢丝捻制的 1+9+9 西鲁式钢绞线	$1 \times 19S$
用十九根钢丝捻制的 1+6+6/6 瓦林吞式钢绞线	$1 \times 19W$

标记：如公称直径为 15.20 mm，强度级别为 1 860 MPa 的七根钢丝捻制的标准型钢绞线标记为：预应力钢绞线 1×7-15.20-1860-GB/T 5224—2014

（2）钢绞线[图 10-1-2（a）]的力学性能见表 10-1-1。
（3）钢绞线的验收。

预应力筋进场时应分批验收，验收时，除按合同要求对其质量证明书、包装、标志和规格等进行检查外，尚应按下列要求检验：

表 10-1-1 1×7 结构钢绞线力学性能

钢绞线结构	钢绞线公称直径 D_n/mm	公称抗拉强度 R_m/MPa	整根钢绞线最大力 F_m/kN ≥	整根钢绞线最大力的最大值 $F_{m,max}$/kN ≤	0.2%屈服力 $F_{P0.2}$/kN ≥	最大力总伸长率 ($L_0 \geq 500$ mm) A_{gt}/% ≥	应力松弛性能 初始负荷相当于实际最大力的百分数/%	应力松弛性能 1 000 h 应力松弛率 r/%
1×7	15.20 (15.24)	1 470	206	234	181	对所有规格	对所有规格	对所有规格
	15.20 (15.24)	1 570	220	248	194			
	15.20 (15.24)	1 670	234	262	206			
	9.50 (9.53)	1 720	94.3	105	83.0			
	11.10 (11.11)	1 720	128	142	113			
	12.70	1 720	170	190	150			
	15.20 (15.24)	1 720	241	269	212			
	17.80 (17.78)	1 720	327	365	288			
	18.90	1 820	400	444	352	3.5	70	2.5
	15.70	1 770	266	296	234			
	21.60	1 770	504	561	444			
	9.50 (9.53)	1 860	102	113	89.8		80	4.5
	11.10 (11.11)	1 860	138	153	121			
	12.70	1 860	184	203	162			
	15.20 (15.24)	1 860	260	288	229			
	15.70	1 860	279	309	246			
	17.80 (17.78)	1 860	355	391	311			
	18.90	1 860	409	453	360			
	21.60	1 860	530	587	466			
	9.50 (9.53)	1 960	107	118	94.2			
	11.10 (11.11)	1 960	145	160	128			
	12.70	1 960	193	213	170			
	15.20 (15.24)	1 960	274	302	241			
1×7I	12.70	1 860	184	203	162			
	15.20 (15.24)	1 860	260	288	229			
(1×7)C	12.70	1 860	208	231	183			
	15.20 (15.24)	1 820	300	333	264			
	18.00	1 720	384	428	338			

注：可按括号内规格供货。

钢绞线分批检验时每批质量应不大于 60 t，检验时从每批钢绞线中任取 3 盘，并从每盘所选的钢绞线端部正常部位截取一组试样进行表面质量、直径偏差和力学性能试验。

试验结果如有一项不合格时，则不合格盘报废，并再从该批未试验过的钢绞线中取双倍数量的试样进行该不合格项的复验；如仍有一项不合格，则该批钢绞线为不合格。

2. 钢　丝

钢丝[图 10-1-2（b）]应符合《预应力混凝土用钢丝》（GB/T 5223）的规定。桥梁用钢丝有消除应力的光圆及螺旋肋钢丝、消除应力的刻痕钢丝，直径范围为 4～12 mm；公称抗拉强度范围为 1 470～1 860 MPa。

（a）预应力混凝土用钢绞线

（b）预应力混凝土用钢丝

图 10-1-2　预应力混凝土用钢

钢丝分批检验时每批质量应不大于 60 t。检验时先从每批中抽查 5% 且不少于 5 盘，进行表面质量检查，如检查不合格，则应对该批钢丝逐盘检查。

在表面质量合格的钢丝中抽取 5%，但不少于 3 盘，在每盘钢丝的两端取样进行抗拉强度、弯曲和伸长率的试验。试验结果如有一项不合格时，则不合格盘报废，并再从该批未试验过的钢绞线中取双倍数量的试样进行该不合格项的复验；如仍有一项不合格，则该批钢丝为不合格。

3. 螺纹钢筋

预应力混凝土用螺纹钢筋（亦称精轧螺纹钢筋）应符合《预应力混凝土用螺纹钢筋》（GB/T 20065）的规定，如图 10-1-3 所示。

图 10-1-3 预应力混凝土用螺纹筋

螺纹筋每批验收质量应不大于 100 t，对表面质量应逐根目视检查，外观检查合格后在每批中任选 2 根钢筋截取试件进行拉伸试验。试验结果如有一项不合格，则应另取双倍数量的试件重做全部各项试验；如仍有一根试件不合格，则该批钢筋为不合格。

4. 预应力筋的储运

预应力筋应保持清洁，在存放和搬运过程中应避免使其产生机械损伤和有害的锈蚀。进场后的存放时间不宜超过 6 个月，且宜放在干燥、防潮、通风良好、无腐蚀气体和介质的仓库内；室外存放时，不得直接放于地面，应支垫并遮盖。

5. 预应力筋的下料

预应力筋的下料长度应经计算确定，计算时考虑结构的孔道长度或台座长度、锚夹具厚度、千斤顶长度及工作预留量等。

预应力筋的下料应采用切断机或砂轮锯切断，严禁采用电弧切割。

二、张拉机具

张拉设备主要由张拉千斤顶、高压油泵和压力表三部分组成。

1. 千斤顶

预应力用液压千斤顶按其构造可分为锥锚式、拉杆式和穿心式、台座式四种。单作用千斤顶只完成张拉一个动作，双作用千斤顶能完成张拉、顶压两个动作，三作用千斤顶能完成张拉、顶压、退楔三个动作，连续顶推千斤顶用于连续梁顶推工艺中做不间断顶推工作。液压千斤顶的机型和代号见表 10-1-2。

表 10-1-2 预应力用液压千斤顶分类和代号

机型	拉杆式	穿心式			锥锚式	台座式
		双作用	单作用	拉杆式		
代号	YDL	YDCS	YDC	YDCL	YDZ	YDT

例如：型号为 YDL650—150 的千斤顶表示公称张拉力为 650 kN，公称行程 150 mm 的拉杆式单作用千斤顶。

YDCS650—200：双作用穿心式液压千斤顶，公称张拉力为 650 kN，公称行程为 200 mm。

（1）锥锚式千斤顶。

YDZ 系列锥锚式液压千斤顶，适用于张拉带有钢质锥形锚具的碳素钢丝束，锥锚式千斤顶按其功能分为双作用和三作用，如图 10-1-4 所示。

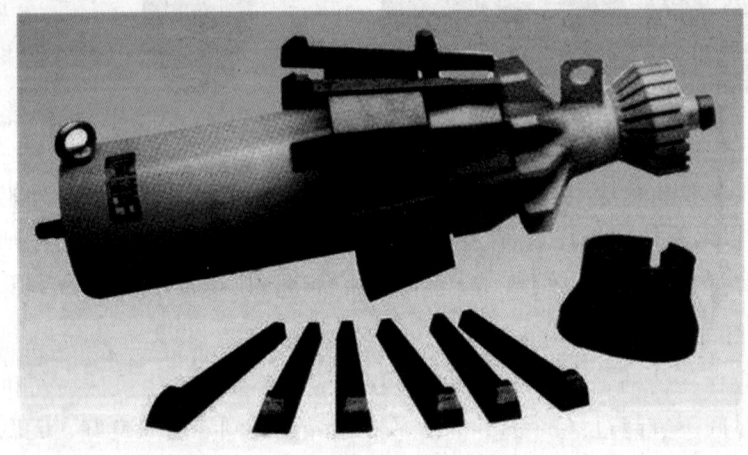

图 10-1-4 锥锚式千斤顶

（2）拉杆式千斤顶。

拉杆式千斤顶适用于张拉带有螺丝端杆和镦头式锚、夹具的单根粗钢筋、钢筋束、钢丝束，如图 10-1-5 所示。

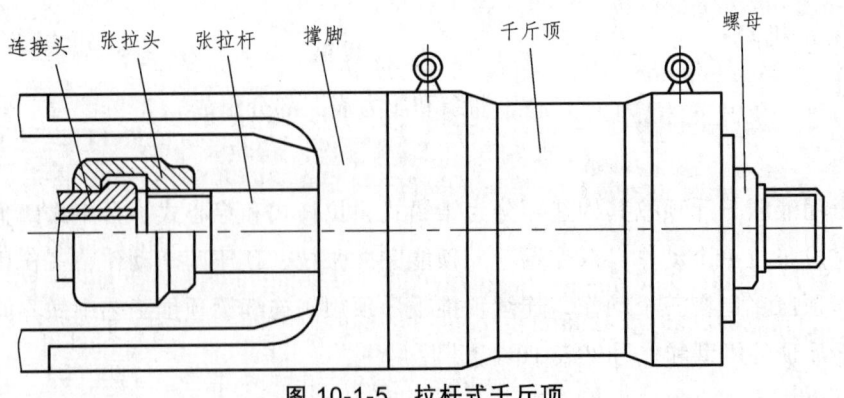

图 10-1-5 拉杆式千斤顶

（3）穿心式千斤顶。

穿心式千斤顶适用于张拉夹片式锚具、夹具的单根钢筋、钢绞线或钢筋束、钢绞线束。穿心式又可分为穿心单作用式、穿心双作用式和穿心拉杆式三种。穿心式千斤顶构造如图10-1-6所示。实物如图10-1-7所示。

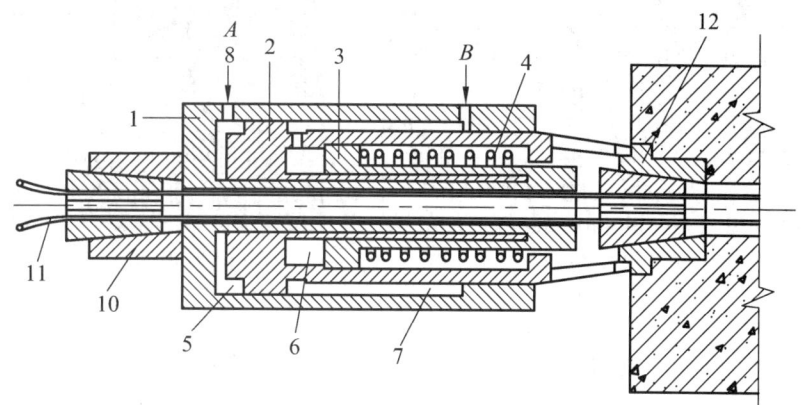

1—大缸；2—小缸；3—顶压活塞；4—弹簧；5—张拉工作油室；6—顶压工作油室；7—张拉回程油室；
8—后油嘴；9—前油嘴；10—工具式锚具；11—钢绞线；12—锚具。

图 10-1-6　穿心式千斤顶构造图

图 10-1-7　穿心式千斤顶实物图

预应力筋的张拉宜采用穿心式双作用千斤顶，整体张拉或放张宜采用具有自锚功能的千斤顶；张拉千斤顶的额定张拉力宜为所需张拉力的1.5倍，且不得小于1.2倍。

2. 高压油泵

油泵为千斤顶供油、提供动力，如图10-1-8所示。

3. 压力表

预应力筋的张拉力由高压油泵上的压力表读数反映，压力表的读数表示千斤顶油缸活塞单位面积上的油压力，如图10-1-9所示。

压力表与千斤顶应配套使用，压力表应选用防震型产品，其最大读数应为张拉力的1.5~2.0倍，标定精度不低于1.0级。

图 10-1-8 高压油泵
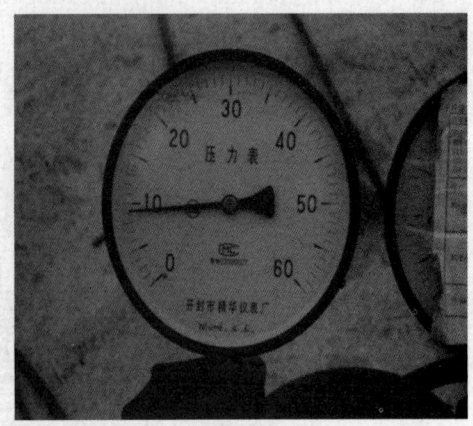
图 10-1-9 油压表

4. 张拉设备的校检

用千斤顶张拉预应力筋时,由于每台千斤顶液压配合面尺寸和表面粗糙度不同,密封圈和防尘圈松紧程度不同,造成千斤顶内摩擦阻力不同,而且摩阻力要随油压高低、使用时间的变化而改变,使得实际张拉力比理论计算的张拉力要小。为了准确地获得实际张拉力值,可直接测定千斤顶的实际张拉力与压力表读数之间的关系,绘出张拉力 N 与压力表读数 P 的关系曲线,供施工时使用。

千斤顶与压力表应配套标定、配套使用,标定应在经国家授权的法定计量技术机构定期进行。当处于下列情况之一时,应重新进行标定:

(1) 使用时间超过 6 个月。
(2) 张拉次数超过 300 次。
(3) 使用过程中千斤顶或压力表出现异常情况。
(4) 千斤顶检修或更换配件后。

三、夹具、连接器

夹具、锚具、连接器应按设计规定采用,并应具有可靠的锚固性能、足够的承载能力和良好的适用性,其性能和质量应符合现行国家标准《预应力筋用锚具、夹具和连接器》(GB/T 14370) 的规定。

1. 夹具

夹具,在先张法构件施工时,是用于保持预应力筋的拉力并将其固定在生产台座(或设备)上的临时性锚固装置;在后张法结构或构件施工时,是在张拉千斤顶或设备上夹持预应力筋的临时性锚固装置(又称工具锚)。如图 10-1-10、图 10-1-11 所示。夹具应具有良好的自锚性能、松锚性能和重复使用性能,主要锚固零件应具有良好的防锈性能,可重复使用的次数不应少于 300 次。需要敲击才能松开的夹具,必须保证其对预应力筋的锚固没有影响,且对操作人员的安全不造成威胁。

2. 连接器

连接器是将两段预应力筋或预应力筋与螺杆等连接成整体的机具,如图 10-1-12 所示。

用于先张法施工且在张拉后还需进行放张和拆卸的连接器，必须符合夹具的性能要求；用在混凝土结构或构件中的永久性预应力筋连接器，应符合锚具的性能要求。

图 10-1-10　钢绞线用夹具

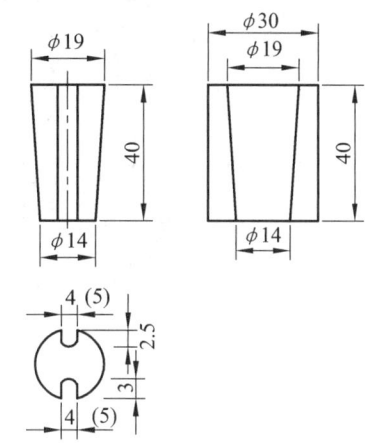

图 10-1-11　钢丝用夹具（单位：mm）

图 10-1-12 连接器

3. 夹具、连接器的验收

夹具、锚具和连接器进场时，除应按合同核对其型号、规格和数量，以及适用的预应力筋品种、规格和强度等级外，其生产厂家还应提供产品质保书、产品技术手册等。按合同验收后，还应按下列规定进行进场检验：

（1）外观检查：应从每批产品中抽取 2%且不少于 10 套样品，检验表面裂纹及锈蚀情况。表面不得有裂纹及锈蚀。当有 1 个零件不符合要求时，本批全部产品应逐件检验，符合要求者判定该零件外观合格。对配套使用的锚垫板和螺旋筋可按上述方法进行外观检验，但允许表面有轻度锈蚀。

（2）尺寸检验：应从每批产品中抽取 2%且不少于 10 套样品，检验其外形尺寸。外形尺寸应符合产品质保书所示的尺寸范围。当有 1 个零件不符合规定时，应另取双倍数量的零件重新检验；如仍有 1 个零件不符合要求，则本批全部产品应逐件检验，符合要求者判定该零件尺寸合格。

（3）硬度检验：应从每批中抽取 3%的锚具且不少于 5 套，对其中有硬度要求的零件做硬度试验，对多孔夹片式锚具的夹片，每套至少抽取 6 片。每个零件测试 3 点，其硬度应在设计要求范围内，如有一个零件不合格，则应另取双倍数量的零件重做试验，如仍有一个零件不合格，则应逐个检查，合格者方可使用或进入后续检验。

（4）静载锚固性能试验：应在外观检查和硬度检验均合格的同批产品中抽取样品，与相应规格和强度等级的预应力筋组成 3 个预应力筋——锚具组装件，进行静载锚固性能试验。如有 1 个试件不符合要求，则应另取双倍数量的样品重做试验；若仍有 1 个试件不符合要求，则该批锚具为不合格。

（5）夹具和连接器验收批的划分：在同种材料和同一生产工艺条件下，同批进场的产品可视为同一验收批。夹具、连接器的每个验收批不宜超过 500 套；获得第三方独立认证的产品，其验收批可扩大 1 倍。检验合格的产品，在现场的存放期超过 1 年时，再用时应进行外观检查。

◆ 任务 1-2　施工准备

【工作任务】

某桥梁预制场进行 16 m 先张法预应力空心板制作，试述张拉准备工作，并进行 50 m 长钢绞线的理论伸长值计算及对应压力表的读数。

【任务目标】

知识目标：

熟悉预应力筋张拉的准备内容。

熟悉预应力筋张拉前的现场准备工作。

技能目标：

能进行张拉前的各项检验工作。

能进行伸长值等必要的计算。

【建议课时】

4 课时。

【任务相关理论】

先张法施工的示意图如图 10-1-13 所示。

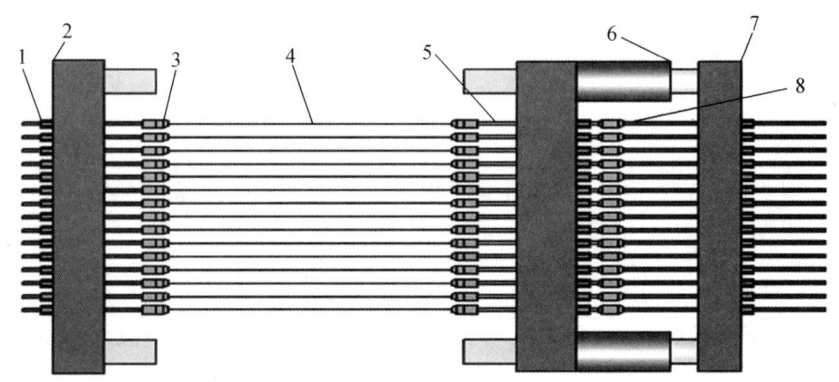

1—螺母；2—固定横梁；3—连接器；4—预应力筋；5—工具筋；
6—千斤顶；7—活动横梁；8—杆杆连接器。

图 10-1-13　先张法施工示意图

一、张拉台座

先张法施工时施加预应力是在台座上进行的，因此台座承受预应力筋在构件制作过程中的全部张拉力。张拉台座必须在受力后不倾覆、不移动、不变形。张拉台座类型主要有墩式、槽式。

1. 墩式台座

墩式台座一般在地质条件良好、预制板数量较少、张拉吨位小时选用。张拉台座主要由台面、承力架（支撑架）、横梁、定位钢板等组成，如图 10-1-14 所示。

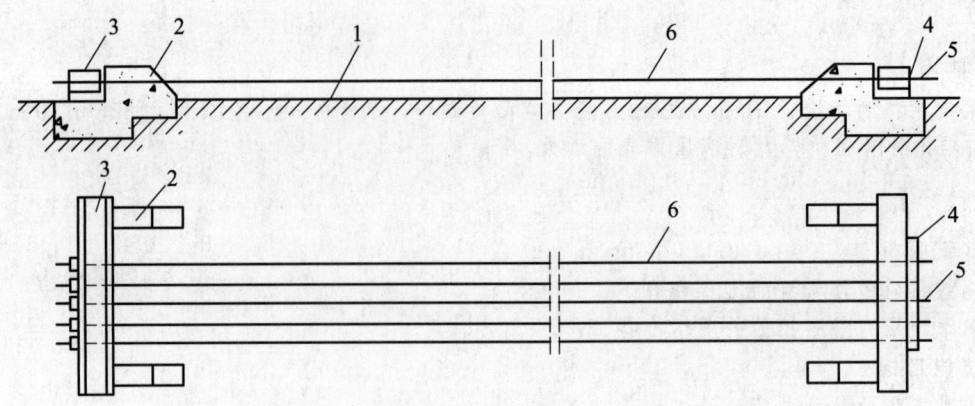

1—台面；2—承力架；3—横梁；4—定位钢板；5—夹具；6—预应力筋。

图 10-1-14 墩式台座构造示意图

承力台座应进行专门设计，并应具有足够的强度、刚度和稳定性，其抗倾覆安全系数应不小于 1.5，抗滑移系数不小于 1.3。

台面即底模，有整体式混凝土台面和装配式台面两种。整体式混凝土台面是在夯实平整的土基上浇 50~80 mm 厚的混凝土；锚固横梁一般用型钢或钢板等焊成，应有足够的刚度，受力后挠度不应大于 2 mm；定位钢板用来固定预应力筋的位置，一般用钢板制作，紧贴在横梁上。孔的位置按照梁体预应力筋的位置设置，孔径比力筋大 2~4 mm，以便于穿筋。

2. 槽式台座

槽式台座主要由台面、传力柱、横梁、横系梁、定位板等组成，如图 10-1-15 所示。

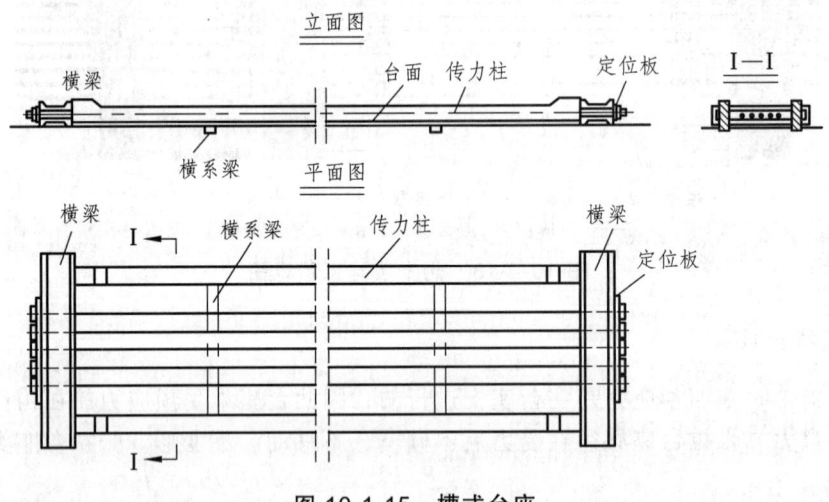

图 10-1-15 槽式台座

传力柱和横系梁由钢筋混凝土制成，根据承受的张拉力配制钢筋，实例如图 10-1-16 所示。

图 10-1-16 槽式台座先张法施工组图

二、计算准备

1. 张拉控制力的确定

预应力筋的张拉控制应力应符合设计规定。当施工中需要对预应力筋实施超张拉或计入锚圈口预应力损失时，可比设计规定提高 5%，但在任何情况下均不得超过设计规定的最大张拉控制应力。

《公路钢筋混凝土及预应力混凝土桥涵设计规范》（JTG D62—2018）规定：预应力混凝土构件，预应力钢筋的张拉控制应力值 σ_{con}（对后张法构件为梁体内锚下应力）应符合以下规定：钢丝、钢绞线的张拉控制应力值 $\sigma_{con} \leq 0.75 f_{pk}$；精轧螺纹钢的张拉控制应力值 $\sigma_{con} \leq 0.85 f_{pk}$（$f_{pk}$ 指预应力钢筋抗拉强度标准值）。当对构件进行超张拉或计入锚圈口损失时，最大控制应力（千斤顶油泵上显示的值）对钢丝和钢绞线不应超过 $0.8 f_{pk}$；对精轧螺纹钢筋不应超过 $0.90 f_{pk}$。

2. 张拉程序确定

预应力筋的张拉程序应符合设计规定；设计未规定时，可按表 10-1-3 确定。

表 10-1-3　先张法预应力筋张拉程序

预应力筋种类		张拉程序
螺纹钢筋		0→初应力→$1.05\sigma_{con}$（持荷 5 min）→$0.9\sigma_{con}$→σ_{con}（锚固）
钢丝、钢绞线	对于夹片式等具有自锚性能的锚具	低松弛力筋 0→初应力→σ_{con}（持荷 5 min 锚固）
	其他锚具	0→初应力→$1.05\sigma_{con}$（持荷 5 min）→0→σ_{con}（锚固）

注：① 表中σ_{con}为张拉时的控制应力值，包括预应力损失值。
　　② 超张拉数值超过规定的最大超张拉应力限值时，应按该规定的限制张拉应力进行张拉。
　　③ 张拉钢筋时，为保证施工安全，应在超张拉（105%的控制应力）放张至$0.9\sigma_{con}$时安装模板、普通钢筋及预埋件等。

3. 油压表读数计算

预应力的施加值由压力表的读数反映，因此，应根据试验确定的力-油压表读数关系式，计算出施加力所对应的压力表读数。

例：假设总控制应力σ_{con}为 1 187.4 kN，经试验确定的千斤顶施加力与配套油压表的进程回归方程为：

$$P = a + bQ \tag{10-1-1}$$

其中：P——仪表指示值（MPa）；
　　　Q——荷载值（kN）。

$a = -0.037\ 218\ 8$；$b = 0.024\ 604\ 6$；相关系数$r = 0.999\ 979$。

初应力取 10%，实际张拉过程一般为：0→10%→20%→100%。

则 $10\%\sigma_{con}$ 应力对应的油压表读数为：

$$P = a + bQ = -0.037\ 218\ 8 + 0.024\ 604\ 6 \times (1\ 187.4 \times 10\%) = 2.88\ \text{MPa}$$

同理，$20\%\sigma_{con}$ 应力对应的油压表读数为：

$$P = a + bQ = -0.037\ 218\ 8 + 0.024\ 604\ 6 \times (1\ 187.4 \times 20\%) = 5.81\ \text{MPa}$$

依次计算压力表读数，用以实际张拉时停机，测量实际伸长值并与理论伸长值相检校。

4. 预应力筋理论伸长值ΔL（mm）计算

$$\Delta L = \frac{P_{平均} L}{A_p E_p} \tag{10-1-2}$$

式中：L——预应力筋的长度（mm）；
　　　A_p——预应力筋的截面面积（mm²）；
　　　E_p——预应力筋的弹性模量（N/mm²）；
　　　$P_{平均}$——预应力筋平均张拉力（N），直线筋取张拉端的拉力$P_{平均} = P$，两端张拉的曲线筋$P_{平均} = P[1 - e^{-(Kx + \mu\theta)}]/(Kx + \mu\theta)$，$P$为预应力筋张拉端的张拉力（N）；
　　　x——从张拉端至计算截面的孔道长度（m）；

θ——从张拉端至计算截面曲线孔道部分切线的夹角之和(rad);

K——孔道每米局部偏差对摩擦的影响系数,见表 10-1-4;

μ——预应力筋与孔道壁的摩擦系数,见表 10-1-4。

表 10-1-4 系数 K 及 μ 取值表

孔道成型方式	K	μ	
		钢丝束、钢绞线	精轧螺纹钢筋
预埋铁皮管道	0.003 0	0.35	0.4
预埋钢管	0.001 0	0.25	
抽芯成型孔道	0.001 5	0.55	0.60
预埋金属波纹管	0.001 5	0.20~0.25	0.50
预埋塑料波纹管	0.001 5	0.15~0.20	0.45

三、施加预应力前的现场准备

(1)施工现场已具备经批准的张拉顺序、张拉程序和作业指导书。

(2)人员已经培训并掌握预应力施工知识和正确操作的规程、步骤。

(3)现场已设置保证操作人员和设备安全的防护措施。

◆任务 1-3 先张法施工过程

【工作任务】

某桥梁预制场进行 16 m 先张法预应力空心板制作,分组模拟整个先张法施工过程。

【任务目标】

知识目标:

熟悉先张法施工过程。

熟悉先张法施工过程中的注意事项。

技能目标:

能描述、模拟施工过程。

能处理施工过程中的一些问题。

【建议课时】

6 课时。

【任务相关理论】

一、预应力筋安装

将下料好的预应力筋运到台座一端,让其穿过端模和塑料套管后在其前端安装引导装置使其沿直线前进。穿束前各孔眼应统一编号,防止穿错孔眼。

预应力筋的安装应自下而上进行，并应采取措施防止其被台座上涂刷的隔离剂污染。预应力筋与锚固横梁间的连接宜采用张拉螺杆。

失效段处理：按图纸要求进行，如图 10-1-17 所示。一般采用硬塑料管将失效范围的预应力筋套住，在张拉完成之后按照设计要求，重新固定塑料管的位置并用铁丝将两头绑扎牢固避免混凝土浆进入管内，达不到失效效果。

图 10-1-17　预应力筋安装与失效处理

二、先张法预应力筋的张拉

1. 张拉前检查

张拉前，对台座、锚固横梁及各项张拉设备进行详细检查，符合要求后方可进行操作。

2. 预应力筋实际伸长值的量测、计算

按设计好的程序进行张拉。张拉过程中，分别在初应力、相邻级、控制应力（或超张拉）处停机，量测实际伸长量，并与理论值校核；实际伸长值与理论伸长值的差值应控制在 ±6% 以内，否则，暂时停止张拉，查明原因。

预应力筋实际伸长值 ΔL（mm）可按下式量测、计算：

$$\Delta L = \Delta L_1 + \Delta L_2$$

式中：ΔL_1——从初应力至最大张拉应力间的实测伸长值（mm）；

ΔL_2——初应力以下的推算伸长值（mm），可采用相邻级的伸长值。

例：假设初应力取 10%，则实际张拉过程为：0→10%→20%→100%。控制应力的 10% 时，作为量测实际伸长值的起点，ΔL_1 为从张拉应力的 10% 到 100% 的伸长值；在操作过程中，到 20% 时停止张拉，量测从 10% 到 20% 的伸长值（相邻级伸长值），作为初应力以下（0→10%）的推算伸长值即 ΔL_2。

3. 张拉实施过程

（1）单根张拉至初应力。

单根张拉一般先张拉靠近重心处的预应力筋，然后向两侧对称张拉；单根张拉至初应力后停止张拉。张拉时,应使千斤顶的张拉力作用线与预应力筋的轴线重合一致。如图 10-1-18 所示。

图 10-1-18　一端单根调整初应力、一端多根同步整体张拉

(2)整体张拉至相邻级。

另一端整体张拉至初应力,停止张拉,标注伸长量起点,再张拉至相邻级后停止张拉,量测从初应力至相邻级的伸长量,并与理论伸长值相校核。

(3)整体张拉至控制应力。

整体张拉至规定的最大张拉力,停止张拉,量测伸长值并与理论值相校核。整体张拉过程中,应使活动横梁与固定横梁始终保持平行(两个千斤顶同步),并应检查预应力筋的预应力值,其偏差的绝对值不得超过按一个构件全部预应力筋预应力总值的 5%。

(4)持荷。

持荷时间 5 min,以减少预应力筋锚固后的应力损失。

(5)锚固。

补足或放松预应力筋的拉力至控制应力,待预应力筋稳定后锚固,千斤顶回油至零。

在预应力筋张拉、锚固过程中及锚固完成后,均不得大力敲击或振动锚具。预应力筋张拉完毕后,其位置与设计位置的偏差应不大于 5 mm,同时不大于构件最短边长的 4%,且宜在 4 h 内浇筑混凝土。

4. 断丝控制

张拉时,预应力筋的断丝数量不得超过表 10-1-5 的规定。

表 10-1-5　先张法预应力筋断丝限制

类别	检查项目	控制数
钢丝、钢绞线	同一构件内断丝数不得超过钢丝总数的百分比	1%
螺纹钢筋	断筋	不容许

三、绑扎非预应力筋、支立模板、浇筑混凝土

具体要求见相关部分，如图 10-1-19 所示。

图 10-1-19　立模、浇筑混凝土

宜在预应力筋张拉完毕后 4 h 内浇筑混凝土，振捣混凝土时，严禁振捣棒触及预应力筋。

四、放　张

放张是当混凝土达到一定强度后，把张拉锚固的预应力筋松开，从而使预应力筋的张拉力通过预应力筋与混凝土的握裹作用，而使混凝土得到预加应力，如图 10-1-20 所示。

图 10-1-20　放张

（1）构件混凝土的强度和弹性模量（或龄期）达到设计放张要求后，可在张拉台上放松预应力筋。当设计无规定时，放张时混凝土强度应不低于混凝土设计强度等级值的 80%，弹性模量应不低于混凝土 28 d 弹性模量的 80%。

通常情况下，C40 混凝土 3 d 弹性模量约为 28 d 弹性模量的 84%，7 d 弹性模量可为 28 d 弹性模量的 95%；C50 混凝土 3 d 弹性模量约为 28 d 弹性模量的 90%，7 d 弹性模量可为 28 d

弹性模量的95%；因此，通过对混凝土龄期的控制代替对弹性模量的控制是可行的。就弹性模量而言，通常情况下，放张时混凝土的龄期不少于5 d。

放张时间应根据同条件养护的混凝土试件经试验确定。

（2）预应力筋的放张顺序应符合设计要求，设计未规定时，应分阶段、均匀、对称、相互交错地放张。在力筋放张之前，应将限制位移的侧模、翼缘模板或内模拆除。

（3）多根整批预应力筋的放张，可采用砂箱放张法（图10-1-21）、千斤顶放张法（图10-1-22）、滑楔放张法等。单根钢筋采用拧松螺母的方法放张，放张时宜先两侧后中间，并不得一次将一根力筋松完。

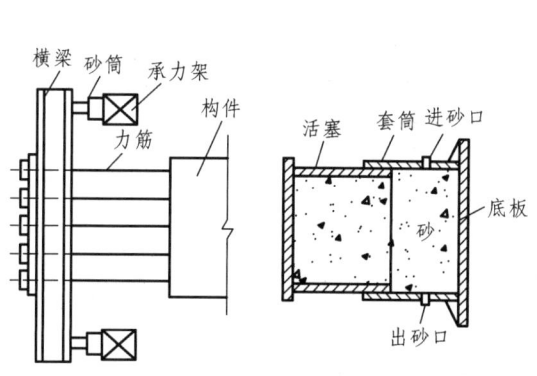

图10-1-21 砂箱放张

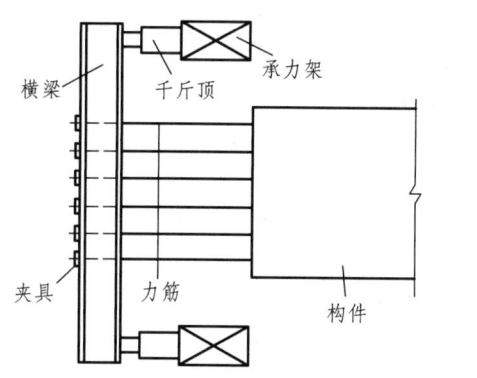
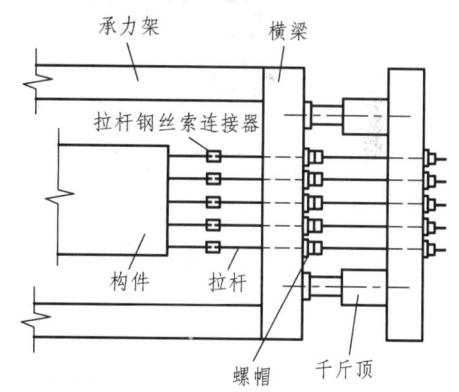

图10-1-22 千斤顶放张示意图

（4）预应力筋切断。

预应力筋放张后，对钢丝、钢绞线，采用机械切割的方式进行切断，严禁使用电焊切割。对螺纹钢筋可采用乙炔-氧气切割，但应采取措施防止高温对其产生不利影响。

长线台座上预应力筋的切断顺序，应由放张端开始，依次向另一端切断。

任务2 后张法施工

后张法施工是先浇筑留有预应力筋孔道的梁体，待混凝土达到规定强度后，再在预留孔道内穿入预应力筋（也可在浇筑混凝土前在孔道内穿筋）进行张拉锚固，最后进行孔道压浆并浇筑梁端封锚混凝土。后张法施工不需要大型的张拉台座，可在桥梁工地现场施工，而且又适宜于配制曲线形预应力筋，因此在桥梁上应用广泛。其施工流程如图10-2-1所示。

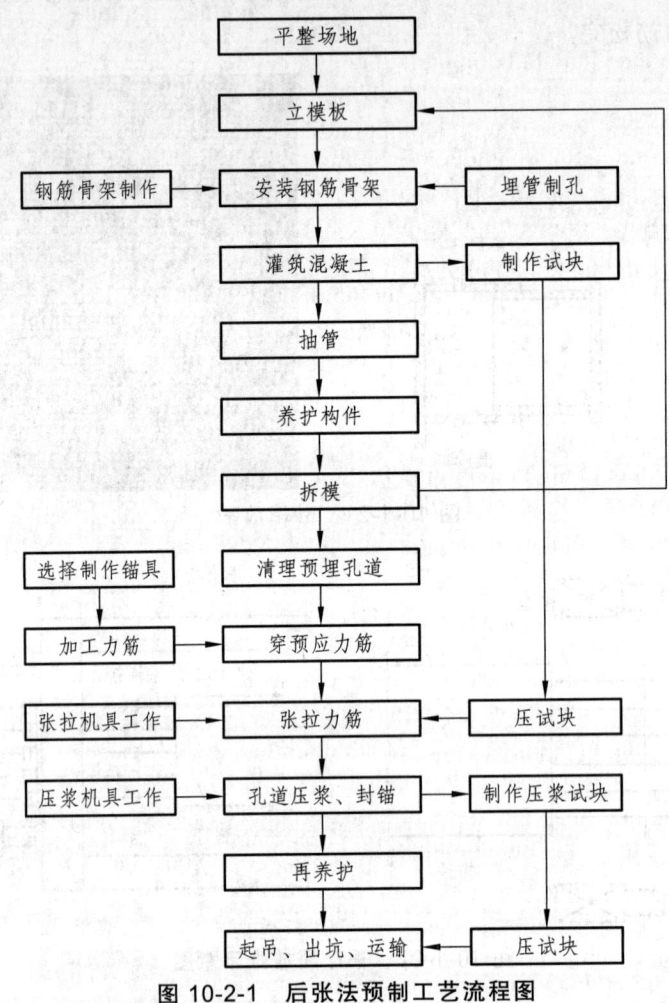

图 10-2-1 后张法预制工艺流程图

◆ 任务 2-1 锚具与预留孔道

【工作任务】

某桥梁预制场进行后张法35 m梁制作，预应力钢材为钢绞线。认识锚具、波纹管，熟悉锚具、制孔器的种类及检查验收。

【任务目标】

知识目标：

熟悉锚具、制孔器的种类。

掌握锚具、波纹管的使用要求及检验内容。

技能目标：

能进行制孔器的安装。

能熟悉锚具的各部件及安装要求。

【建议课时】

4 课时。

【任务相关理论】

一、锚　具

锚具是在后张法结构或构件中，用于保持预应力筋的拉力并将其传递到混凝土（或钢结构）上所用的永久性锚固装置。锚具可分为张拉端锚具（安装在预应力筋端部且可用以张拉的锚具）和固定端锚具（安装在预应力筋固定端端部，通常不用以张拉的锚具）两类。

1. 分　类

与先张法构件通过预应力筋与混凝土的握裹力获得预加应力不同，后张法构件主要通过锚具的锚固力获得预应力。为适应不同的预应力筋以及构件锚固部位、施工条件的不同，锚具具有多种形式。按锚固方式不同，锚具可分为夹片式（单孔和多孔夹片锚具）、支承式（镦头锚具、螺母锚具等）、锥塞式（钢质锥形锚具等）和握裹式（挤压模具、压花锚具等）四种基本类型，如图 10-2-2 ~ 图 10-2-7 所示。

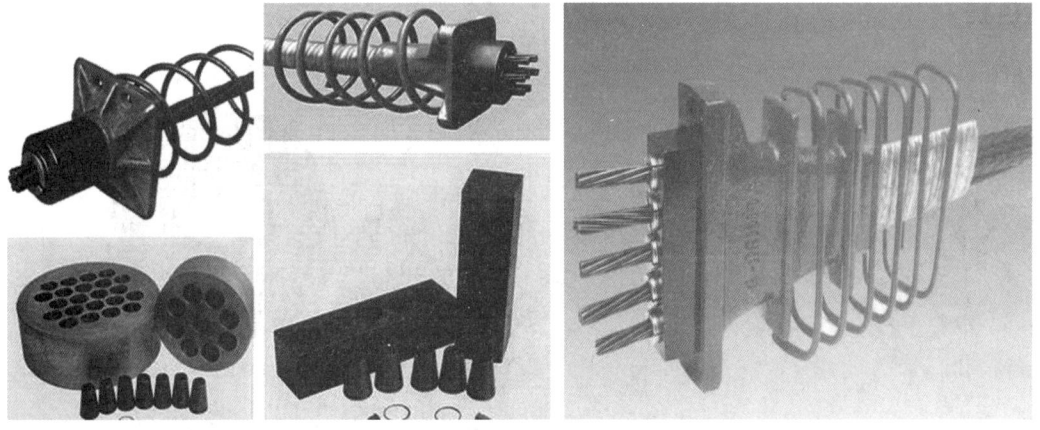

图 10-2-2　夹片式锚具

 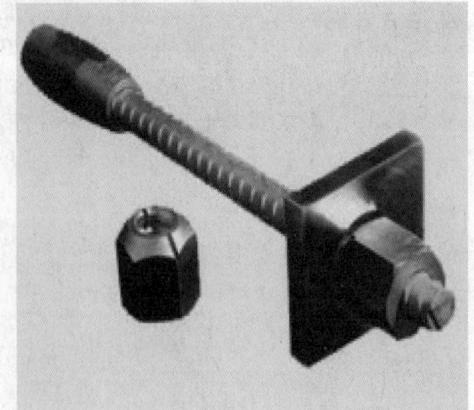

图 10-2-3 螺母锚具

图 10-2-4 挤压锚具

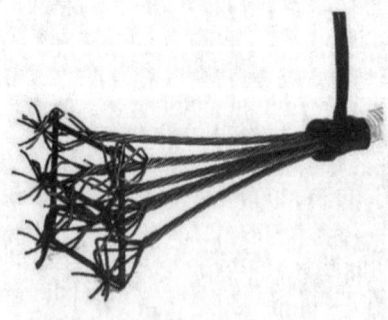 

图 10-2-5 握裹式锚具（压花锚）　　图 10-2-6 钢质锥塞式钢丝锚具

图 10-2-7 镦头锚具

2. 代　号

锚具、夹具或连接器的总代号可以分别用汉语拼音字母 M/J/L 表示；各类锚固方式的分类代号如表 10-2-1 所示。

表 10-2-1　锚具、夹具和连接器的代号

分类代号		锚具	夹具	连接器
夹片式	圆形	YJM	YJJ	YJL
	扁形	BJM	BJJ	BJL
支承式	镦头	DTM	DTJ	DTL
	螺母	LMM	LMJ	LML
锥塞式	钢质	GZM	—	—
	冷铸	LZM	—	—
	热铸	RZM	—	—
握裹式	挤压	JYM	—	JYL
	压花	YHM	—	—

注：连接器的代号以续接段端部锚固方式命名。

3. 标　记

锚具、夹具和连接器的标记由产品代号、预应力筋类型、预应力筋直径和预应力筋根数 4 部分组成，如图 10-2-8 所示。

例如：锚固 12 根直径 15.2 mm 钢绞线的圆形夹片式群锚锚具，标记为"YJM15-12"；预应力筋为 12 根直径 12.7 mm 钢绞线，用于固定端的挤压式锚具，标记为"JYM13-12"；用挤压头方法连接 12 根直径 15.2 mm 钢绞线的连接器，标记为"JYL15-12"。

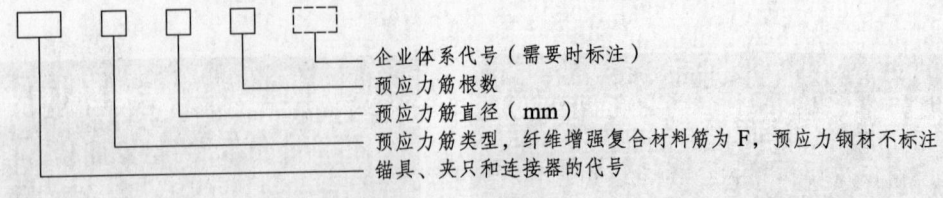

图 10-2-8 标记组成

4. 基本要求

锚具应满足分级张拉、补张拉以及放松预应力的要求；锚固多根预应力筋的锚具除具有整束张拉的性能外，尚应具有单根张拉的性能；用于承受低应力或动荷载的夹片式锚具应具有放松性能；锚具的锚口摩擦损失率不宜大于 6%。

锚垫板应具有足够的强度和刚度，且宜设置锚具对中止口以及压浆孔或排气孔，压浆孔的内径不宜小于 20 mm。与后张预应力筋用锚具或连接器配套的锚垫板和局部加强筋，在规定的局部承压试件尺寸及混凝土强度下，应满足传力性能要求。

预应力筋用锚具产品应配套使用，同一结构或构件中应采用同一生产厂的产品，工作锚不得作为工具锚使用。夹片式锚具的限位板和工具锚宜采用与工作锚同一生产厂的配套产品。

5. 进场检验

锚具应按合同和规范进行外观尺寸检查、硬度检验和静载锚固性能试验。生产厂家应提供锚固区传力性能型式检验报告，以及夹片式锚具的锚口摩擦损失测试报告或参数。锚具的验收批不宜超过 2 000 套。

其他要求和规定详见先张法施工的夹具、连接器内容。

二、管 道

在后张有黏结预应力混凝土结构或构件中，预应力筋的孔道由浇筑在混凝土中的刚性或半刚性管道构成，或采取钢管抽芯、胶管抽芯及金属伸缩套管抽芯等方法进行预留。

1. 刚性或半刚性管道

刚性或半刚性管道包括钢管、金属波纹管（图 10-2-9）、塑料波纹管（图 10-2-10），浇筑在混凝土内不再收回。金属波纹管具有局部抗压强度大、内壁摩阻力小、与混凝土的黏结性能好、易弯曲等特点，在后张法梁中广泛使用。

（1）管道要求：不应有漏浆现象；具有足够的强度和刚度；在浇筑混凝土重力的作用下保持原有的形状，并能按要求传递黏结应力。

（2）规格、尺寸：管道的规格、尺寸符合设计要求，其内横截面面积不小于预应力筋净截面面积的 2 倍；对长度大于 60 m 的管道，宜通过试验确定其面积比是否可以进行正常的压浆作业。

（3）管道的性能：刚性管道应是壁厚不小于 2 mm 的平滑钢管，具有光滑的内壁并可被弯曲成适当的形状而不出现卷曲或被压扁；半刚性管道应是波纹状的金属管或高密度聚乙烯塑料管，金属波纹管采用镀锌钢带制作，壁厚不小于 0.3 mm。

 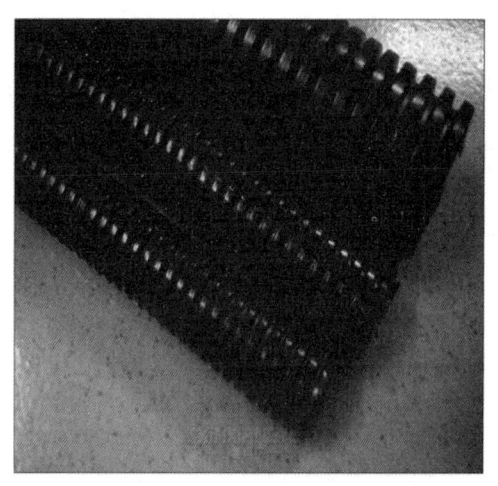

图 10-2-9　金属波纹管　　　　　　　图 10-2-10　塑料波纹管

（4）管道的进场检验：除出厂合格证格、质量保证书、类别、型号、规格和数量外，还应对其外观、尺寸、集中荷载下的径向刚度、荷载作用下的抗渗漏及抗弯曲渗漏进行检验。

管道应按批进行检验。金属波纹管每批应由同一钢带生产厂生产的同一批钢带所制造的产品组成，累计半年或 50 000 m 生产量为一批；塑料波纹管每批应由同一配方、同一生产工艺、同设备稳定连续生产的产品组成，每批数量不超过 10 000 m。

2. 抽芯式制孔器

抽芯式制孔器包括橡胶、金属伸缩套管和钢管，待混凝土初凝后将它拔出，如图 10-2-11 所示。

图 10-2-11　抽芯式制孔器

采用胶管抽芯法制孔时，胶管内应插入芯棒或充以压力水增加刚度；采用钢管抽芯法制孔时，钢管表面应光滑，焊接接头应平顺。抽芯时间应通过试验确定，一般在混凝土初凝之后与终凝之前，以混凝土抗压强度为 0.4~0.8 MPa 为宜。抽拔的顺序应先抽芯棒，后拔胶管；先拔上层胶管，后拔下层胶管；先曲后直；先拔早浇筑的半根梁，后拔晚浇筑的半根梁。抽拔时不得损伤结构混凝土。抽芯完毕后，用通孔器或压气、压水等方法对孔道进行检查，如发现孔道堵塞或有残留物或与邻孔有串通，应及时处理。

◆任务 2-2　后张法施工过程

【工作任务】

某桥梁预制场进行后张法 35 m 梁制作。进行波纹管的安装、连接；钢绞线的穿束；张拉前的准备工作、模拟张拉过程。

【任务目标】

知识目标：

熟悉波纹管的安装要点。

熟悉预应力筋的穿束。

熟悉预应力筋张拉程序。

技能目标：

能进行后张法预应力筋的穿束。

能够进行波纹管的安装及检查。

能根据工地的实际情况，选用合适的张拉程序。

能进行理论伸长量的计算以及实际伸长量的量测。

【建议课时】

10 课时。

【任务相关理论】

本节以后张法梁板预制为例，说明后张法施工程序及要点。

一、底模设置

底模设置如图 10-2-12 所示，详见支架模板部分。

图 10-2-12　预制厂底模设置

二、普通钢筋制作安装与孔道设置

在安装预应力管道前,将箍筋、分布钢筋等钢筋按设计图纸要求安装完毕,其制作、安装要求见钢筋制作。

管道应按设计规定的坐标位置进行安装,采用定位钢筋固定,使其能牢固地置于模板内的设计位置,并在混凝土浇筑期间不产生位移。管道与普通钢筋位置重叠时,应移动普通钢筋,不能改变管道的位置。定位钢筋的位置用预应力筋的坐标来确定,其间距要求,对钢管不宜大于 1.0 m,波纹管不宜大于 0.8 m,位于曲线上的管道和扁平波纹管道应适当加密。定位钢筋采用的"井"字网眼结构,如图 10-2-13 所示。

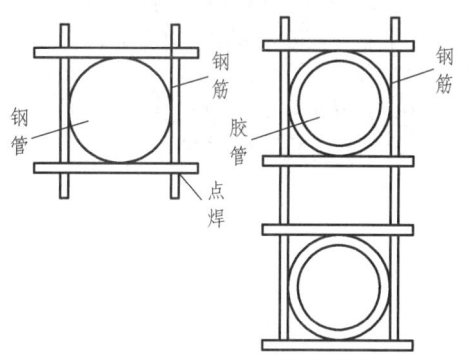

图 10-2-13 钢筋与孔道安装组图

安装时可先将制孔器沿梁体长度方向顺序穿越各定位钢筋,然后在梁中部安装好接头。管道接头处的连接管应采用大一级直径的同类管道,其长度不小于被连接管道内径的 5~7 倍。连接时不应使接头处产生角度变化及在混凝土浇筑期间发生管道的转动或移位;连接处要用胶带包缠紧密,防止水泥浆的渗入。塑料波纹管应采用专用焊接机进行热熔焊接或采用具有密封性能的塑料结构连接器连接,如图 10-2-14 所示。

图 10-2-14 波纹管连接

所有管道均应设压浆孔,在最高点设排气孔及需要时在最低点设排水孔,如图 10-2-15 所示。压浆管、排气管和排水管应是最小内径为 20 mm 的标准管或适宜的塑性管,与管道之间的连接应采用金属或塑料结构扣件,长度应足以从管道引出结构物以外。

图 10-2-15 排气孔设置

管道安装完毕后,其端口采取有效措施临时封堵,防止水或其他杂物进入。

后张预应力管道安装的允许偏差见表 10-2-2。

表 10-2-2 后张预应力管道安装的允许偏差

项目		允许偏差/mm
管道坐标	梁长方向	30
	梁高方向	10
管道间距	同排	10
	上下层	10

三、模板安装

模板的制作与安装同普通混凝土模板施工,如图 10-2-16 所示。

图 10-2-16　侧模安装

四、混凝土的浇筑与养护

混凝土浇筑前,除做好混凝土浇筑前的准备工作外,还应对预埋于混凝土中的锚具、管道、钢筋等进行全面检查验收,符合要求后方可进行浇筑。

混凝土的浇筑见混凝土施工,浇筑时应根据构件的形式选用合适的振动器进行振捣。对箱梁腹板与底板及顶板连接处的承托、预应力筋锚固区及其他预应力钢束与钢筋密集的部位,应采取有效措施加强振捣。振捣时,应避免振动器碰撞预应力的管道、预埋件。浇筑过程中,应随时检查模板、管道、锚固端垫板等的稳固性,保证其位置和尺寸符合设计要求。

浇筑混凝土时,应根据要求制作混凝土试件。用于判断现场预应力混凝土结构或构件强度的混凝土试件,应置于现场与结构或构件同环境、同条件养生。

混凝土浇筑完成后应按混凝土施工要求进行养生。

五、预应力筋的安装

1. 穿束

预应力筋可在浇筑混凝土之前或之后穿入管道，如图 10-2-17 所示。对钢绞线，可将一根钢束中的全部钢绞线编束后整体装入管道中，也可逐根将钢绞线穿入管道。

图 10-2-17　先穿束与后穿束

预应力筋由多根钢丝或钢绞线组成且当采取整束穿入孔道内时应预先编束，编束时应将钢丝或钢绞线逐根理顺，防止缠绕，每隔 1~1.5 m 捆绑一次，使其绑扎牢固、顺直。

穿束前应检查锚垫板和孔道，锚垫板应位置准确，孔道内应畅通，无水和其他杂物。为确保孔道通畅，先用空压机吹风等方法清除孔道内的污物积水。

宜将一根钢束中的全部预应力筋编束后整体穿于束孔道中，整体穿束时，束的前端应设置穿束网套或特制的牵引头，应保持预应力筋顺直，且仅应前后拖动，不得扭转。对钢绞线，可采用穿束机逐根将其穿入孔道中，但应保证其在孔道中不发生相互缠绕。

2. 预应力筋安装后的保护

（1）对混凝土浇筑及养护前安装在管道中但在下列规定的时限内没有压浆的预应力筋，应采取防止锈蚀或其他防腐蚀的措施，直至压浆。

不同暴露条件下，未采取防腐蚀措施的力筋在安装后直至压浆时的容许间隔时间如下：

空气湿度大于 70%或盐分过大时为 7 d；空气湿度 40%~70%时为 15 d；空气湿度小于 40%时为 20 d。

（2）在力筋安装在管道中后，管道端部开口应密封以防止湿气进入。采用蒸汽养生时，在养生完成之前不应安装预应力筋。

（3）在任何情况下，当在安装有预应力筋的构件附近进行电焊时，对全部预应力筋、管道和附属构件均应进行防护，防止溅上焊渣或造成其他损坏。

（4）对在混凝土浇筑之前穿束的管道，力筋安装完成后，应进行全面检查，以查出可能被损坏的孔道。在混凝土浇筑之前，必须将管道上一切非有意留的孔、开口或损坏之处修复，并应检查力筋能否在管道内自由移动。

六、施加预应力

结构或构件混凝土的强度、弹性模量（或龄期）达到设计规定，当设计无规定时，混凝土强度不低于混凝土设计强度等级值的80%，弹性模量不低于混凝土28d弹性模量的80%时可以进行张拉。

1. 张拉准备

（1）对力筋施加预应力之前，应对构件进行检验，外观和尺寸应符合质量标准要求。应对不同类型的孔道进行至少一个孔道的摩阻测试，通过测试所确定的μ值和κ值用于对张拉控制应力的修正。

（2）张拉顺序。

预应力筋的张拉顺序应符合设计规定，设计未规定时，可采用分批、分阶段的方式对称张拉，如图10-2-18所示。

图10-2-18 分批分段对称张拉

（3）张拉端的设置。

预应力筋张拉端的设置应符合设计规定，当设计无具体要求时，应符合下列规定：

对钢束长度小于20m的直线预应力筋可在一端张拉；对曲线预应力筋或钢束长度大于或等于20m的直线预应力筋，应采用两端张拉。

当同一截面中有多束一端张拉的预应力筋时，张拉端宜分别交错设置在构件的两端。

预应力筋采用两端张拉时，宜两端同时张拉，或先在一端张拉锚固后，再在另一端补足预应力值进行锚固。

（4）张拉程序。

张拉程序应符合设计规定；设计未规定时，可按表10-2-3的规定进行。

表 10-2-3 后张法预应力筋张拉程序

锚具和预应力筋类别		张拉程序
夹片式等具有自锚性能的锚具	钢绞线束、钢丝束	低松弛力筋 0→初应力→σ_{con}（持荷 5 min 锚固）
其他锚具	钢绞线束	0→初应力→1.05σ_{con}（持荷 5 min）→σ_{con}（锚固）
	钢丝束	0→初应力→1.05σ_{con}（持荷 5 min）→0→σ_{con}（锚固）
螺母锚固锚具	螺纹钢筋	0→初应力→σ_{con}（持荷 5 min 锚固）→0→σ_{con}（锚固）

注：① 表中 σ_{con} 为张拉时的控制应力，包括预应力损失值。
② 两端同时张拉时，两端千斤顶升降压、画线、测伸长等工作应基本一致。
③ 超张拉数值超过规定的最大超张拉应力限值时，应按该条规定的限值进行张拉。

（5）张拉过程中的断丝滑丝控制。

后张法预应力筋断丝及滑移不得超过表 10-2-4 的规定，否则，应采取补救措施。

表 10-2-4 后张预应力筋断丝、滑移限制

类 别	检查项目	控制数
钢丝束钢绞线束	每束钢丝断丝或滑丝	1 根
	每束钢绞线断丝或滑丝	1 丝
	每个断面断丝之和不超过该断面钢丝总数的	1%
螺纹钢筋	断筋或滑移	不容许

注：① 钢绞线断丝系指单根钢绞线内钢丝的断丝。
② 超过表列控制数时，原则上应更换，当不能更换时，在许可的条件下，可采取补救措施，如提高其他束预应力值，但须满足设计上各阶段极限状态的要求。

（6）其他准备。

施工作业指导书、人员预应力知识和安全操作、安全防护设施、对应张拉过程中的压力表读数、理论伸长值的计算等同先张法施工。

2. 张 拉

（1）锚具、夹具、连接器安装要求。

锚具、连接器的安装位置应准确，且与孔道对中。锚垫板上设置有对中止口时，应防止锚具偏出止口，安装夹片时，应使夹片的外露长度基本一致。

采用螺母锚固的支持式锚具，安装时应逐个检查螺纹的配合情况，应保证在张拉和锚固过程中能顺利旋合拧紧。

（2）锚具、千斤顶安装。

采用吊架将千斤顶吊起与张拉端孔道同高。先将锚具装上，使每根钢绞线穿过锚具孔，锚具与锚垫板端头的凹槽吻合，在每根钢绞线上套上卡片，塞入锚具孔内，再装上限位板和穿心式千斤顶（千斤顶已与张拉油泵油路连接好），再在千斤顶外侧装上工具锚和卡片后，顶锚，使千斤顶外侧的卡片在工具锚孔内塞紧。如图 10-2-19 所示。

图 10-2-19 后张法张拉组图

（3）张拉实施过程。

预应力筋应整束张拉锚固，如图 10-2-19 所示。对扁平管道中平行排放的预应力钢绞线束，在保证各根钢绞线不会叠压时，可采用小型千斤顶逐根张拉，但应考虑逐根张拉时预应力损失对控制应力的影响，如图 10-2-20 所示。张拉应力控制的要求和内容同先张法施工。目前，工地上常使用智能张拉机张拉，智能张拉机通过感应器量测实际伸长值，并与理论伸长值自动校核，超出要求时，自动显示。

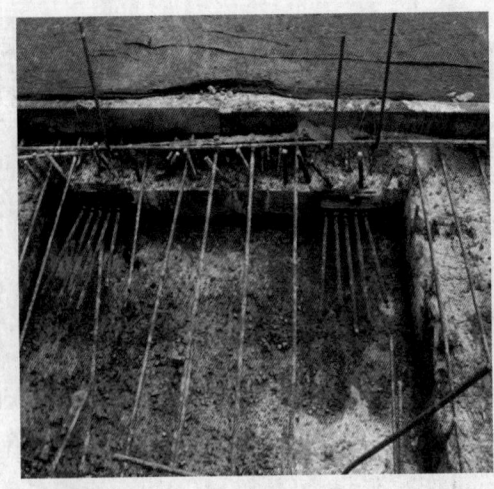

图 10-2-20 单根张拉

一般张拉过程为：0→初应力（10%）→相邻级（20%）→σ_{con}（持荷 5 min、锚固）

张拉时，在相应节点（根据油压表读数）停止张拉，量测伸长值，并与理论伸长值相校核。理论伸长值与实际伸长值较差在 ±6% 内时继续张拉，超过 ±6%，停止张拉，查找原因并采取相应措施。

预应力筋在张拉控制应力达到稳定后，千斤顶回油锚固。锚固完毕并经检验合格后即可切割端头多余的预应力筋。切割时应采用砂轮锯，严禁采用电弧切割，同时不得损伤锚具。

切割后预应力筋的外露长度不应小于 30 mm，且不应小于 1.5 倍预应力筋直径。锚具应采用封端混凝土保护，当需长期外露时，应采取防止锈蚀的措施。

七、压 浆

压浆是用水泥浆填满孔道中预应力筋周围的空隙，目的是保护预应力筋不致锈蚀，并通过凝结后的浆体将预应力传递至混凝土结构中。

1. 压浆时间

预应力筋张拉锚固后，孔道应尽早压浆，并应在 48 h 内完成，否则应采取防止预应力筋锈蚀的措施。

2. 压浆材料

孔道压浆宜采用专用压浆料或专用压浆剂配置的浆液进行压浆。专用压浆料是由水泥、高效减水剂、膨胀剂和矿物掺合料等多种材料干拌而成的混合料，在施工现场按一定比例加水并搅拌均匀后使用；专用压浆剂是由高效减水剂、膨胀剂和矿物掺合料等多种材料干拌而成的混合剂，在施工现场按一定比例与水泥、水搅拌均匀后使用。

水泥应采用性能稳定、强度等级不宜低于 42.5 的低碱硅酸盐或低碱普通硅酸盐水泥；水泥不得含有任何团块。水应不含有对预应力筋或水泥有害的成分，每升水不得含 350 mg 以上的氯化物离子或任何一种其他有机物。宜采用符合国家卫生标准的清洁饮用水；

外加剂应与水泥具有良好的相容性,且不得含有氯盐、亚硝酸盐及其他对预应力筋有腐蚀作用的成分;减水剂采用高效减水剂或高性能减水剂,减水率应不小于 20%;矿物掺合料宜为Ⅰ级粉煤灰、粒化高炉矿渣粉或硅灰,并应符合规范的规定;膨胀剂宜采用钙矾石系或复合型膨胀剂,不得采用以铝粉为膨胀源的膨胀剂或总碱量 0.75% 的高碱膨胀剂;压浆材料中的氯离子含量不应超过胶凝材料总量的 0.06%,比表面积应大于 350 m²/kg,三氧化硫含量不应超过 6.0%。

采用压浆材料配置的浆液,其性能应符合表 10-2-5 的规定。

表 10-2-5　后张预应力孔道压浆浆液性能指标

项　目		性能指标	检验试验方法标准
水胶比		0.26~0.28	《水泥标准稠度用水量、凝结时间、安定性检验方法》(GB/T 1346)
凝结时间/h	初凝	≥5	
	终凝	≤24	
流动度(25℃)/s	初始流动度	10~17	《公路工程水泥及水泥混凝土试验规程》(JTG E30)
	30 min 流动度	10~20	
	60 min 流动度	10~25	
泌水率/%	24 h 自由泌水率	0	
	3 h 钢丝间泌水率	0	
压力泌水率/%	0.22 MPa(孔道垂直高度≤1.8 m 时)	≤2.0	
	0.36 MPa(孔道垂直高度≥1.8 m 时)		
自由膨胀率/%	3 h	0~2	
	24 h	0~3	
充盈度		合格	
抗压强度/MPa	3 d	≥20	《水泥胶砂强度检验方法(ISO 法)》(GB/T 17671)
	7 d	≥40	
	28 d	≥50	
抗折强度/MPa	3 d	≥5	
	7 d	≥6	
	28 d	≥10	
对钢筋的锈蚀作用		无锈蚀	《混凝土外加剂》(GB 8076)

注:① 有抗冻要求时,宜在压浆材料中掺入适量引气剂,且含气量宜为 1%~3%。
　　② 有抗渗要求时,抗氯离子渗透的 28 d 电量指标宜小于或等于 1 500 C。

3. 孔道压浆的设备（图10-2-21）

图 10-2-21　压浆设备

（1）搅拌机的转速不低于 1 000 r/min，搅拌叶的形状与转速相匹配，其叶片的线速度不小于 10 m/s，最高线速度宜限制在 20 m/s 以内，且能满足在规定的时间内搅拌均匀的要求。

（2）用于临时储存浆液的储料罐应具有搅拌功能，且应设置网格尺寸不大于 3 mm 的过滤网。

（3）压浆机应采用活塞式可连续作业的压浆泵，不得使用风压式压浆泵进行孔道压浆。

（4）真空辅助压浆工艺中采用的真空泵应能达到 0.10 MPa 的负压力。

4. 压浆前的准备工作

（1）在工地试验室对压浆材料加水进行试配，各种材料的称量（均以质量计）应精确到 ±1%，经试配的浆液各项性能指标满足要求后方可正式用于压浆。

（2）应对孔道进行清洁处理。对抽芯成型的孔道应冲洗干净并使孔壁完全湿润；金属和塑料管道必要时亦应冲洗清除附于管道内壁的有害材料；对孔道内可能发生的油污等，可采用已知对预应力筋和管道无腐蚀作用的中性洗涤剂或皂液，用水稀释后进行冲洗。冲洗后，应使用不含油的压缩空气将孔道内的所有积水吹出，如图 10-2-22 所示。

图 10-2-22　压浆准备

（3）应对压浆设备进行清洗，清洗后的设备中不应有残渣和积水。

5. 压浆工艺

压浆是用压浆机（拌和机加水泵）将浆液压入孔道，并使孔道充满浆液，且不使浆液在凝结前漏掉。为此需在两端锚具上或锚具附近的预制梁上设置连接压浆嘴的接口和排气孔。

压浆时，对曲线孔道和竖向孔道应从最低点的压浆孔压入，对水平直线孔道可从任意一端的压浆孔压入；对构件中上下分层设置的孔道，应按先下层后上层的顺序进行压浆。

同一孔道的压浆应连续进行，一次完成。压浆工作应缓慢、均匀地进行，不得中断，并应将所有最高点的排气孔依次——放开和关闭，使孔道内排气通畅。较集中和邻近的孔道，宜尽量先连续压浆完成，不能连续压浆时，后压浆的孔道应在压浆前用压力水冲洗通畅。

浆液自拌制完成至压入孔道的延续时间不宜超过 40 min，且在使用前和压注过程中连续搅拌，对因延迟使用所致流动性降低的水泥浆，不得通过额外加水增加其流动性。

对水平或曲线管道，压浆的压力宜为 0.5～0.7 MPa；对超长孔道，最大压力不宜超过 1.0 MPa。对竖向孔道，压浆的压力宜在 0.3～0.4 MPa。压浆的充盈度应达到孔道另一端饱满且排气孔排出与规定流动度相同的水泥浆流出为止，关闭出浆口后，应保持不小于 0.5 MPa 的一个稳压期，该稳压期的保持时间宜为 3～5 min。

压浆过程中及压浆后 48 h 内，结构混凝土的温度及环境温度不得低于 5 ℃，否则应采取保温措施，并应按冬季施工的要求处理，浆液中可适量掺入引气剂，但不得掺用防冻剂。当环境温度高于 35 ℃ 时，压浆宜在夜间进行。

压浆后，应通过检查孔抽查浆液的密实情况，如有不实，应及时进行补压浆处理。

压浆时每一工作班应制作留取不少于 3 组尺寸为 40 mm×40 mm×160 mm 的试件，标准养护 28 d，进行抗压强度和抗折强度试验，作为质量评定的依据。

孔道压浆宜采用信息化数据处理系统对相关参数进行采集，并填写施工记录，记录的项目宜包括压浆材料、配合比、压浆日期、搅拌时间、出机初始流动度、浆液温度、环境温度、压浆量、稳压压力及时间；采用真空辅助压浆工艺时尚应包括真空度。

6. 真空辅助压浆

管道较长时宜采用真空辅助压浆法压浆。真空辅助压浆就是在压浆前，在压浆的另一端先用真空泵抽吸预应力孔道的空气，使孔道的真空度在 −0.06～−0.10 MPa，真空度稳定后，应立即开启孔道压浆端的阀门，同时启动压浆泵进行连续压浆。

八、封　锚

压浆完成后，应及时对锚固端按设计要求进行封闭保护或防腐处理，需要封锚的锚具，应在压浆完成后把梁端混凝土凿毛并将其周围冲洗干净，然后设置钢筋网浇筑封锚混凝土。封锚应采用与构件同强度的混凝土并应严格控制封锚后的梁体长度。长期外露的锚具，应采取防锈措施。如图 10-2-23 所示。

图 10-2-23 封锚

九、构件的存放

对后张预制构件，在管道压浆前不得安装就位；压浆后，应在浆液强度达到规定的强度后方可移运和吊装。

项目十一　钢筋混凝土和预应力混凝土梁式桥

任务 1　装配式桥施工

预制装配施工法是桥梁施工的主要方法之一，它是在梁厂或预制场预制构件，通过吊运，在桥梁现场进行组装。装配施工分为横向拼装和纵向节段拼装；横向拼装是将纵向整跨预制的梁板，在横桥向拼装连成整体，适用于中小跨径桥梁。纵向节段拼装，是横桥向进行整幅（或半幅）预制，沿纵桥向进行拼装成整体。如图 11-1-1 所示。

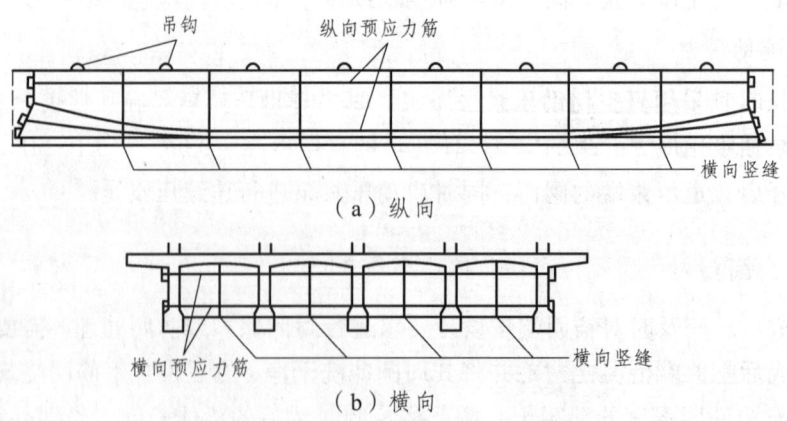

（a）纵向

（b）横向

图 11-1-1　梁桥纵横向分段装配示意图

◆ 任务 1-1 梁（板）预制与运输

【工作任务】

某中桥为一 3 孔 13 m 的钢筋混凝土简支梁桥，桥宽 15 m，共 45 块板，试编制一个预制场施工方案，并简述梁板的存放、运输注意事项。

【任务目标】

知识目标：

熟悉梁（板）的预制过程。

熟悉梁（板）的起运、存放方法和注意事项。

技能目标：

能进行梁（板）预制的指导。

能进行梁（板）预制的检查与监督。

能进行掌握梁（板）起吊、移运和堆放的指导。

【建议课时】

6 课时。

【任务相关理论】

装配施工具有质量容易保证、模板等重复利用、施工速度快等优点。装配施工分沿桥梁横向装配和纵向装配。

一、梁板的预制

1. 施工流程

（1）钢筋混凝土梁板的预制流程。

底模设置→底模修整→涂刷脱模剂、铺塑料薄膜→铺设、绑扎钢筋（骨架吊装）→安装侧模→浇筑底板混凝土→安装芯模→浇筑腹板、顶板混凝土→混凝土养护→出槽、存放。如图 11-1-2 所示。

图 11-1-2 钢筋混凝土梁板预制组图

（2）先张法预应力混凝土梁板的预制流程。

张拉台座、底模设置→底模修整→预应力筋穿束→张拉→绑扎非预应力钢筋→安装侧模→浇筑、养护混凝土→放张→出槽、存放。如图 11-1-3 所示。

图 11-1-3 先张法梁板预制

（3）后张法预应力混凝土梁板的预制流程。

底模设置→底模修整→安装侧模→绑扎钢筋骨架（埋制孔器）或吊装钢筋骨架→浇筑混凝土→养护→预应力筋穿束→张拉预应力筋→孔道压浆、养护→封锚、养护→起吊、出坑、存放。如图 11-1-4 所示。

图 11-1-4　后张法梁板预制

先张法与后张法梁板的预制，详见预应力混凝土部分。

2. 各种构件混凝土的浇筑顺序

梁板的浇筑混凝土顺序一般分两种：一种为顶板钢筋不封，先浇底板混凝土，放置内模，集中人力绑扎顶板钢筋，再浇筑腹板和顶板混凝土；一种为封闭顶板钢筋，浇筑底板混凝土后，穿内模，再浇筑腹板和顶板混凝土。

中小跨径的空心板浇筑混凝土时，应采取防止芯模上浮和偏位的可靠措施。

腹板底部为扩大断面的 T 形梁，应先浇筑扩大部分并振实后，再浇筑其上部腹板。

U 形梁（图 11-1-5）可上下一次浇筑或分两次浇筑。一次浇筑时，宜先浇筑底板至底板承托顶面，待底板混凝土振实后再浇筑腹板；分两次浇筑时，宜先浇筑底板至底板承托顶面，按施工缝处理后，再浇筑腹板混凝土。

图 11-1-5　U 形梁

二、梁板起吊

1. 吊装强度与吊点

装配式梁、板等构件在脱底模、移运、存放和安装时,混凝土的强度应不低于设计规定的吊装强度;设计未规定时,应不低于设计强度的80%。

梁、板构件移运时的吊点位置应符合设计规定,设计未规定时,应根据计算决定。构件的吊环必须采用未经冷拉的 HPB300 钢筋制作,且吊环应顺直。吊绳与起吊构件的交角小于 60°时,应设置吊架或起吊扁担,使吊环垂直受力。吊移板式构件时,不得吊错上、下面。

2. 起吊方法

梁(板)的起吊是把预制的梁(板)从预制厂的底座上移出来,俗称"出坑"或"出槽"。

在预制场内,梁板的起吊多用龙门吊机(图 11-1-6)或者吊机。龙门吊机(也称龙门架)是由底座、机架和起重行车三部分组成的,运行在专用轨道上,也有设置多向胶轮的;吊机的运动方向有三个,动力可用电力或人力。

图 11-1-6 龙门吊

缺乏条件时,可用三角扒杆偏吊法,将手拉葫芦斜挂在三角扒杆上,偏吊一次移动一次扒杆,把梁(板)逐步移出,如图 11-1-7 所示。

3. 场内移运的要求

(1)对后张预应力混凝土梁(板),在施加预应力后可将其从预制台座吊移至场内的存放台座上后再进行孔道压浆,但必须满足:从预制台座上移出梁(板)仅限一次,不得在孔道压浆前多次倒运;吊移的范围必须限制在预制场内的存放区域,不得移往他处;吊移过程中不得对梁(板)产生任何冲击和碰撞。

(2)后张预应力混凝土梁(板)在孔道压浆后再进行移运,其压浆浆体强度应不低于设计强度的80%;不得将构件安装就位后再进行预应力孔道压浆。

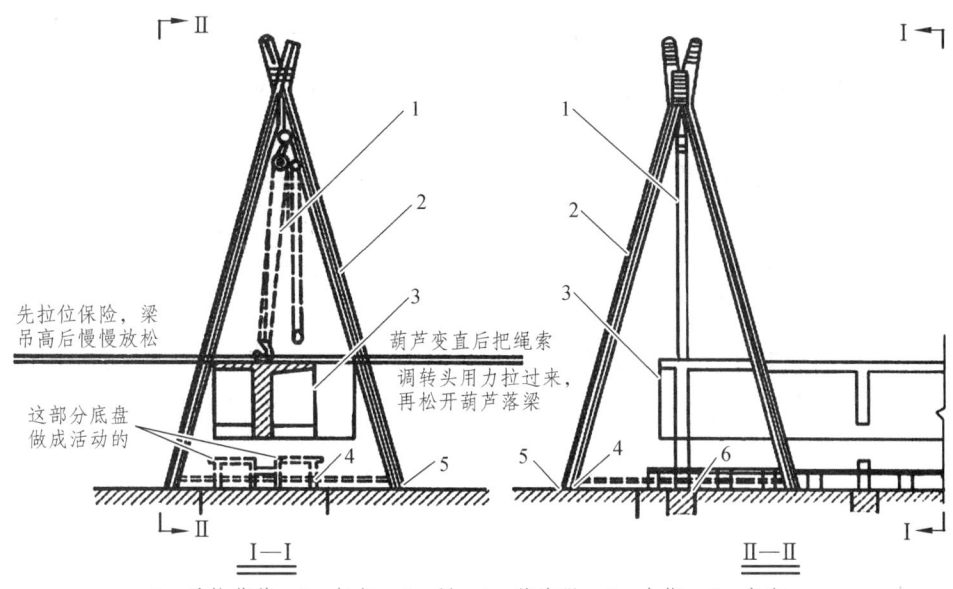

1—手拉葫芦；2—扒杆；3—梁；4—绊脚绳；5—木楔；6—底座。

图 11-1-7　三角扒杆偏吊法

三、梁板存放

梁、板的存放（图 11-1-8）应做到下列要求：

图 11-1-8　梁板存放

（1）存放台座应坚固稳定，且宜高出地面 200 mm 以上。存放场地应有相应的防排水设施，并应保证梁（板）等构件在存放期间不致因支点沉陷而受到破坏。

（2）梁（板）构件存放时，其支点应符合设计规定的位置，支点处应采用垫木和其他适宜的材料进行支承，不得将构件直接支承在坚硬的存放台座上；存放时混凝土养护期未满的，应继续养护。

（3）构件应按其安装的先后顺序编号存放，预应力混凝土梁（板）的存放时间不宜超过 3 个月，特殊情况下不应超过 5 个月。

（4）当构件多层叠放时，层与层之间应以垫木隔开，各层垫木的位置应设在设计规定的支点处，上下层垫木应在同一条竖直线上，叠放的高度宜按构件强度、台座地基的承载力、垫木强度及叠放的稳定性等经计算确定，大型构件宜为 2 层，不应超过 3 层，小型构件宜为 6~10 层。

（5）雨季或春季冻融期间，应采取有效措施防止因地面软化下沉而造成的构件断裂及损坏。

四、梁板运输

预制场地一般设在桥头附近或桥孔下，尽量离安装地较近，并根据距离等实际情况选用轨道平车、平板汽车、超长拖车或采用汽车、火车或驳船等运梁。如图 11-1-9 所示。构件的运输应符合下列规定：

（1）板式构件运输时，宜采用特制的固定架稳定构件。对小型构件，宜顺宽度方向侧立放置，并应采取措施防止倾倒；如平放，在两端吊点处必须设置支搁方木。

（2）梁的运输应按高度方向竖立放置，并应有防止倾倒的固定措施；装卸梁时，必须在支撑稳妥后，方可卸除吊钩。

（3）采用平板拖车或超长拖车运输大型梁、板构件时，车长应能满足支点间的距离要求，支点处应设活动转盘防止搓伤构件混凝土；运输道路应平整，如有坑洼而高低不平时，应事先处理平整。

（4）水上运输梁、板构件时，应有相应的封舱加固措施，并应根据天气状况安排装卸和运输作业时间，同时应满足水上（海上）作业的相关安全规定。

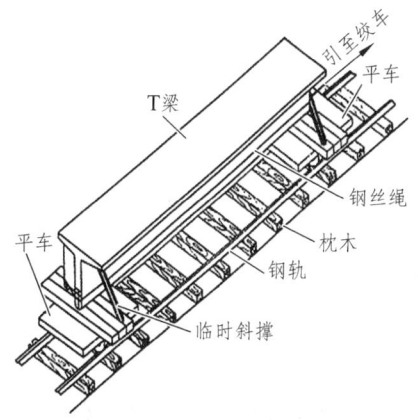

图 11-1-9 梁板运输

◆任务 1-2 梁板架设与安装

【工作任务】

某高速公路 K327+050 处有一座 6-20 m 先张法预应力箱梁跨河大桥，河流宽度 100 m，水位较深，桥墩高度为 50 m，试选择安装方法，描述、模拟梁板的安装。

【任务目标】

知识目标：

熟悉桥梁上部结构各安装方法。

熟悉各梁（板）安装施工工序。

了解桥梁上部结构安装注意事项及安装质量标准。

技能目标：

能根据具体情况，选用合理的梁（板）安装方法。

能理解桥梁上部结构安装注意事项及安装质量标准。

【建议课时】

8 课时。

【任务相关理论】

一、梁（板）的架设方法

梁（板）的架设不外乎起吊、纵移、横移、运输、落梁等工序。根据不同的施工环境架梁可分为陆地架设、浮吊架设和高空架设。目前，常用的架设设备有吊机、导梁（架桥机）、龙门架、架运一体机等，应根据梁的重力、起吊能力和地形状况等选择适当的方法。

1. 自行式吊机架梁法

对中、小跨径桥梁预制梁（板），可视吊装重量和架设环境的不同，采用一台吊机架设、两台吊机架设或吊机和绞车配合架设等方法。如图 11-1-10 所示。

（a）自行吊机安装梁板

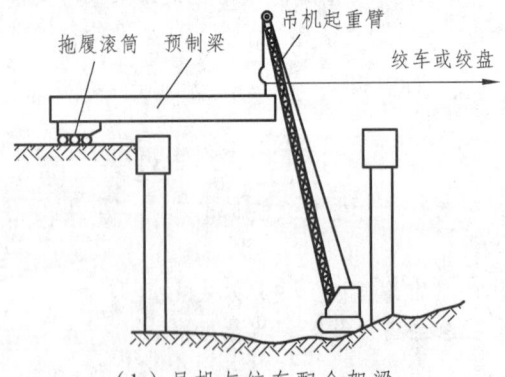

（b）吊机与绞车配合架梁

图 11-1-10　自行式吊机架梁法

2. 移动式支架架梁法

在架设孔的地面上，顺桥轴线方向铺设轨道，其上设置可移动支架，预制梁的前端搭在支架上，通过移动支架将梁移运到要求的位置后，用龙门架或人字扒杆吊装；或者在桥墩上设枕木垛，用千斤顶卸下，再将梁横移就位，如图 11-1-11 所示。

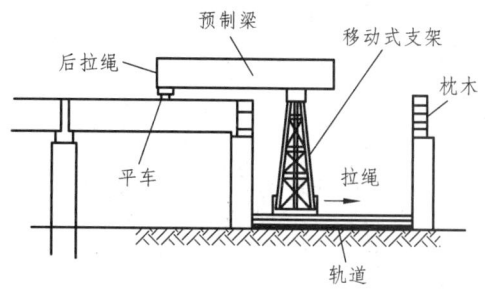

图 11-1-11　移动式支架架梁法

3. 架桥机架梁

架桥机种类较多，有单导梁、双导梁，有上行式和下行式。图 11-1-12 分别为单导梁下行式和单导梁上行式架桥机，图 11-1-13 为双导梁架桥机，图 11-1-14 为架运一体架桥机。

图 11-1-12　单导梁架桥机

图 11-1-13　双导梁架桥机

图 11-1-14 架运一体架桥机

4. 双龙门吊架梁

两个龙门吊相配合架梁，在地势较平坦、土质较好而桥又不是很高时比较方便，造价也低。将两台龙门吊机分别设在安装孔的前、后墩位置，预制梁可由轨道平车运送至安装孔的一侧，移动跨墩龙门吊机上的吊梁平车，对准梁的吊点放下吊架，将梁吊起。当梁底超过桥墩顶面后，停止提升，用卷扬机牵引吊梁平车慢慢横移，使梁对准桥墩上的支座，然后落梁就位，接着准备架设下一根梁。如图 11-1-15 所示。若两台龙门吊机自行且能达到同步运行时，也可利用跨墩龙门架将梁吊着运送到桥孔，再吊起横移落梁就位，如图 11-1-16（a）所示。

墩侧高低脚龙门吊机，如图 11-1-16（b）所示。其架设程序与跨墩龙门吊机基本相同。但预制梁必须用轨道平车或胶轮平车拖板运送至桥孔。

图 11-1-15 双龙门吊架梁

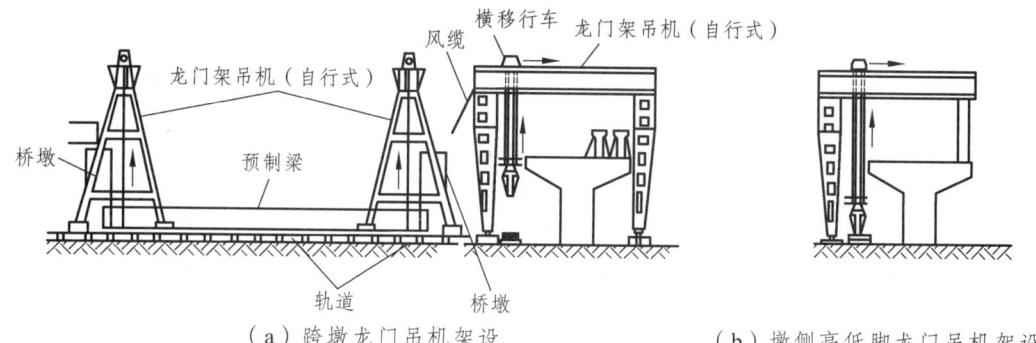

(a) 跨墩龙门吊机架设　　　　(b) 墩侧高低脚龙门吊机架设

图 11-1-16　龙门吊机架设法示意图

5. 浮运架设法

浮运架设法是将预制梁用各种方法移装到浮船上，并浮运到架设孔后就位安装。

二、简支梁、板的安装要求

（1）安装前应对墩台的施工质量进行检验，并应对支座或临时支座的平面位置和高程进行复测，合格后方可进行梁（板）等构件的安装。安装前应对墩（台）、支座垫层表面及梁底面清理干净，支座垫石应用高强度等级水泥砂浆抹平，使其顶面高程符合图纸规定，抹平后的水泥砂浆在预制梁、板安装前，必须进行养护，并保持清洁。

梁板安装前，应检查锚栓位置，并在盖梁上用墨线画出梁板的位置，如图 11-1-17 所示。

图 11-1-17　支座安装

（2）安装的方法和安装设备宜根据构件的结构特点、重量及施工环境条件等综合确定，并应制订专项施工方案，对安装施工中的各种临时受力结构和安装设备的工况进行必要的安全验算，所有施工设均宜进行试运行和荷载试验。

（3）采用架桥机进行安装作业时，其抗倾覆稳定系数应不小于1.3；架桥机过孔时，应将起重小车置于对稳定最有利的位置，且抗倾覆稳定系数应不小于1.5；不得采用将梁、板吊挂在架桥机后部配重的方式进行过孔作业。

（4）采用吊机吊装构件时，如采用一台吊机起吊，应在吊点位置的上方设置吊架或起吊扁担；如采用两台吊机抬吊，应统一指挥，协调一致，使构件的两端同时起吊、同时就位。

（5）梁（板）安装施工期间及架桥机移动过孔时，严禁行人、车辆和船舶在作业区域的桥下通行。

（6）梁（板）就位后，应及时设置锁定装置或支撑将构件临时固定，对横向自稳性较差的T形梁和I形梁等，应与先安装的构件进行可靠的横向连接，防止倾倒。

（7）安装在同一孔跨的梁（板），其预制施工的龄期差不宜超过10 d。梁（板）上有预留孔道的，其中心应在同一轴线上，偏差应不大于4 mm。梁（板）之间的横向湿接缝，应在一孔梁（板）全部安装完成后方可进行施工。

（8）对弯、坡、斜桥的梁（板），其安装的平面位置、高程及几何线形应符合设计要求。

三、先简支后连续梁施工

先简支后连续结构是在桥上将简支安装的预制梁（预应力混凝土）转换为连续结构。先简支后连续结构，因充分利用了简支梁的便于预制、安装和连续梁的受力优势而得到广泛应用。

1. 先简支后连续的方式

先简支后连续分为单排支座先简支后连续、双排支座先简支后连续和仅桥面连续。

（1）单排支座先简支后连续桥梁。

预制顶梁时在梁端顶板上预留预应力孔道，凡做连续一端均不做封锚端，将顶板、底板、腹板普通钢筋伸出梁端，架梁时先设置两排临时支座、使梁呈简支状态。

梁架好后，在墩顶设计位置安放永久支座、连接普通钢筋、浇筑湿接缝混凝土，待接缝混凝土达到规定强度后施加预应力，拆除临时支座，实现体系转化。如图11-1-18所示。

（2）双排支座先简支后连续梁桥。

该类连续梁（图11-1-19）受力接近于简支梁，内力分布不均匀，但施工简单，体系转化方便。

预制大梁时，连续一端的梁端不进行封端处理，将顶板、腹板、底板普通钢筋外伸，梁架设前一次将两排永久支座安放牢固，梁架设就位后在梁底部和两边梁外侧安放模板，中间以梁端为模，将两梁端外留钢筋焊接、浇混凝土、养生达到要求后即实现体系转换。

（3）桥面连续。

只在桥面铺装中，增加钢筋连接，实现一种连续。

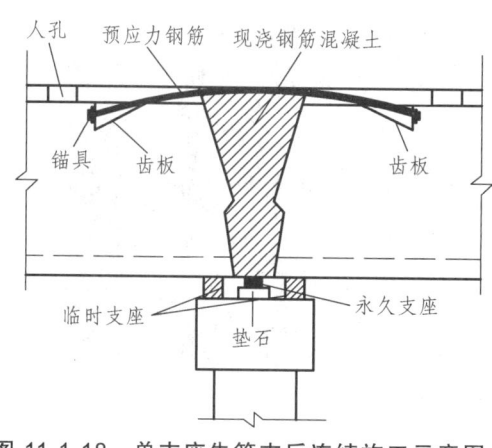

图 11-1-18 单支座先简支后连续施工示意图　　图 11-1-19 双支座先简支后连续施工示意图

2. 施工程序

（1）简支安装梁板。

详见简支梁板安装。先简支安装的梁板，应设置临时支座进行支承，临时支座可用硫磺砂浆支座或砂箱等。在一片梁中，临时支座的顶面的相对高差不应大于 2 mm。

（2）体系转换施工。

在桥台及非联墩上设置永久支座→安装底模→连接非预应力筋→布设与原梁体预留孔道相对应的预应力筋孔道→安装侧模→浇筑湿接缝连接混凝土→养生→拆除模板→穿预应力筋→张拉→锚固→孔道压浆→解除临时支座→完成体系转换。如图 11-1-20 所示。

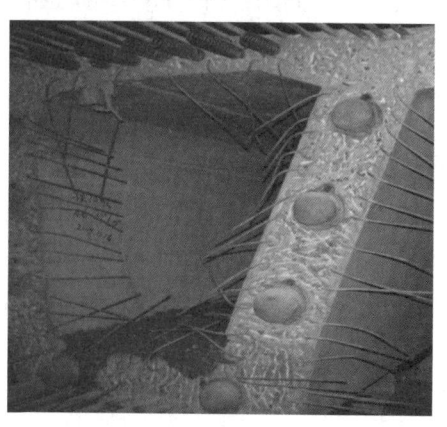

图 11-1-20　先简支后连续施工实例图

3. 施工要求

简支变连续的施工程序应符合设计规定,且应在一联梁全部安装后方可进行湿接头混凝土的浇筑。湿接缝处的梁端,应按施工缝的要求进行凿毛处理。

连续梁端接头波纹管与梁体预留管道的接合处应用胶带密封,避免混凝土浇筑时水泥浆渗入管内造成管道堵塞;负弯矩区的预应力管道应连接平顺。

湿接缝的模板应具有足够的强度和刚度,与梁体的接触面应密贴并具有一定的搭接长度,各接缝应严密不漏浆。

湿接头的混凝土宜在一天中气温相对较低的时段浇筑,且一联中的全部湿接头应一次浇筑完成。湿接头混凝土的养护时间不应少于 14 d。湿接缝宜从桥梁每联的两端孔向中孔依次浇筑。

施加预应力时,应根据施工方案所规定的顺序张拉负弯矩区预应力钢束。

湿接头按设计要求时间施加预应力、进行孔道压浆,浆体达到规定强度后,应立即拆除临时支座,按设计规定的顺序完成体系转换。同一片梁的临时支座应同时拆除。

四、节段预制拼装

节段预制拼装即纵向分段预制,现场拼装,然后设计要求穿预应力束、张拉,使之成整体。

1. 节段预制

桥梁节段可采用短线法或长线法进行预制,预制场地的布置(图 11-1-21)应便于节段的预制、移运、存放及装车(船)出运;预制台座应稳定、坚固,在荷载作用下,其顶面的沉降应控制在 2 mm 以内。

节段要进行匹配拼装,因此对预制线形、匹配面等进行严格控制。预制场应建立精密测量的平面及高程控制网,设置测量控制点、测量塔及靶标。节段预制宜采用专门设计的钢模板,钢模板及其支撑应具有足够的强度、刚度和稳定性,并能多次重复使用而不变形。采用长线法预制节段时,同一连续匹配浇筑的梁段应在同一长线台座上制作;采用短线法时,应在台座上匹配预制,要对台座、模板等精确控制,保证节段符合线性要求并不漏浆;内模系统宜安装在可移动的台车支架上。如图 11-1-22 所示。

图 11-1-21 预制场布置实例图

图 11-1-22 台座、模板控制

节段的钢筋宜在专用胎架上制成整体骨架后，吊入模板内进行安装；吊装整体骨架时应设置吊架，宜采用多点起吊，防止变形。如图 11-1-23 所示。

混凝土的性能要符合规范和设计要求，养护时间不宜少于 14 d；设计未规定时，混凝土强度达到设计强度的 75%后方可拆模，如图 11-1-24 所示。在脱模、拆除或移动节段时，应采取措施防止损伤节段混凝土的棱角和剪力键。

图 11-1-23 钢筋骨架吊装

图 11-1-24 混凝土养护

2. 节段拼装方法

一般采用桁架梁主跨拼装或对称拼装，如图 11-1-25 所示；也可设置落地支架，在支架上拼装。

图 11-1-25 节段拼装方式

各节段间的接缝施工应符合设计规定。一般采用胶接缝拼装，涂胶前应就位试拼，节段的匹配面应平整，尘土、油脂等污染物及松散混凝土和浮浆应清除干净；涂胶前的匹配面要进行干燥处理。

胶黏剂应涂抹均匀，覆盖整个匹配面，涂抹厚度不宜超过 3 mm。对胶接缝施加临时预应力进行挤压时，挤压力宜为 0.2 MPa，胶黏剂应在梁体的全断面挤出，且胶接缝的挤压应在 3 h 以内完成；当施工时间超过明露时间的 70%时，在固化之前清除被挤出的胶结料。胶黏剂在涂抹和挤压时，应采取措施防止胶黏剂进入预应力孔道。拼装过程如图 11-1-26 所示。

图 11-1-26 节段拼装过程

五、悬臂拼装

预制节段悬臂拼装的施工方法适用于预应力混凝土连续梁和连续刚构桥。节段可采用短线法或长线法预制，由于拼装需要更密贴的接合面，所以，预制场的台座在线形、高程、沉降以及模板的质量等方面有更高的要求，详见节段预制。

1. 节段的起吊、移运、存放

节段从预制台座起吊时，混凝土的强度应符合设计规定。节段的移运应满足运输安全和施工安全的要求，在移运时，应采取措施防止对节段产生冲击或碰撞。

节段在存放台座的叠放层数不宜超过两层，并应对存放台座及其地基的承载力进行验算。节段支点的位置应符合设计规定，且宜采用垫木或橡胶板等弹性支撑物进行支承。

节段的存放时间应符合设计要求；设计未要求时，不宜少于 90 d。对未达到养护时间的节段，应在存放时继续养护。

2. 墩顶梁段

墩顶及相邻梁段采用现浇方式施工时，与悬臂浇筑墩顶梁段相同，且应使其与预制梁段匹配良好。对连续梁，墩顶的现浇梁段（或墩顶预制段）与墩之间应按设计要求临时固结。

3. 悬臂拼装施工

节段拼装之前，应对预制节段的匹配面进行必要的处理，并确定接缝施工的方法和工艺。在悬臂拼装过程中，应跟踪监测各节段梁体的挠度变化情况，控制其中轴线和高程；当实测梁体线形与设计值有偏差时，应及时进行调整。

施工前应按施工荷载对起吊设备进行强度、刚度和稳定性验算，安全系数不小于2。节段起吊安装前，应对起吊设备进行全面安全技术检查，并应分别进行1.25倍设计荷载的静荷试验和1.1倍设计荷载的动载试验，符合要求后方可进行节段起吊拼装。如图11-1-27所示。

节段悬臂拼装时，桥墩两侧的节段应对称起吊，且应保证桥墩两侧平衡受力，最大不平衡力应符合设计规定。

图 11-1-27 悬臂拼装试验及架设

4. 接缝处理

对胶接缝的处理见节段预制拼装。

5. 预应力施工

对采用胶接缝的节段，在拼装工作结束并经检查符合要求后，应立即施加预应力对接缝进行挤压；对采用湿接缝的节段，应在接缝混凝土强度达到设计强度的 80%以上时方可对其施加预应力。

临时预应力钢束的布置和张拉控制应力应符合设计规定，并应满足多次重复张拉的作业要求；临时预应力钢束在结构永久预应力施工完成后方可拆除。

节段对称悬臂拼装完成并施加预应力后，方可放松起吊吊钩，并应立即对预应力孔道进行压浆和封锚。

对梁顶面明槽内已张拉的预应力钢束应加以保护，严禁在其上堆放物体或抛物撞击。

6. 合龙及体系转换

合龙及体系转换的程序符合设计要求，施工要求见节段拼装。

六、顶推施工

预应力混凝土连续梁桥、钢梁桥等可采用顶推施工法。

顶推法施工是沿桥轴方向，在台后开辟预制场地，分节段预制梁身并用纵向预应力筋将各节段连成整体，然后通过水平液压千斤顶施力，借助不锈钢板与聚四氟乙烯模压板组成的滑动装置，将梁段向对岸推进。这样分段预制，逐段顶推，待全部顶推就位后，落梁、更换正式支座，完成桥梁施工。

顶推法施工的特点：

（1）顶推法可以使用简单的设备建造长大桥梁，施工费用低，施工平稳无噪声，可在水深、山谷和高桥墩上采用，也可在曲率相同的弯桥和坡桥上使用。

（2）主梁分段预制，连续作业，结构整体性好，由于不需要大型起重设备，所以施工节段的长度一般可取用 10～20 m。

（3）桥梁节段固定在一个场地预制，便于施工管理，改善施工条件，避免高空作业。同时，模板、设备可多次周转使用，在正常情况下，节段的预制周期为 7～10 d。

（4）顶推施工时，用钢量较高。

（5）顶推法宜在等截面梁上使用，当桥梁跨径过大时，选用等截面梁会造成材料用量的不经济，也增加施工难度，因此以中等跨径的桥梁为宜，桥梁的总长也以 500～600 m 为宜。

1. 台座设置与顶推方法

预制场地宜设在桥台后方的引道或引桥上，其长度、宽度应满足梁段预制施工作业的需要；在桥头路基或引桥上设置预制台座时，路基或引桥的强度、刚度和稳定性应满足顶推施工的要求，台座地基应设置防水、排水设施，台座的轴线应与桥轴线的延长线重合，纵坡一致，两轴线间的偏差应不大于 5 mm；相邻两支承点上台座中滑移装置的纵向顶面高程差不应大于 2 mm；同一支承点上滑移装置的横向顶面高程不大于 1 mm；台座（包括滑移装置）和梁段底模板顶面高程差应不大于 2 mm。

预应力钢束的布置、张拉顺序、临时束的拆除次序等应符合设计规定。

顶推法施工的关键是顶推作业。依顶推施力的方法可分为单点顶推和多点顶推。顶推装置有拉杆式顶推装置、水平-垂直千斤顶，如图 11-1-28、图 11-1-29 所示。

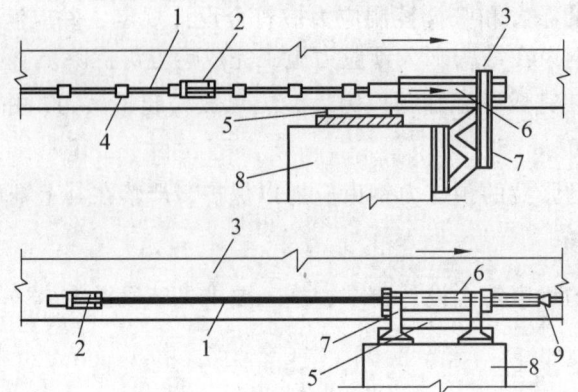

1—拉杆；2—锚固器；3—梁体；4—连接器；5—滑块；6—水平千斤顶；
7—传力支架；8—桥墩；11—拉杆夹具。

图 11-1-28　拉杆式顶推装置

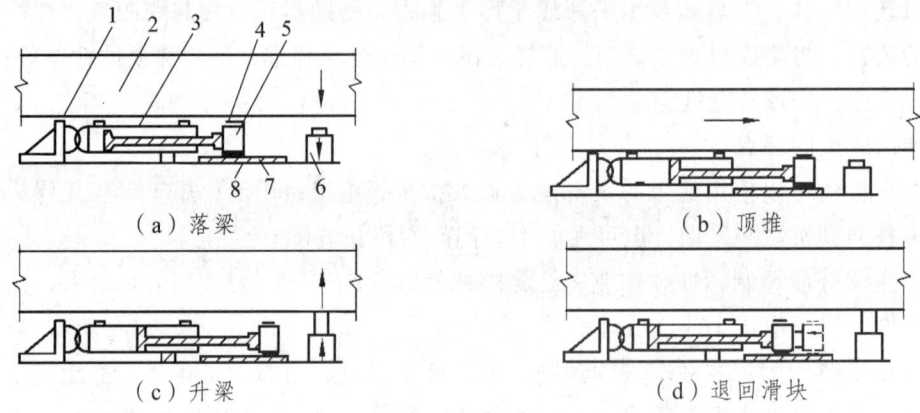

（a）落梁　　　　　　　　　　　　（b）顶推

（c）升梁　　　　　　　　　　　　（d）退回滑块

1—水平反力架；2—梁体；3—水平千斤顶；4—摩擦垫贴面；5—滑块；6—垂直千斤顶；
7—不锈钢滑道；8—聚四氟乙烯滑块。

图 11-1-29　水平-垂直千斤顶

单点顶推是顶推装置集中在主梁预制场附近的桥台或桥墩上，前方墩各支点上设置滑动支承。多点顶推是在每个墩台上设置一对小吨位（400~800 kN）的水平千斤顶，将集中的顶推力分散到各墩上。由于利用水平千斤顶传给墩台的反力来平衡梁体滑移时在桥墩上产生的摩阻力，从而使桥墩在顶推过程中承受较小的水平力，因此可以在柔性墩上采用多点顶推施工。

2. 施工中的临时设施

连续梁顶推施工的弯矩包络图与营运状态的弯矩包络图相差较大，为了减少施工中的内力，扩大顶推法施工的使用范围，同时也从安全施工（特别在施工初期，不致发生倾覆失稳）和方便施工出发，在施工过程中使用一些临时设施，如导梁（鼻梁）、临时墩等结构，如图 11-1-30、图 11-1-31 所示。

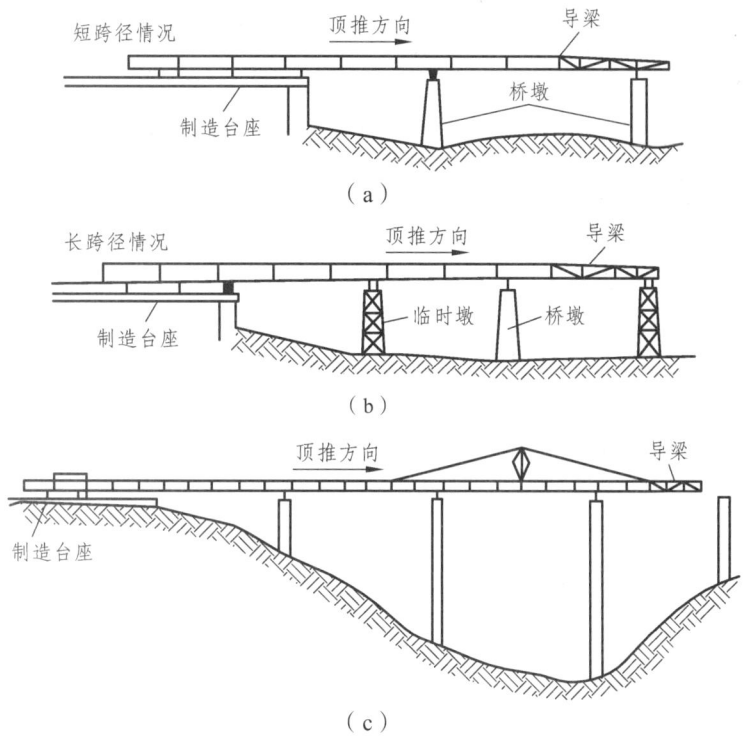

图 11-1-30 顶推法施工措施示意图

图 11-1-31 顶推法施工导梁实例图

导梁设置在主梁的前端,为等截面或变截面的钢桁梁或钢板梁,导梁的长度宜为顶推跨径的 0.6~0.8 倍,导梁过长会导致导梁与箱梁接头处负弯矩和支反力的相应增加;过短($0.4l$),则会增大主梁的施工负弯矩值,合理的导梁长度应是主梁最大悬臂负弯矩与营运阶段的支点负弯矩基本相近。

3. 顶推法施工程序

顶推法施工程序一般如图 11-1-32 所示。

图 11-1-32 顶推法施工程序

七、转体施工

桥梁转体施工是指将桥梁结构在非设计轴线位置制作(浇筑或拼接)成形后,通过转体就位的一种施工方法。它可以将在障碍上空的作业转化为岸上或近地面的作业。根据桥梁结构的转动方向,它可分为竖向转体施工法、水平转体施工法(简称竖转法和平转法)以及平转与竖转相结合的方法,其中以平转法应用最多。近年来,随着技术和设备的进步,转体施工也越来越多地用于梁桥施工中。

转体施工法的关键技术问题是转动设备与转动能力、施工过程中的结构稳定和强度保证以及结构的合龙与体系转换。

转体施工的主要特点:

（1）可以利用地形，方便预制构件。

（2）施工期间不断航，不影响桥下交通，并可在跨越通车线路上进行桥梁施工。

（3）施工设备少，装置简单，容易制作并便于掌握。

（4）节省木材，节省施工用料。采用转体施工与缆索无支架施工比较，可节省木材80%，节省施工用钢60%。

（5）减少高空作业，施工工序简单，施工迅速，当主要结构先期合龙后，给以后施工带来方便。

（6）转体施工适合于单跨和三跨桥梁，可在深水、峡谷中建桥采用，同时也适用于平原区以及用于城市跨线桥。

（7）大跨径桥梁采用转体施工将会取得良好的技术经济效益，转体重量轻型化、多种工艺综合利用，是大跨及特大路桥施工有力的竞争方案。

转体施工过程如图11-1-33所示。

图 11-1-33　转体施工

任务 2 现浇梁式桥施工

【工作任务】

阅读一支架现浇连续箱梁的施工方案，叙述其施工程序、控制要点、注意事项等。

【任务目标】

知识目标：

熟悉支架现浇梁的施工程序、要点。

了解移动模架现浇梁、挂篮悬灌梁的施工程序、要点。

技能目标：

能读懂现浇梁的施工组织设计。

能按要求对某一施工环节进行检查、监督。

【建议课时】

8 课时。

【任务相关理论】

一、支架上现浇梁式桥

梁式桥的现浇一般采用满布式支架或梁式支架。

1. 支　架

现浇支架的相关规定、要求见支架模板部分。另外，尚应符合以下规定：

（1）支架应稳定、牢固，其地基应有足够的承载力。支架位于水中时，其基础宜采用桩基；对弯、坡、斜梁式桥，其支架的设置应适应梁体相应几何线形的变化，并采取有效措施保证支架的稳定性。

（2）满布式支架的地基表面应平整，并应有防排水措施；满布式支架位于坡地上时，应将地基的坡面挖成台阶；在软弱地基上时，应采取措施对地基进行处理，使其承载力满足要求。

（3）梁式支架各支点的基础应设在可靠的地基上，当地基沉降过大或承载力不足时，宜设置桩基或其他措施进行处理。梁式支架不宜采用拱式结构；必须采用时，应按拱架的要求施工。

（4）支架的预压应根据支架的类型、结构形式、地基沉降量和承载能力、荷载大小等因素确定。

（5）梁式桥跨越需要维持正常通行（航）的道路（水域）时，应采取防碰撞的安全措施，并设置必要的交通导流标志，保证施工安全和交通安全。如图 11-2-1 所示。

图 11-2-1 现浇梁常用支架

2. 混凝土浇筑

梁式桥现浇施工时，梁体混凝土在顺桥向宜从低处向高处进行浇筑，在横桥向宜对称进行浇筑。

一般采用搅拌站、输送泵和布料机从两端向中间以水平分层左右对称方式一次灌筑成型。混凝土浇筑采用斜向分段、水平分层的方式连续浇筑，布料先从箱梁两侧腹板同步对称均匀进行，先浇筑腹板与底板结合处混凝土，再浇筑腹板混凝土，当两侧腹板混凝土浇筑到与顶板面结合部位时，改用从内模顶面预留的下料孔补浇底板混凝土，最后浇筑桥面板混凝土。在浇筑腹板混凝土时，为防止混凝土在箱梁内侧底部泛浆，可采用木板堵截混凝土或采用较小的坍落度（160 mm 左右）以降低混凝土的流动性。浇筑顺序如图 11-2-2 所示，也可采用图 11-2-3 所示顺序。

当采用梁式支架，支点不设在跨中时，则应在支架下沉量大的位置先浇混凝土，使应该发生的支架变形及早完成，其浇筑顺序如图 11-2-3、图 11-2-4 所示。

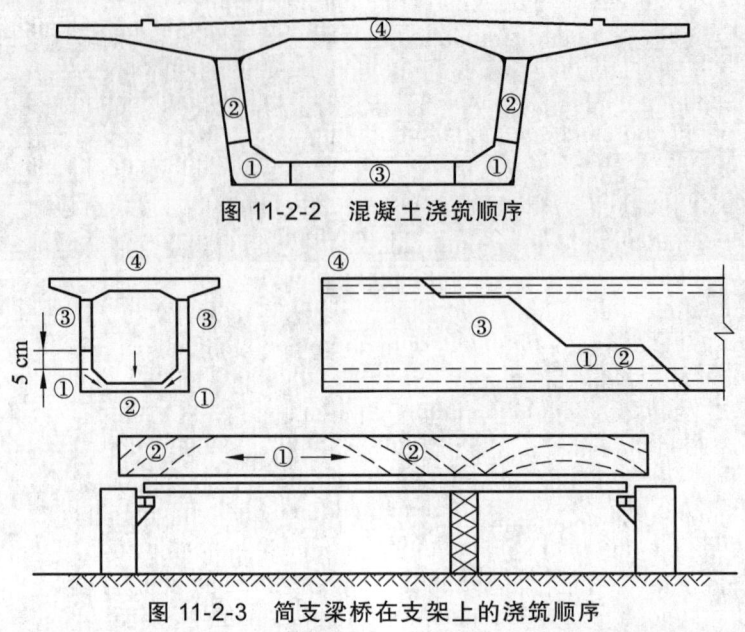

图 11-2-2 混凝土浇筑顺序

图 11-2-3 简支梁桥在支架上的浇筑顺序

图 11-2-4 支架现浇梁模板

混凝土浇筑过程中，应对支架的变形、位移、节点和卸落设备的压缩及支架地基的沉降等进行监测，如发现超过允许值的变形、变位，应及时采取措施予以处理。

3. 满布式支架施工流程图（图 11-2-5）

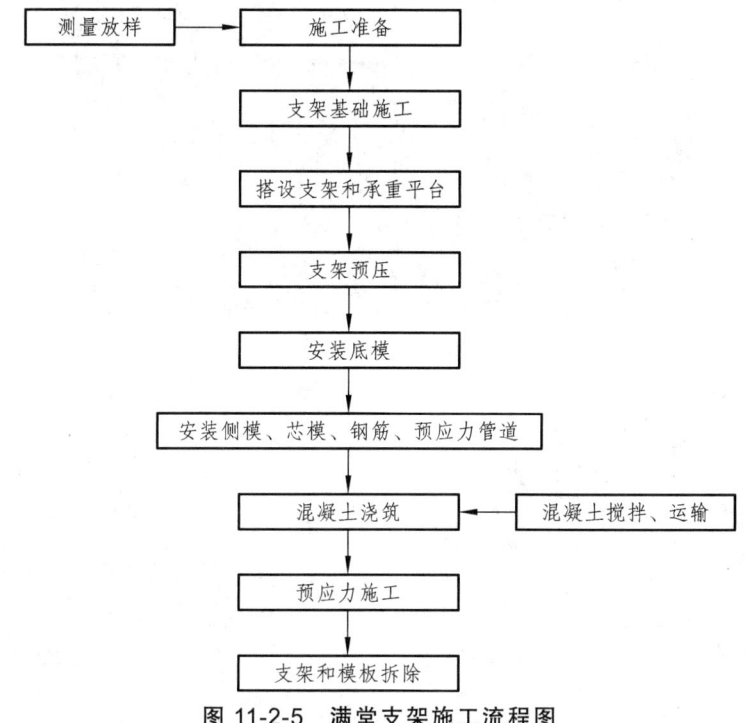

图 11-2-5　满堂支架施工流程图

二、移动模架逐孔现浇施工

移动模架（亦称造桥机）逐孔现浇施工是中等跨径预应力混凝土连续梁中的一种施工方法，使用一套设备从桥梁的一端逐孔施工，直到对岸。

采用移动模架逐孔施工的主要特点：

（1）移动模架法不需设置地面支架，不影响通航和桥下交通，施工安全、可靠。

（2）有良好的施工环境，保证施工质量，一套模架可多次周转使用，具有在预制场生产的优点。

（3）机械化、自动化程度高，节省劳力，降低劳动强度；上下部结构可以平行作业，缩短工期。

（4）通常每一施工梁段的长度取用一孔梁长，接头位置一般可选在桥梁受力较小的部位。

（5）移动模架设备投资大，施工准备和操作都较复杂。

（6）移动模架逐孔施工宜在跨径小于 50 m 的多跨桥梁上使用。

移动模架（造桥机）自上而下分别由主桁梁、导梁、挑梁、前支腿、中支腿、后支腿、支架、吊架、侧模及支撑、底模及底模桁架、内模系统、梯子及平台等组成；底模及侧模均设有液压油缸，脱模及移位时由液压油缸分别推动吊架及底模桁架实现；侧模及底模均设有螺旋支撑，可调节模板的预拱度。造桥机分上承式和下承式，如图 11-2-6 所示。

（a）上承式造桥机

（b）下承式造桥机

图 11-2-6　造桥机

模架的功能、承载能力、长度、模板的尺寸及支承系统等，应与施工的预应力混凝土连续梁的各项要求相适应，设计厂家应提供模架的产品出厂质量合格证书，以及操作手册等相关技术文件。

模架应按照产品的操作手册进行拼装，拼装完成后应对其拼装质量进行检验，并应在首孔梁的浇筑位置就位后进行荷载试压试验，保证施工安全。

模架的支承系统应安全可靠，并应具有足够的承载力、刚度和稳定性，主梁挠度不应大于 $L/550$（L 为主梁支撑跨度），在各种工况下稳定系数不得小于 1.5。模架的后端宜设置后吊点，使模架中的模板与已浇梁段的悬臂端梁体紧密贴合，防止该处产生错台或漏浆；模架应根据计算及荷载试验结果设置预拱度。

首孔梁浇筑混凝土前，应做好施工前的各项准备工作，制订详细的施工方案、施工工艺、各项保证措施及应急预案；浇筑施工前，应对模架进行预压，以检验结构的承载能力和稳定性，消除其非弹性变形，观测结构的弹性变形和各部状况；挠度监测的数据及分析结果应作为修正模架预拱度的依据。

首孔梁的混凝土在顺桥向宜从桥台（或过渡墩）开始向悬臂端进行浇筑，中间孔宜从悬臂端开始向已浇梁段推进浇筑，末孔宜从一联中最后一个墩位处向已浇梁段推进浇筑，最终与已浇梁段接合；梁体混凝土在横桥向应对称浇筑。连续梁逐孔现浇的纵向分段接缝位置应符合设计规定；设计未规定时，宜设在 1/5 跨的弯矩零点附近。

任一孔梁的混凝土浇筑施工完成后，内模中的侧向模板应在混凝土抗压强度达到 2.5 MPa 后，顶面模板应在混凝土抗压强度达到设计强度的 75%后，方可拆除；外模架应在梁体建立预应力后方可卸落。

模架横移和纵向移动过孔前，应解除作用于模架上的全部约束。纵向移动时两侧的承重钢梁应保持基本同步，不同步的最大距离偏差应符合产品设计的规定，且应有限位和紧急制动装置；移动到下一孔位置后，应立即对模架进行准确就位并固定。模架在移动过孔时的抗倾覆稳定系数应不小于 1.5。

在梁体混凝土的浇筑施工过程中，应随时对模架的关键受力部位和支承系统进行检查，有异常时应采取有效措施及时处理；在移动过孔时，应对模架的运行状态进行监控。模架所有操作平台的边缘处，均应设置防护栏杆，必要时挂安全网，同时应在模架的适当部位配置消防器材。模架中的动力和照明线路应由专业人员敷设，并定期检查清理，消除漏电、短路等隐患。每完成一孔梁的施工，均应对模架的关键部位及支承系统进行检查，发现问题应及时处理。

连续梁施工顺序也可是箱梁混凝土整孔一次浇筑完成，由远端向已浇梁推进，浇筑湿接缝，张拉完成体系转换，如图 11-2-7 所示。

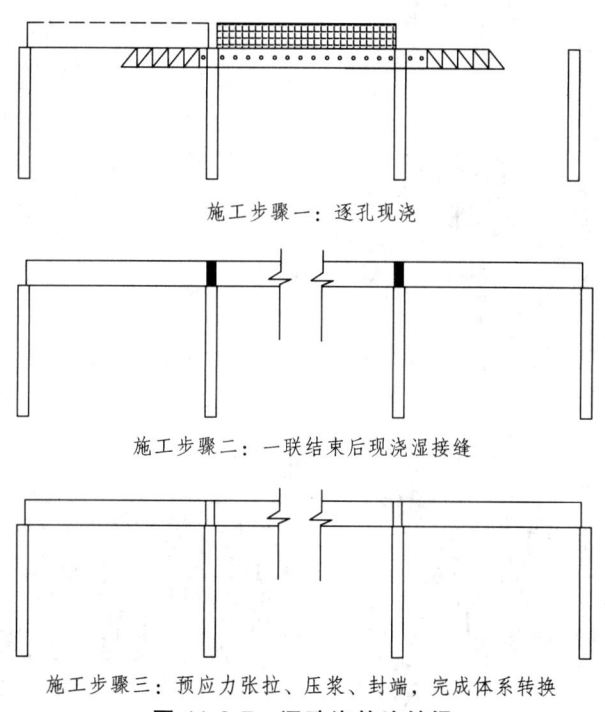

图 11-2-7 逐孔浇筑连续梁

三、悬臂现浇

悬臂浇筑是用挂篮为承重构件，以桥墩为中心向两岸对称地、逐节悬臂浇筑施工，每延伸一段就施加预应力使其与已施工完成部分联结成整体的施工方法，被广泛应用于预应力 T 型刚构桥、预应力混凝土连续梁桥、预应力混凝土悬臂梁桥、斜拉桥和拱桥等。

1. 挂篮形式

挂篮由过去的压重平衡式发展到现在的自锚平衡式。自锚式的形式主要有桁架式（平行桁架式、菱形挂篮、三角形挂篮等）和斜拉式挂篮，如图 11-2-8、图 11-2-9 所示。挂篮的主要结构一般包括承重系统、平衡系统、模板系统、走行系统、操作平台。

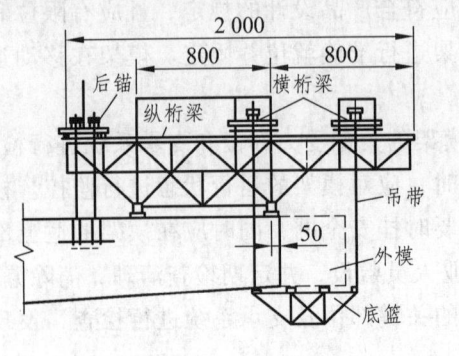 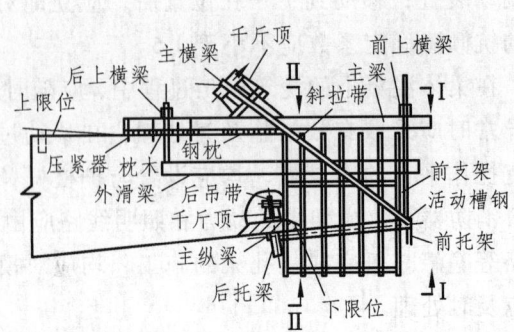

图 11-2-8 桁架式和斜拉式挂篮示意图（单位：mm）

 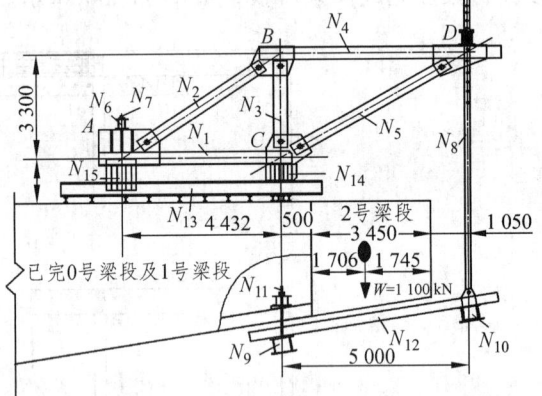

图 11-2-9 挂篮实例图（单位：mm）

2. 施工顺序

（1）梁体分段。

悬臂浇筑施工时，梁体一般要分为四部分浇筑，如图 11-2-10 所示。Ⅰ 为墩顶梁段（0

号块），一般为 5~10 m；Ⅱ为 0 号段两侧对称悬臂浇筑部分，3~5 m；Ⅲ为边孔在支架上浇筑部分，一般为 2~3 个悬臂浇筑段长；Ⅳ为跨中合龙段，一般为 1~3 m。

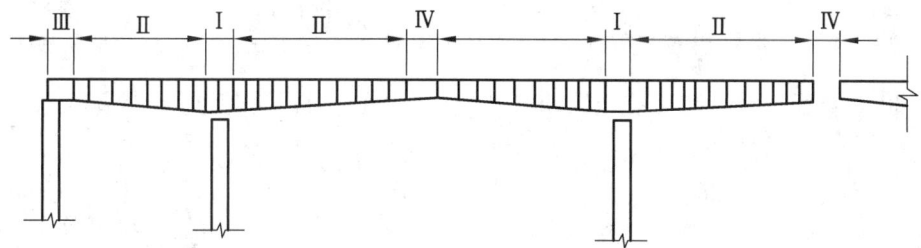

图 11-2-10　悬臂浇筑分段示意图

（2）施工程序。

① 在墩顶托架上浇筑 0 号块并实施墩梁临时固结系统，如图 11-2-11 所示。

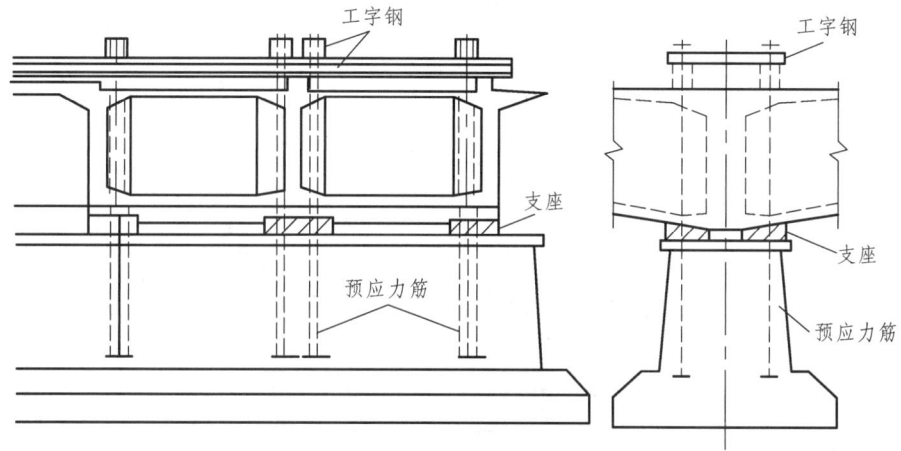

图 11-2-11　0 号块与桥墩的临时固结

② 在 0 号块上安装悬臂挂篮，向两侧依次对称地分段浇筑主梁至合龙段。

③ 在临时支架或梁端与边墩间临时托架上支模板浇筑现浇梁段。

④ 主梁合龙段可在改装的简支挂篮托架上浇筑，如图 11-2-12 所示。

图 11-2-12 悬臂浇筑顺序

（3）悬臂浇筑施工流程图（图 11-2-13）。

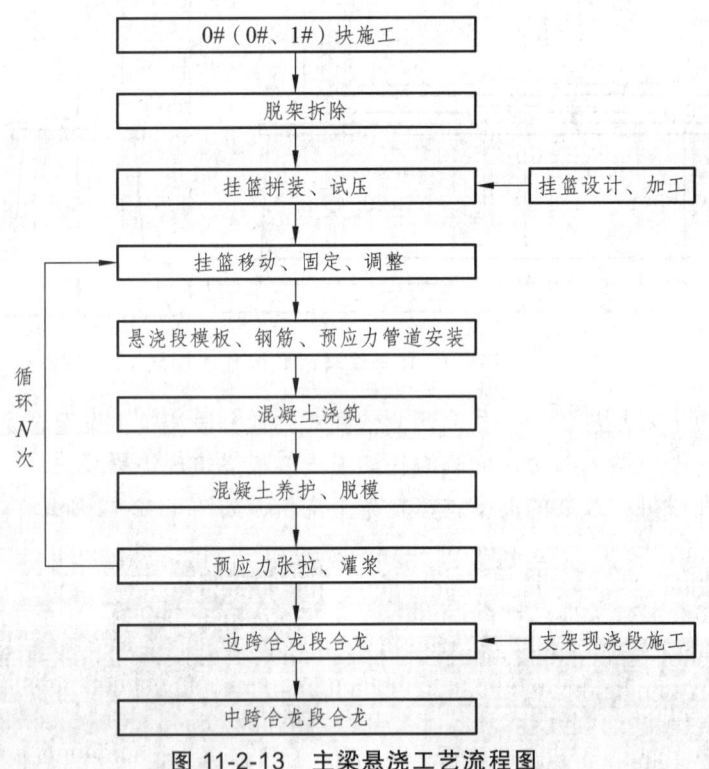

图 11-2-13 主梁悬浇工艺流程图

3. 基本要求

（1）挂篮的结构除应满足强度、刚度和稳定性要求外，还应符合：挂篮与悬臂梁段混凝土的重量比不宜大于 0.5，且挂篮的总重应控制在设计规定的限重之内。挂篮的最大变形（包括吊带变形的总和）不应大于 20 mm。挂篮在浇筑混凝土状态和行走时的抗倾覆安全系数、锚固系统的安全系数、斜拉水平限位系统的安全系数及上水平限位的安全系数均不应小于 2。挂篮的支承平台应有足够的平面尺寸；挂篮模板的制作与安装应准确、牢固。挂篮锚固系统所用的轴销、键、拉杆、垫板、螺母、分配梁等应专门设计、加工，并不得随意更换或替代。挂篮制作加工完成后应进行试拼，并进行模拟荷载试验，符合挂篮的设计要求后方可正式投入使用。

（2）钢筋制作与安装除符合一般规定外，尚应符合：底板钢筋与腹板钢筋的连接应牢固，宜采用焊接；底板上、下两层钢筋网应采用两端带弯钩的竖向筋进行连接，使之形成整体；顶板底层的横向钢筋宜采用通长筋。

钢筋与预应力管道、预应力施工作业相互影响时，钢筋仅可移动，不得切断。挂篮的下限位器、下锚带、斜拉杆等部位影响下一步操作必须切断钢筋时，应在该工序完成后，将切断的钢筋连接好再补孔。

（3）墩顶及墩顶邻近梁段可采用落地支架或托架施工，如图 11-2-14 所示。墩顶梁段宜全断面一次浇筑完成，当梁段过高一次浇筑难以保证质量时，可沿高度方向分两次浇筑，但两次浇筑的混凝土龄期不得大于 7 d。预应力混凝土连续梁的墩顶梁段施工时，应按设计规定设置临时固结装置，且临时固结装置的结构和采用材料应满足方便、快速拆除的要求。

图 11-2-14 墩顶段混凝土浇筑支承

(4)悬臂浇筑施工要求。

悬臂浇筑施工应对称、平衡地进行，两端悬臂上荷载的实际不平衡偏差不得超过设计规定值；设计未规定时，不宜超过梁段重的1/4。悬臂梁段应全断面一次浇筑完成，并应从悬臂端开始，向已完成梁段推进分层浇筑。悬臂浇筑的施工过程控制宜遵循变形和内力双控的原则，且宜以变形控制为主。悬浇过程中梁体的中轴线允许偏差控制在5 mm以内，高程控制在±5 mm以内。

挂篮前移时，宜在其后方设置控制其滑动的装置或在滑道上设置止动装置；前移就位后，应立即将后锚固点锁定，防止倾覆。悬臂施工跨越公路、铁路、航道等时，应采取有效的安全施工防护措施。

(5)悬浇时预应力的施工。

预应力管道的安装定位应准确，备用管道和长束的管道应采取措施保证其在使用时的有效性。

对纵向预应力长钢束的张拉，应通过必要的试验确定其张拉程序和各项参数，张拉持荷时间宜增加1倍；当钢束的伸长值不能满足要求时，可采取补张拉或反复张拉的措施，但张拉应力不得超过设计规定的最大控制应力。横向预应力采用一端张拉时，其张拉端宜在梁两侧交错设置。竖向预应力筋宜采取多次张拉的方式进行，多次张拉的次数以钢束的伸长值是否达到要求且是否可靠锚固而定。

对竖向预应力孔道，压浆时应从下端的压浆孔压入，压力宜为0.3~0.4 MPa，压入的速度不宜太快。

(6)合龙和体系转换。

合龙的顺序应符合设计规定。合龙施工前应对两端悬臂梁段的轴线、高程和梁长受温度影响的偏移值进行观测，并应根据实际观测值进行合龙的施工计算，确定准确的合龙温度、合龙时间及合龙程序。设计无合龙顺序要求时，一般先边跨，后次中跨，再中跨。多跨一次合龙时，必须同时均衡对称地合龙。合龙段长度应尽量缩短，一般采用1.5~2.0 m。

对两端的悬臂梁段采取施加水平推力的方式调整梁体的内力时，千斤顶的施力应对称、均衡。合龙时，应采取措施将合龙口两侧的悬臂端予以临时刚性连接（采用劲性型钢或预制的混凝土柱安装在合龙段上下部作支撑，然后张拉部分预应力束筋，待合龙段混凝土达到要求强度后，张拉其余预应力束筋，最后再拆除临时锁定装置），再浇筑合龙段混凝土（为保证合龙段施工时混凝土始终处于稳定状态，在浇筑之前各悬臂端应附加与混凝土质量相等的配重或称压重，加配重应以桥轴线对称加载，按浇筑重量分级卸载）。合龙段的混凝土宜在一天中气温最低且稳定的时段内浇筑，浇筑后应及时覆盖洒水养护，养护时间宜不少于14 d。

合龙时在桥面上设置的全部临时施工荷载应符合施工控制的要求。对预应力混凝土连续梁，合龙后应在规定的时间内尽快拆除墩梁临时固结装置，按设计规定的程序完成体系转换和支座反力调整。

项目十二 桥面系施工

任务 1 桥面系施工

【工作任务】

阅读并熟悉桥面系施工方案，模拟毛勒伸缩缝的安装过程。

【任务目标】

知识目标：

掌握伸缩缝装置的安装过程。

熟悉桥面防水层的施工过程。

熟悉桥面铺装层施工。

熟悉桥面附属工程施工。

技能目标：

掌握伸缩缝安装过程及要点。

能进行桥面防水层和铺装层的施工指导。

【建议课时】

4 课时。

【任务相关理论】

桥面系指的是上部结构中，直接承受车辆、人群等荷载并将其传递至主要承重构件的桥面构造系统，包括桥面铺装、人行道（安全带）、防水层、护栏（栏杆）、伸缩缝装置等。

一、桥面铺装施工

桥面系施工前对梁板安装情况及支座情况做进一步详细检查，检查梁板侧向凿毛是否彻底，铰缝筋、捆板筋等预埋件是否齐全并按设计要求搭接好，梁端橡胶减震垫块是否按设计要求设置，梁板横向、纵向间距特别是梁端与桥台背墙之间、伸缩缝处相邻梁端之间的距离是否符合设计及规范要求，安装总体中心线与尺寸是否符合设计，如有不符应做最后调整。

1. 铰缝施工

（1）梁板就位后将铰缝钢筋全部掰出，并按设计要求连接到位。捆绑钢筋焊前调直，焊接时处于绷紧状态，按规范要求进行钢筋焊接，不得用点焊连接。

（2）把铰缝内杂物清理干净，在梁板铰缝底处设底模，底模要吊牢，空心板的铰缝吊板采用钢管与梁板底部边缘紧贴。严禁采用硅胶管作为吊板。铰缝混凝土两端采用钢板支挡以防止胀模、漏浆。

（3）铰缝混凝土应分层浇筑，采用振捣棒振捣密实（缝隙较小时，配以人工振捣器捣实），为了达到更好的养生效果保证铰缝混凝土质量，浇筑时顶面标高比空心板顶面低 2 cm 左右，铰缝混凝土浇筑后要采用洒水养生，养生期为 7 d，混凝土养生期内严禁一切车辆通过，如图 12-1-1 所示。

图 12-1-1　铰缝施工

2. 铺设钢筋网

铺设钢筋网前应对桥面进行清理，钢筋网绑扎要牢固，并应特别注意混凝土保护层的控制。桥面钢筋要用ϕ22短钢筋支撑，并与钢筋网点焊牢固，每平方米支点不少于 4 个。用混凝土垫块控制保护层时，垫块要与钢筋绑扎牢固；严禁在浇筑混凝土时，钢筋网下落、变形，甚至贴在梁板上。如图 12-1-2 所示。

图 12-1-2　桥面钢筋网与桥面连续钢筋设置

3. 桥面混凝土浇筑

为保证桥面铺装厚度、纵横坡度，混凝土浇筑前对桥面做横断面测量放样，布设施工标高控制点，每横断面不少于5点，即中心1点，两边缘各1点。中心与边缘中间各1点，每2~5 m设置一个断面，控制点用钢筋或采用其他方式固定，并标记施工控制高度。

桥面混凝土施工工序为：布料—振捣棒振捣—平板振捣器振捣—振捣梁振捣—收浆抹面—拉毛—覆盖土工布及厚塑料布养生（养生14 d）。

水泥混凝土桥面铺装的要求：铺装的厚度、材料、铺装层结构、混凝土强度、防水层设置等均应符合设计要求。桥面铺装工作应在梁体的横向联结钢板焊接工作或湿接缝浇筑完成后进行；铺装施工前应使梁、板顶面粗糙，清洗干净，并按设计要求铺设纵向接缝钢筋和桥面钢筋网；水泥混凝土桥面铺装，其顶面应采取防滑措施，并宜分两次进行，第二次抹平后，应沿横坡方向拉毛或采用机具压槽。如图12-1-3所示。

图 12-1-3　桥面混凝土铺装施工

二、桥面防水与排水

桥面防水层设置在铺装层下面,它将透过铺装层渗下的雨水汇集到排水设施排出,以防桥梁遭受雨水侵蚀而破坏。防水可采用卷材、涂料防水层等,如图12-1-4所示。

图 12-1-4　桥面防水层施工

桥面防水层的层数和采用的材料应符合设计要求,材料的性能和质量应符合产品相应标准的规定。

1. 桥面防水层铺设要求

(1)防水层材料在进场时进行检测,符合产品的相应标准后方可采用。

(2)铺设防水材料前清除桥面的浮浆和各类杂物。

(3)防水层在横桥向应闭合铺设,底层表面应平顺、干燥、干净。防水层不宜在雨天或低温下铺设。

(4)防水层通过伸缩缝或沉降缝时,应按设计规定铺设。

(5)水泥混凝土桥面铺装层采用织物与沥青黏合的防水层时,应设置隔断缝。

(6)防水层施工完成后,在未达到规定的时间内,不得开放交通。

2. 涂料防水层施工

(1)施工前必须检查结构基层,其表面要平顺(用 2 m 直尺量测,最大差值应小于 5 mm,不允许有突出 2 mm 的突出物和凹深 3 mm 以上的小坑);表面要有足够的硬度,不能有松散、掉皮、空鼓和龟裂等现象;表面不得有尘土、杂物,若有,在涂刷操作前用空压机或清洁水吹洗干净。

(2)选料要合格。使用前做试配,配比与称量应准确,配制时须按操作细则执行,搅拌均匀,当日配制的料当时用完。

(3)按施工工艺流程分层涂刷。厚度、技术性能等符合要求、涂刷均匀、薄厚一致;不得有气起鼓、剥离存在;未干透前不得上人、堆物或进入下一道工序(根据气、湿度控制根透时间)。

(4)涂刷用玻璃布、无纺布等做加强层时,摊铺应平整、不起褶、不翘皮、不起鼓,其搭接长度应不小于 10 cm。

（5）细部结构处于操作不当或被忽视，往往是渗漏的源点，并会逐渐扩大，因此，需要精心施工，保证质量。

3. 卷材防水层施工

（1）卷材防水层的混凝土垫层或水泥砂浆找平层基层应做到：牢固、无松动现象；表面平整，清洁干净，铺贴卷材前应干燥；结构的阴阳角，应做成圆弧或钝角。

（2）卷材铺贴前应保持干燥，表面一些隔离物等应清除掉。

（3）卷材搭接长度，长边不应小于 10 cm，短边不应小于 15 cm；上下层和相邻两幅卷材的接缝要相互错开；上下层卷材相互垂直。

（4）在细部结构处也应做细部处理，如铺设前先将转角等处抹成钝角或圆弧形，铺设时应在防水层上加铺附加层，用一层或两层同样的卷材，按转角形状粘贴紧密。

（5）粘贴卷材应展平压实，卷材与基层和各层必须粘贴紧密，搭接缝应封缝严密；由于桥上卷材粘贴面大，应随铺随保护，防止随便踩踏，经验收合格后，及时进行桥面铺装。

4. 泄水管

泄水管的施工应符合设计规定。泄水孔的顶面不宜高于水泥混凝土调平层的顶面，且在泄水孔的边缘宜设渗水盲沟，使桥面上的积水能顺利排出。

三、沥青混凝土摊铺

沥青混凝土桥面铺装的层数和厚度均应符合设计规定，铺装前对桥面进行检查，桥面应平整、粗糙、干燥、整洁；铺装前应洒布黏层沥青。当采用刻槽方式增加沥青混凝土铺装层与混凝土桥面的啮合，提高其抗滑能力时，刻槽的宽度宜为 20 mm，槽间距宜为 3～5 mm。沥清混凝土摊铺现场如图 12-1-5 所示，要合理使用设备，按照相应技术规范施工，且使铺装层到边到沿，碾压密实。

图 12-1-5　桥面沥青混凝土施工

混凝土桥面铺装施工质量应符合表 12-1-1 的要求。

表 12-1-1 混凝土桥面铺装施工质量标准

检查项目			规定值或允许偏差		检查方法和频率
强度或压实度			符合设计要求		按桥规
厚度/mm			沥青混凝土	水泥混凝土	以同梁体产生相同下挠变形点为基准点,测量桥面浇筑前后相对高差:每 100 m 测 5 处
			+10,-5	+20,-5	
平整度	高、一级公路	IRI/(m/km)	2.5	3.0	平整度仪:全桥每车道连续检测,每 100 m 计算 IRI 或 σ
		σ/mm	1.5	1.8	
	其他公路	IRI/(m/km)	4.2		
		σ/mm	2.5		
	最大间隙 h/mm		5		3 m 直尺:每 100 m 测 3 处×3 尺
横坡/%	水泥混凝土		±0.15		水准仪:每 100 m 检查 3 个断面
	沥青面层		±0.3		
抗滑构造深度			符合设计要求		砂铺法:每 200 m 查 3 处

注:① 桥长不足 100 m 者,按 100 m 处理。
② 对高速公路、一级公路上的小桥(中桥视情况)可并入路面进行评定。

四、伸缩装置的安装

桥梁伸缩缝是为适应材料收缩和膨胀变形对结构的影响,在桥梁结构的两端或梁(板)之间设置的间隙,如图 12-1-6 所示。桥梁伸缩缝装置是为了使车辆平稳通过桥面伸缩缝处并满足桥梁变形的需要,在桥面伸缩接缝处设置的各种装置的总称。常用的伸缩装置有梳齿板式伸缩装置、橡胶伸缩装置、模数式伸缩装置(毛勒伸缩缝)等,如图 12-1-7 所示。

图 12-1-6 伸缩缝安装位置

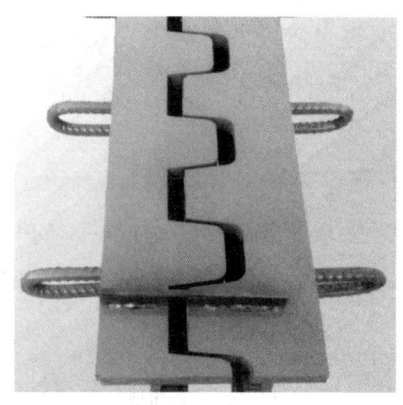

图 12-1-7 常用伸缩装置类型

1. 伸缩缝安装程序

伸缩缝装置宜在桥面铺装完成后，采取反开槽的方式进行安装；当采取先安装再铺装桥面的方式时，应采取有效措施对安装好的伸缩缝装置进行妥善保护。伸缩缝装置安装的步骤一般如下：

（1）桥面整体铺装。

（2）切缝。

（3）对预留槽的宽度、深度及预埋钢筋进行检查，使之符合安装伸缩装置的要求。

（4）清理槽口，必须把所有污物、尘土、沙粒等全部予以清除。

（5）检查伸缩装置各梁之间间隙是否符合安装温度的要求，应按照现场的实际气温调整其定位值。

（6）以两侧的沥青路面为标高，用起重设备将伸缩装置放在槽口内，调整伸缩装置使其顶面与路面标高相同，其纵坡、横坡应与桥梁路面相符。

（7）检查伸缩装置的位置，使伸缩装置在垂直缝的方向和顺缝方向的位置都符合要求，如果预埋钢筋对伸缩装置的安装有障碍，可用气割割掉，方可施工。

（8）伸缩装置正确就位后，先将伸缩一侧的锚固筋与预留槽的预埋钢筋相连并焊接，焊接时可以间隔一个焊一个，然后再将另一侧的锚固钢筋按上述步骤焊接，当伸缩缝装置固定好后，夹具可以取下，然后再将另一侧的锚钢筋按上述步骤焊接。焊接锚固钢筋与预埋钢筋完全焊接，使伸缩装置可靠锚固。

（9）检查安装的伸缩装置是否牢固，确认牢固后，两侧过渡段的混凝土宜在接缝伸缩开放状态下进行浇筑，浇筑时应采取措施防止已定位固定的构件移位。

（10）及时养护，混凝土养护时间不少于 7 d。

2. 梳齿板式伸缩缝

梳形钢板伸缩装是由梳形板、锚栓、垫板、锚板、封头板及排水槽等组成的，安装时应采取措施防止梳齿不平、扭曲和变形等现象，对梳齿间隙的偏差应进行控制，在气温最高时，梳齿的横向间隙应不小于 5 mm，齿板间隙不小于 15 mm。如图 12-1-8 所示。

图 12-1-8　梳齿式伸缩装置安装

3. 橡胶伸缩装置

安装前应检查桥面端部预留槽口的尺寸及钢筋，确认无误后方可进行安装。采用后嵌式橡胶伸缩体时，应在桥面混凝土干燥收缩完成且徐变亦大部分完成后再进行安装。

安装前将预留槽口的混凝土表面清理干净，并涂防水胶黏材料。根据气温和缝宽进行必要的调整后，再将伸缩装置安装就位，安装后应使其处于受压状态。根据安装时的环境温度计算并设置伸缩装置的模板宽度与螺栓间距,将加强钢筋与螺栓焊接就位后,再浇筑过渡段混凝土并洒水养护。如图 12-1-9 所示。

向伸缩装置螺栓孔内灌注防蚀剂后,及时盖好盖帽。

图 12-1-9　橡胶伸缩装置

4. 模数式伸缩装置

模数式伸缩装置最初从外国进口,主要来源于德国的毛勒公司和瑞士的玛格巴公司;模数式伸缩装置是一种格栅式结构,其承载机构主要由边梁和中梁组成,通过支撑横梁将荷载受力传递于桥梁端部,位移通过支撑横梁在变位箱内自由滑动实现。其型号以 80 为倍率,例如 D80、D160、D240……每种型号的最大允许伸缩量与所含橡胶条数成正比。如图 12-1-10 所示。

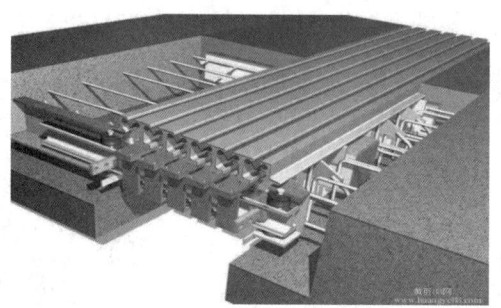

图 12-1-10　模数式伸缩装置

预留槽口和预埋锚固筋应符合设计要求,根据气温确定安装定位值。安装时应采用专用卡具将其固定,伸缩装置的中心线应与桥梁中心线重合,顶面高程应与设计高程相吻合;绑扎其他钢筋和铺设防裂钢筋网等工作,应在按桥面横坡定位、焊接牢固后进行。

浇筑过渡段混凝土前应将间隙填塞紧密;浇筑时应防止混凝土渗入伸缩装置的位移控制箱内,或撒落在密封橡胶缝中及表面,如发生此现象,应立即清除;浇筑后应将填塞物及时取出。

伸缩装置两侧的过渡段混凝土应洒水养护不少于7 d,强度达到设计要求后方可开放交通。

5. 伸缩装置的安装质量标准

伸缩装置安装质量应符合表12-1-2的规定。

表 12-1-2　伸缩缝的实测项目

检查项目	规定值或允许偏差		检查方法和频率
长度/mm	符合设计要求		尺量:每道
缝宽/mm	符合设计要求		尺量:每道2处
与桥面高差/mm	2		尺量:每侧3~7处
纵坡/%	一般	±0.5	水准仪:测量纵向锚固混凝土端部3处
	大型	±0.2	水准仪:沿纵向测伸缩缝两侧3处
横向平整度/mm	3		3 m直尺:每道

五、桥面防护设施施工

1. 混凝土防撞护栏

防撞护栏应在桥面的两侧对称进行施工;对结构重心位于梁体以外的悬臂式防撞护栏,应在与主梁横向联结或拱上结构完成后方可施工;对就地浇筑的防撞护栏,宜在顺桥向每间隔5~8 m设一道断缝或假缝。

防撞护栏的钢筋与梁体的预留钢筋应可靠连接;模板宜采用钢模,支模时应在顶部和底部各设一道对拉螺杆,或采用其他固定模板的装置。如图12-1-11所示。

混凝土宜采用坍落度较小的干硬性混凝土,浇筑时应分层进行,分层厚度不宜超过200 mm;振捣时应采取适当的措施使模板表面的气泡逸出。

施工完成后的防撞护栏,其顶面高程和位置应准确,位于弯道上的护栏其线形应平顺。

图 12-1-11　防撞护栏施工

2. 人行道、安全带施工

人行道、安全带的形式如图 12-1-12、图 12-1-13 所示。悬臂式人行道、安全带构件应在主梁横向联结或拱上结构完成后方可安装。人行道、安全带应采用 M20 稠水泥砂浆坐浆安装，并应使顶面形成设计规定的横向排水坡。

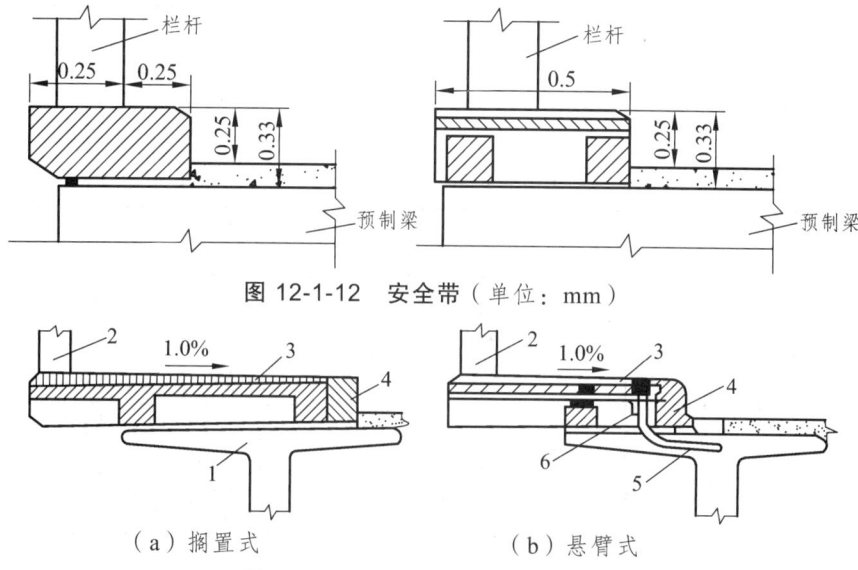

图 12-1-12　安全带（单位：mm）

（a）搁置式　　　　（b）悬臂式

图 12-1-13　人行道（单位：mm）

防撞护栏、人行道、安全带等在伸缩缝处应断开，如图 12-1-14 所示，伸缩缝内应填满橡胶或沥青胶泥等弹性、不透水的材料，不应有松散的砂浆和活动时有可能剥落的砂浆薄皮。

图 12-1-14　伸缩缝处栏杆与护栏同时断开

3. 施工质量标准

混凝土防撞护栏、栏杆、人行道的施工质量标准应符合表12-1-3~表12-1-5的规定。

表12-1-3　混凝土防撞护栏浇施工质量标准

检查项目	规定值或允许偏差	检查方法和频率
混凝土强度/MPa	在合格标准内	参见相关的规范
平面偏位/mm	4	经纬仪、钢尺拉线检查：每100m检查3处
断面尺寸/mm	±5	尺量：每100m每侧检查3处
竖直度/mm	4	吊垂线：每100m每侧检查3处
预埋件位置/mm	5	尺量：每件

表12-1-4　护栏、栏杆安装质量标准

检查项目	规定值或允许偏差/mm	检查方法和频率
护栏、栏杆平面偏位	4	经纬仪、钢尺拉线检查：每30m检查1处
扶手高度	±10	水准仪：抽查20%
栏杆柱顶面高差	4	
相邻栏杆扶手高差及接缝两侧扶手高差	3	尺量：抽查20%
护栏、栏杆柱纵、横向竖直度	4	吊垂线：抽查20%

表12-1-5　人行道施工质量标准

检查项目	规定值或允许偏差	检查方法和频率
人行道边缘平面偏位/mm	5	经纬仪、钢尺拉线检查：每30m检查1处
纵向高程/mm	+10，-0	水准仪：每100m检查3处
接缝两侧高差/mm	2	水准仪：抽查10%
横坡/%	±0.3	水准仪：每100m检查3处
平整度/mm	5	3m直尺：每100m检查3处

项目十三　拱桥施工

任务1　拱桥施工

【工作任务】

熟悉就地砌筑拱桥的施工程序、施工要点，了解大跨径拱桥的施工方法。

【任务目标】

知识目标：

熟悉就地砌筑拱桥的施工程序、施工要点。

熟悉有支架施工拱桥施工程序、施工要点。

了解大跨径拱桥的施工方法。

技能目标：

能对就地砌筑拱桥的施工进行检查指导。

能对支架施工拱桥的施工进行检查指导。

能了解大跨径拱桥施工的基本程序。

【建议课时】

6课时。

【任务相关理论】

拱桥的施工方法很多，有就地现浇、就地砌筑、无支架和少支架缆索吊装、转体施工、悬臂浇筑、顶推等方法。应根据拱桥的使用材料、结构形式、跨径大小、施工环境等综合考虑，选择合适的施工方法。

一、有支架（拱架）施工

（一）就地砌筑法

中小跨径的（砖）石拱桥可以使用简单的就地砌筑法。

1. 拱　架

石拱桥的拱架宜采用钢拱架、木拱架等结构形式，拱架的设计、制作、拼装和拆卸应符合相关规定（见支架拱架部分），应达到安全、可靠、准确的基本要求。

当小跨径石拱桥采用土牛拱胎时，土牛拱胎在制作时应设防排水设施，土石应分层夯实，密实度不应小于95%，拱顶部分应选用含水率适宜的黏土或石灰土等。

2. 石　料

用于砌筑拱圈的拱石应采用粗料石或块石，并按拱圈放样尺寸加工成楔形。拱石的厚度不小于200 mm，加工成楔形时其较薄端的厚度应符合设计要求的尺寸或按施工放样的要求确定；其高度应为最小厚度的1.2～2.0倍；长度为最小厚度的2.5～4.0倍。

拱石应按立纹破料，岩层面应与公轴线垂直，各排拱石沿拱圈内弧的厚度应一致。

一般按图纸在平地上以1∶1放出拱圈大样，并按要求画出灰缝中心和拱石尺寸，根据实地放样制出样板，然后按样板开出拱石。拱石应编号，有次序地排列，用铅油将编号标在石面上，如图13-1-1所示。

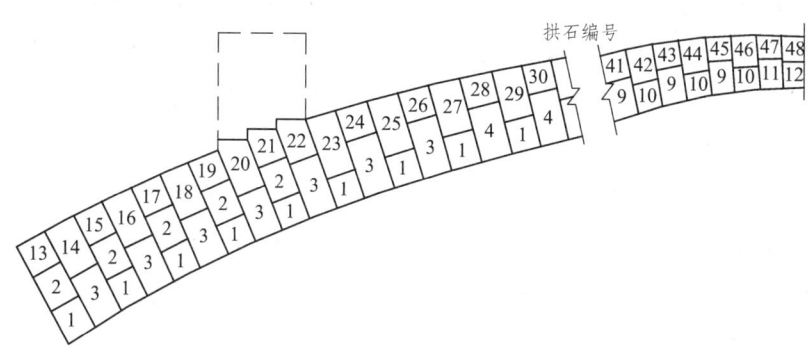

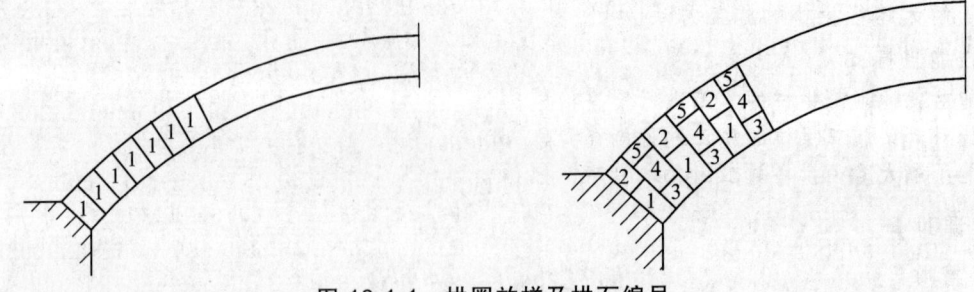

图 13-1-1　拱圈放样及拱石编号

3. 拱圈砌筑要求

（1）拱圈及拱上结构施工时应按设计要求或拱架预压结果留置施工预拱度。

（2）砌筑前应仔细检查拱架和模板（包括轴线、边线、高程、连接等），合格后方可砌筑。

（3）拱圈的辐射缝应垂直于拱轴线，辐射缝两侧相邻两行拱石的砌缝应互相错开，错开距离不应小于 100 mm，同一行内上下层砌缝可不错开。如图 13-1-2 所示。

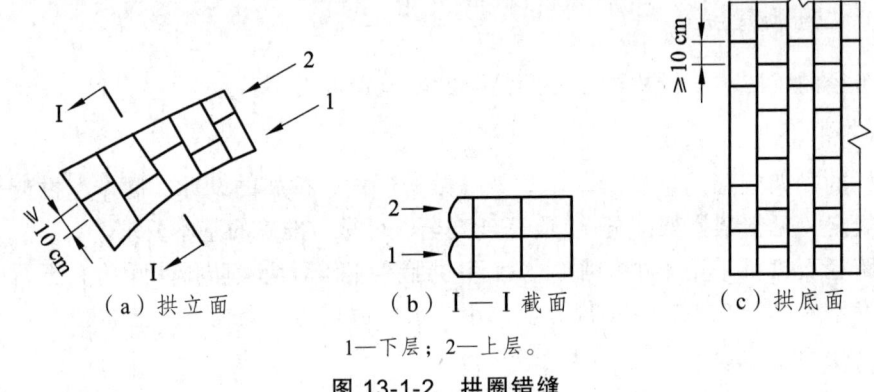

（a）拱立面　　　　（b）Ⅰ—Ⅰ截面　　　　（c）拱底面

1—下层；2—上层。

图 13-1-2　拱圈错缝

（4）浆砌粗料石和混凝土预制块拱圈的砌缝宽度应为 10～20 mm，块石拱圈的砌缝宽度不应大于 30 mm，用小石子混凝土砌块石时，不应大于 50 mm。

4. 拱圈砌筑程序

（1）拱圈砌筑前，应根据跨径、矢高、厚度及拱架等情况，设计并确定砌筑程序。砌筑时，在适当位置设置变形观测缝，随时检测拱架的变形情况，必要时调整砌筑程序。

（2）跨径≤10 m 的拱圈，当用满布式拱架砌筑时，可按拱圈的全宽和全厚，由两拱脚同时按顺序向拱顶方向对称、均衡地砌筑，最后砌拱顶石，但应争取以最快的速度施工，使在拱顶合龙时拱脚处砌缝中的砂浆尚未凝结；当采用拱式拱架时，宜分段、对称地先砌筑拱脚和拱顶段，后砌 1/4 段。

（3）跨径 10～20 m 的拱圈，一般采用分段砌筑的方法。不论用何种拱架，每半跨可分成三段砌筑，先砌拱脚段（1 段）和拱顶段（2 段），后砌 1/4 跨径段（3 段），两半跨应同时对称进行（图 13-1-3a）。若分为 12 段时，应先砌 1、2、3 段，后砌 4、5、6 段（图 13-1-3b）。

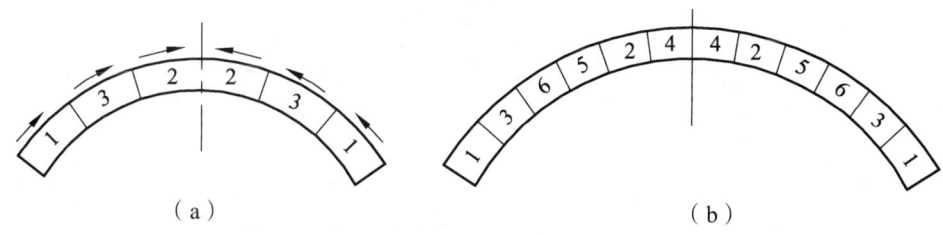

图 13-1-3 拱圈砌筑程序

对分段砌筑的拱段,当其倾角大于砌块与模板间的摩擦角时(约 20°),应在拱段下部设置临时支撑(图 13-1-4),避免拱段滑移。

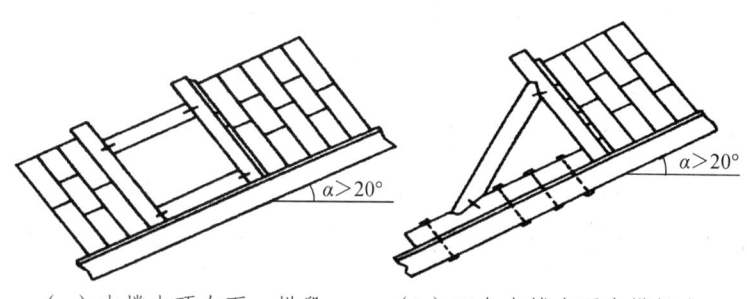

(a)支撑支顶在下一拱段　(b)三角支撑支顶在模板上

图 13-1-4 分段临时支撑

三角支撑应在拱圈放样平台上按拱圈弧形放样制作。三角撑在安装时,须将螺栓拧紧。各三角撑之间的横档木应在立柱处断开,以便于拆除。三角撑拆除时应自中间向两侧推进,拆一处砌一处。待新砌部分的砂浆达到一定强度时,再继续拆除下一个三角撑并补砌此处拱石。拆除三角撑时应稳妥进行,防止震动拱圈。三角撑的布置如图 13-1-5 所示。

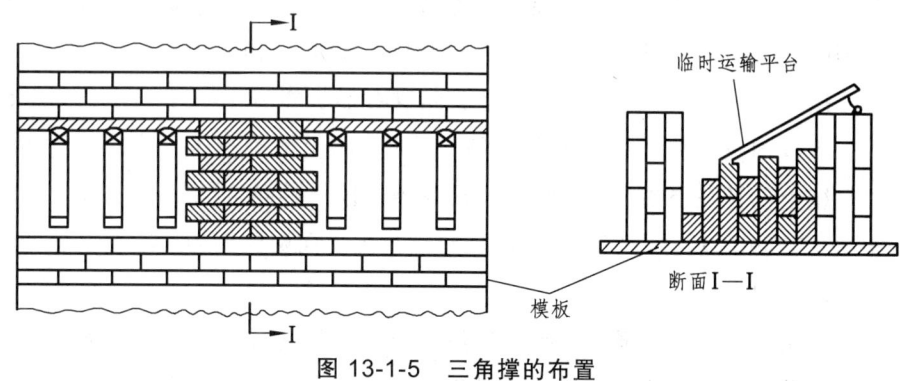

图 13-1-5 三角撑的布置

(4)跨径大于 20 m 的拱圈,其砌筑程序应符合设计规定;设计未规定时,宜采用分段砌筑或分环分段相结合的方法砌筑,如图 13-1-6,必要时应对拱架预加一定的压力。分环砌筑时，应待下环砌筑合龙、砌缝砂浆强度达到设计强度的85%后，再砌上环。

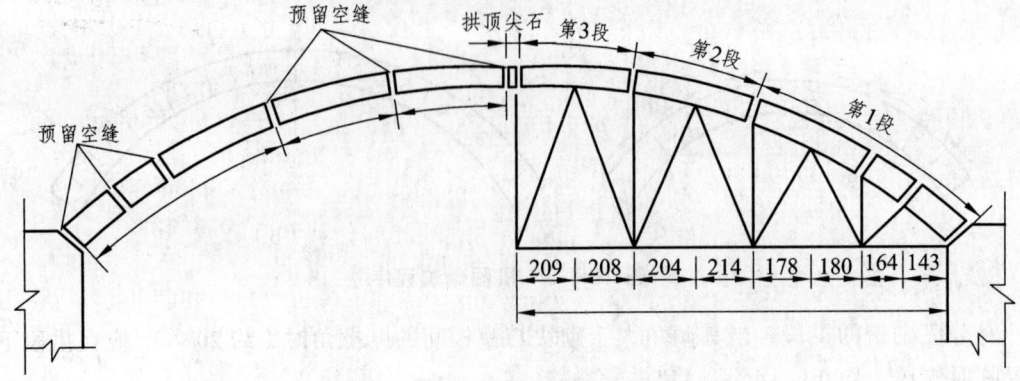

图 13-1-6　净跨 30 m 的单层拱圈分段砌筑（单位：cm）

（5）多孔连续拱桥拱圈的砌筑，应考虑连拱的影响，一般按图 13-1-7 所示程序进行。

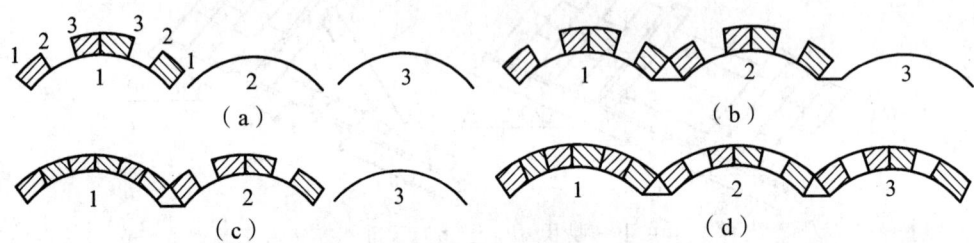

图 13-1-7　多孔拱圈砌筑程序

5. 空缝设置

砌筑拱圈时，应在拱脚、拱顶石两侧、分段点等部位临时设置空缝；小跨径拱圈不分段砌筑时，应在拱脚附近临时设置空缝。设置空缝是为了当拱架变形时，拱圈各节段有相对活动的余地，从而避免节段间砌缝砂浆开裂。

预留空缝的位置应正确，形状应规则。空缝的宽度，在拱圈外露面应与相应类别砌块的一般砌缝相同；拱圈采用粗料石时，空缝的内腔可加大至 30~40 mm。

沿空缝的拱石，靠空缝一面应加工凿平，此拱石形状如图 13-1-8 所示；为保证在砌筑拱圈过程中，空缝的宽度和形状不发生改变，同时能将上侧拱段压力传到下侧拱段及墩台上去，应在空缝中设置坚硬垫块。空缝处可用铁条垫隔，铁条为 30 mm×30 mm×100 mm 的铸铁，如图 13-1-9 所示，因填塞空缝的砂浆经捣固后向两侧砌体挤压，空缝变宽，铸铁垫块可抽出以便倒用。

空缝的填塞应在砌缝砂浆强度达到设计强度的 85%后进行，填塞时应分层捣实。

空缝的填塞顺序，可由拱脚逐次向拱顶对称填塞；或先填塞拱脚处，再填塞拱顶处，最后自拱顶向两端对称逐条填塞；所有空缝亦可同时填塞。

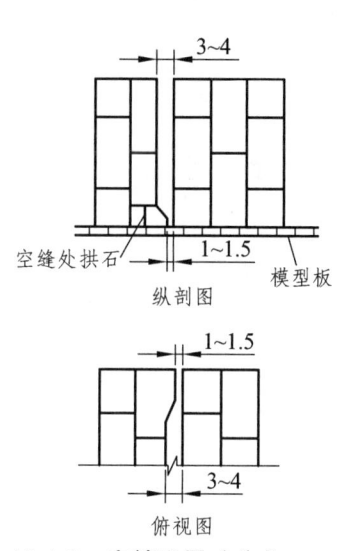
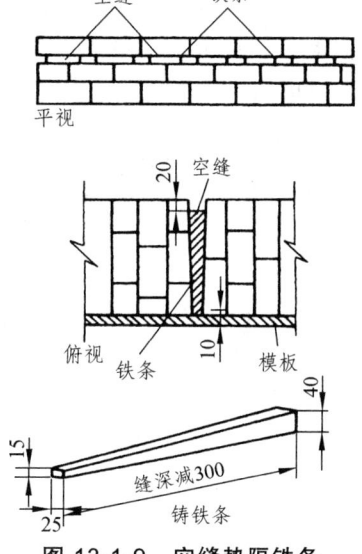

图 13-1-8 空缝设置（单位：mm） 　　图 13-1-9 空缝垫隔铁条

6. 拱圈合龙

拱圈合龙可采用刹尖合龙、千斤顶合龙等方式，如图 13-1-10、图 13-1-11 所示。

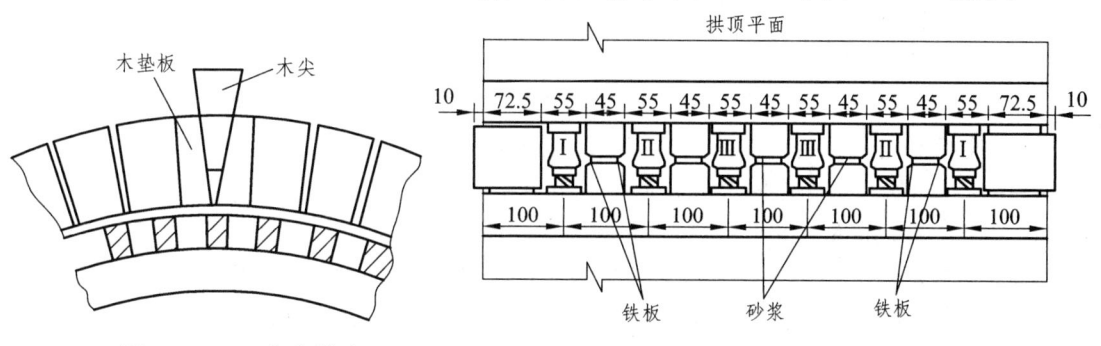

图 13-1-10 木尖拱法　　　　图 13-1-11 千斤顶法（单位：mm）

对于小跨径拱圈，为提高拱圈应力和有利于拱架的卸落，可采用刹尖封顶完成拱圈合龙。此法是：在砌筑拱顶石前，先在拱顶缺口中打入若干组木楔，使拱圈挤紧、拱起，然后嵌入拱顶石合龙。千斤顶合龙是在合龙前用千斤顶施加压力调整拱圈应力，然后安放拱顶石并填塞砂浆；千斤顶应在空缝填塞并达到一定强度（一般填塞后 7 d）后再拆除，拆除次序应成对由两边向中间进行。

封拱合龙宜在当日最低气温且温度场较稳定的时段进行；分段砌筑的拱圈应待填塞空缝的砂浆强度达到设计强度的 85%后再进行合龙。使用千斤顶调整拱圈应力时，应待砌筑砂浆的强度达到设计规定的强度后方可合龙。

7. 拱上结构砌筑

拱上结构在拱架卸架前砌筑时，应待拱圈合龙段砂浆强度达到设计强度的 85%后进行。当先卸架后砌拱上结构时，应待拱圈合龙段砂浆强度达到设计强度的 100%后进行。拱上结构一般应由拱脚向拱顶对称、均衡地砌筑拱上建筑。

砌筑实腹式拱的拱上建筑时，应如图 13-1-12 所示，将侧墙等拱上建筑分成几部分，由拱脚向拱顶对称地、作台阶式砌筑。空腹式拱桥可在主拱圈砌完后，先砌腹拱横墙，待卸落拱架后再砌腹拱拱圈。

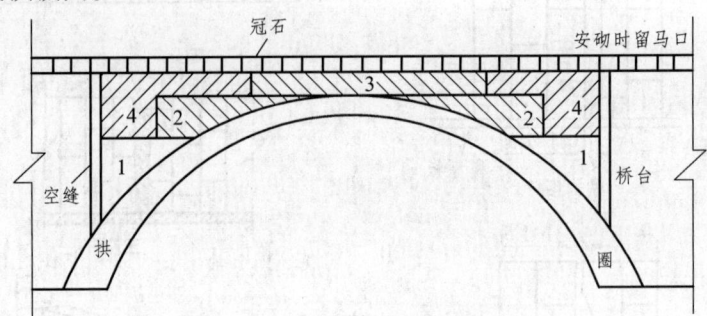

图 13-1-12　拱上建筑砌体砌筑顺序

注：图中数字为砌筑顺序号。

（二）支架混凝土浇筑法

现浇混凝土拱桥施工一般分为三阶段进行：第一阶段浇筑拱圈或拱肋及拱上立柱的底座；第二阶段浇筑拱上立柱、联结系及横梁等；第三阶段浇筑桥面系。

拱圈和拱肋的浇筑流程为：支架设计→基础处理→拼设支架→安装模板→安装钢筋→混凝土浇筑→养护→侧模拆除→底模、支架拆除。

（1）跨径较小（一般小于 16 m）的拱圈或拱肋混凝土，应按拱圈全宽从两端拱脚向拱顶对称、连续地浇筑混凝土，并在拱脚混凝土初凝前全部完成，如预计不能在限定时间内完成，则应在拱脚预留一个隔缝并最后浇筑混凝土。

跨径较大（一般大于等于 16 m）的拱圈或拱肋，应沿拱跨方向分段对称浇筑。分段位置应以能使拱架受力对称、均匀和变形小为原则。对于拱式拱架，宜将分段位置设置在拱架受力反弯点、拱架节点、拱顶及拱脚处；对满布式拱架，宜将其设置在拱顶、$L/4$ 部位、拱脚及拱架节点处。各段的接缝面应与拱轴线垂直，各分段点应预留间隔槽，其宽度一般为 0.5～1.0 m，当安排有钢筋接头时，其宽度尚应满足钢筋接头的要求。如预计拱架变形小，可减少或不设间隔槽，而采取分段间隔浇筑，如图 13-1-13 所示。

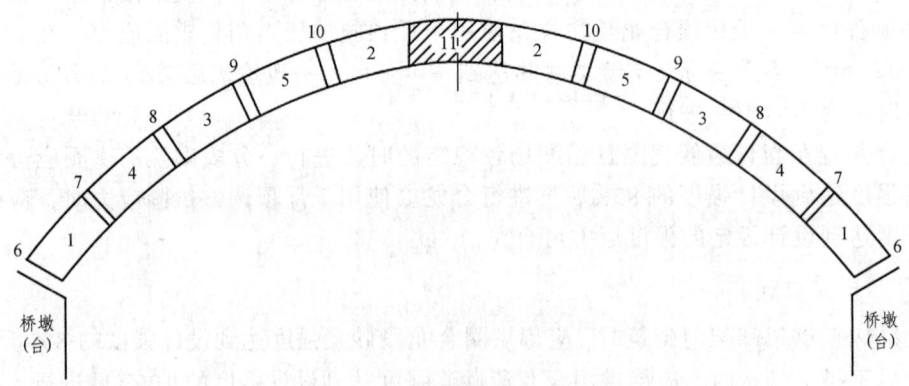

图 13-1-13　拱圈混凝土浇筑顺序

注：图中数字为砌筑顺序号。

（2）浇筑拱圈混凝土时，应严格按照预先制定的浇筑程序对称于拱顶进行，并应控制两端的浇筑速度，避免产生过大的偏差。分段浇筑时，各分段内的混凝土宜一次连续浇筑完成，因故中断时，应浇筑成垂直于拱轴线的施工缝；如已浇筑成斜面，应凿成垂直于拱轴线的平面或台阶式结合面。

（3）间隔槽混凝土的浇筑，应待拱圈分段浇筑完成后且其强度达到设计强度的85%，并且接缝按施工缝处理后，再由拱脚向拱顶对称浇筑。拱顶及两拱脚间隔槽混凝土应在最后封拱时浇筑。

（4）浇筑大跨径拱圈时，纵向钢筋接头应安排在设计规定的最后浇筑的几个间隔槽内，并应在浇筑这些间隔槽时再连接。

（5）浇筑大跨径拱圈或拱肋混凝土时，宜采用分环（层）、分段浇筑，也可沿纵向分成若干条幅，中间条幅先行浇筑合龙，达到设计要求后，再按横向对称，分层浇筑合龙其他条幅。其浇筑顺序和养护时间应根据拱架荷载和各环负荷条件通过计算确定，并应符合设计要求。

（6）大跨径钢筋混凝土箱形拱圈（拱肋）采用在拱架上组装部分预制部件然后现浇混凝土的方法进行施工时，组装和现浇均应从两拱脚向拱顶对称进行。箱形拱圈的底板施工时，应按拱架变形情况设置少量间隔缝，缝内混凝土应在底板合龙时浇筑；拱圈的底板、腹板混凝土强度达到设计强度的85%后方可安装预制盖板，然后铺设钢筋，浇筑顶板混凝土。

（7）拱圈合龙温度应符合设计要求；设计未要求时，宜选择夜间气温较稳定时段的温度。封拱合龙前用千斤顶施加压力的方法调整拱圈应力时，拱圈（含已浇间隔槽）内的混凝土强度应达到设计规定的强度。

（8）在多孔连续拱桥中，当墩台不是按单向推力墩设计时，应注意相邻孔间对称均匀施工。

（9）拱圈在浇筑过程中，应随时监测拱架的变形，如变形量超过计算值，应及时查明原因，并采取加固拱架或调整加载顺序的措施，保证施工安全。

（三）悬臂浇筑法

悬臂浇筑法属于混凝土拱桥就地浇筑法。图13-1-14是采用悬臂浇筑法浇筑箱形截面主拱圈的示意图。它把主拱圈划分成若干个节段，并用专门设计的钢桁托架结构或挂篮作为现浇混凝土的工作平台（图13-1-15）。托架的后端铰接在已完成的悬臂结构上，其前端则用刚性组合斜拉杆经过临时支柱和塔架，再由尾索锚固在岸边的锚碇上，悬臂施工流程和施工要点、注意事项见梁桥施工部分。

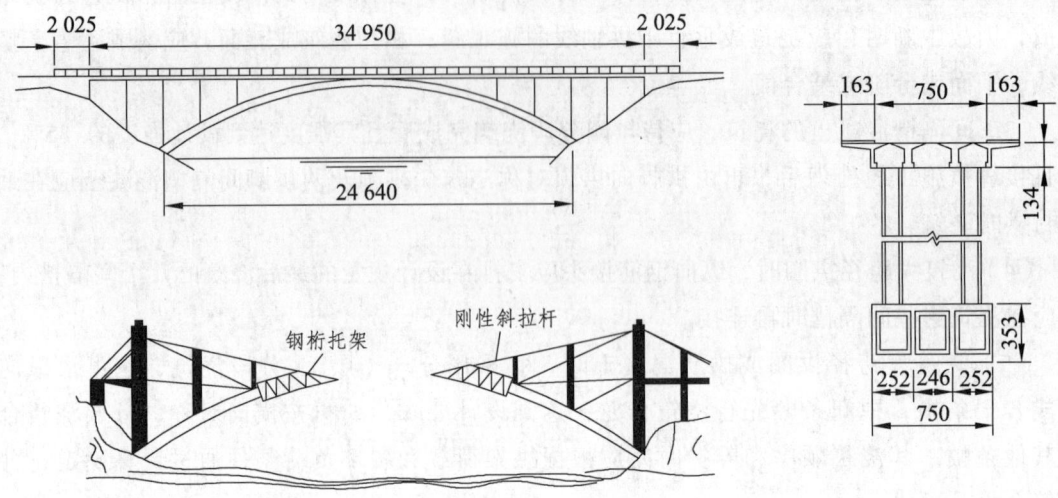

图 13-1-14 悬臂浇筑箱形拱示意图（单位：cm）

图 13-1-15 挂篮悬臂现浇箱形拱实例图

二、预制安装施工（无支架施工）

（一）缆索吊装施工

缆索吊装施工方法属于节段拼接法，其主要适用的主拱圈类型为钢筋混凝土或少数钢管混凝土。本法也适用于钢拱圈、钢管混凝土拱圈节段吊装，而对于大部分钢管混凝土，常常是整体吊装的。

缆索吊装施工工序为：在预制场预制拱肋或拱箱节段（也有预制拱上结构的），通过运输设备将其移运到缆索吊装设备下的合适位置，再由起重索和牵引索将预制节段吊运至待拼桥孔处安装就位，立即用扣索将它们临时固定，最后吊合龙段的节段，并进行轴线调整，然后进行接头固结处理、横系梁或纵向接缝处理，再进行拱上结构的安装或浇筑。缆索吊装施工如图13-1-16、图13-1-17所示。

其中：主索亦称为承重索或运输天线；起重索用来控制吊物的升降（即垂直运输）；牵引索用来牵引行车在主索上沿桥跨方向移动（即水平运输）；结索用于悬挂分索器；扣索用于当拱肋分段吊装时，悬挂端肋及调整端肋接头处标高，扣索的一端系在拱肋接头附近的扣环上，另一端通过扣索排架或塔架固定于地锚上；浪风索亦称缆风索，用来保证塔架、扣索排架等的纵、横向稳定及拱肋安装就位后的横向稳定；塔架是用来提高主索的临空高度及支承各种受力钢缆的重要结构。

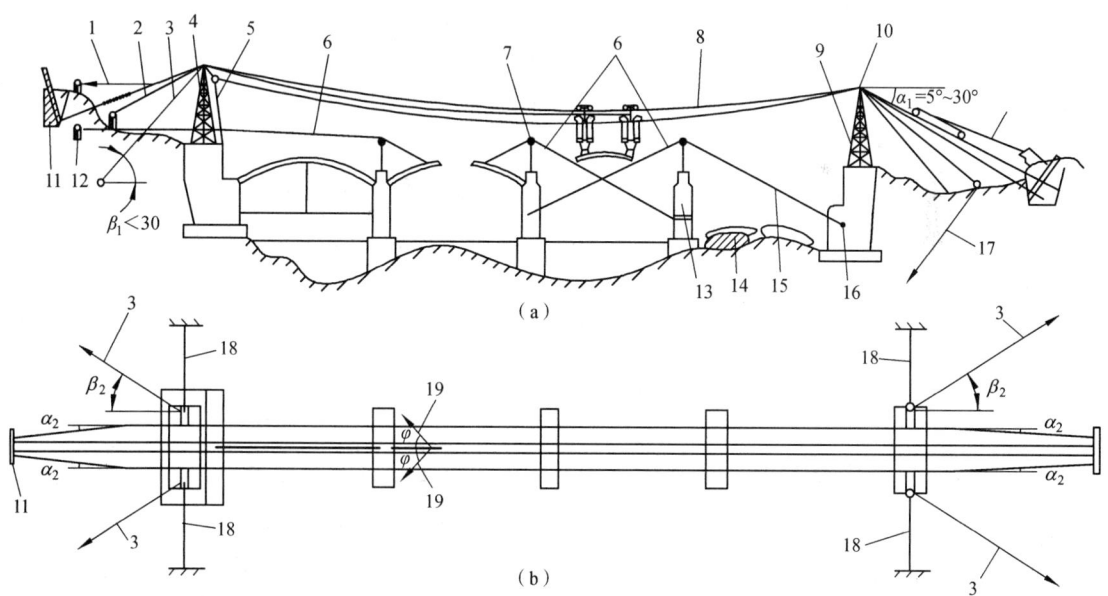

1—主索张紧绳；2—2号起重索；3—后浪风；4—塔架；5—1号起重索；6—扣索；7—平滚；8—主索；
9—塔架；10—塔顶索鞍；11—地垄；14—手摇绞车；13—扣塔；14—待吊肋段；15—单排立柱浪风；
16—法兰螺丝；17—牵引索；18—侧向浪风；19—浪风。

图13-1-16 缆索吊施工布置

图 13-1-17　缆索吊施工图

1. 拱圈预制

拱肋宜采用立式方法预制，先在样台上放出拱肋大样，然后制作样板。放样时一定要将横隔板、吊孔、接头位置等准确放出。

拱箱预制时，可先预制横隔板、腹板，然后在拱胎上进行组装，并浇筑底、顶板和接头混凝土。混凝土强度达到设计强度的85%后，方可起吊运输到存放场地存放。

2. 缆索吊系统

缆索吊装设备主要由主索、工作索、塔架和锚固装置等四个基本部分组成，包括主索、起重索、牵引索、结索、扣索、缆风索、塔架及索鞍地锚、滑车、电动卷扬机等设备和机具。

塔架宜采用常备式定型钢构件在墩、台顶上拼装，其基础应牢固可靠，周围应设置防排水设施；塔的纵横向应设置风缆，塔顶部位应设置可靠的避雷装置。

主缆采用钢丝绳的直径和数量应经计算确定，安全系数不小于3，且每根主缆应受力均匀；地锚设置应满足主缆可靠锚固的要求，主缆与地锚连接处的水平夹角应在25°~35°。

吊装前应对缆索吊装系统的各种工况进行强度、刚度和稳定性验算，并应进行试吊。

吊装施工时，各扣索的位置必须与所吊挂的拱肋在同一竖直面内；主塔塔顶的最大偏位不得大于塔高的1/400；扣塔塔顶的最大偏位不得大于10 mm。

3. 拱肋的吊装

拱肋的吊装，除拱顶节段外，每段应各设一组扣索和一组风缆。风缆系统及地锚应进行专门设计，确保安全可靠；固定的风缆应待全孔合龙、横向联结构件混凝土的强度满足设计要求后方可拆除。

单肋合龙的横向稳定安全系数不应小于4；单基肋合龙时其横向稳定性主要依靠拱肋接头附近所设的缆风索来加强，因此缆风索必须十分可靠。在跨径较大时，第一片拱肋单肋合龙后，第二片拱肋也可以独立设置缆风索进行单肋合龙，待两片拱肋完成接头连接工序后，再将两片拱肋横向连成整体。跨径比较小的桥梁，第二片拱肋可不设缆风索，利用木夹板与第一片拱肋横向联系即可。图13-1-18为横夹木构造图。

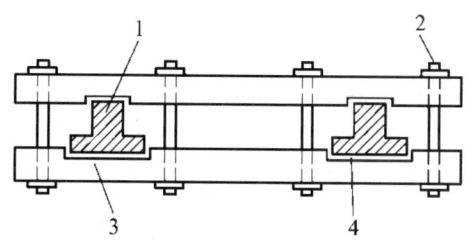

1—拱肋；2—螺栓；3—横夹木；4—砍口凹槽。

图 13-1-18　拱肋间的横夹木构造

当横向稳定安全系数不能满足时，应采取双肋合龙松索成拱的方式施工，且应在双肋合龙后采取有效的横向连接措施，使之形成基肋后再安装其他肋段。"双基肋"合龙的方法是先将第一根拱肋合龙并调整轴线，楔紧拱脚及接头缝后，松索压紧接头缝，但不卸掉扣索和起重索，然后将第二根拱肋合龙，并使两根拱肋横向联结固定，拉好风缆后，再同时松卸两根拱肋的扣索和起重索。这种方法需要两组主索设备。

拱肋分 3 段吊装时，宜先准确扣挂两拱脚段，再安装拱顶段；当拱肋分 5 段或 7 段吊装时，宜先从拱脚段开始，依次向拱顶段吊装就位；7 段以上拱肋的安装，应设置临时施工索塔依次对称悬拼各段拱肋，且各节段的扣（锚）索在临时索塔上锚固点的水平分力之和应为零。扣索的扣挂应稳妥可靠，各段拱肋的上端头均应通过扣索的调整使其略高于设计高程。如图 13-1-19 所示。

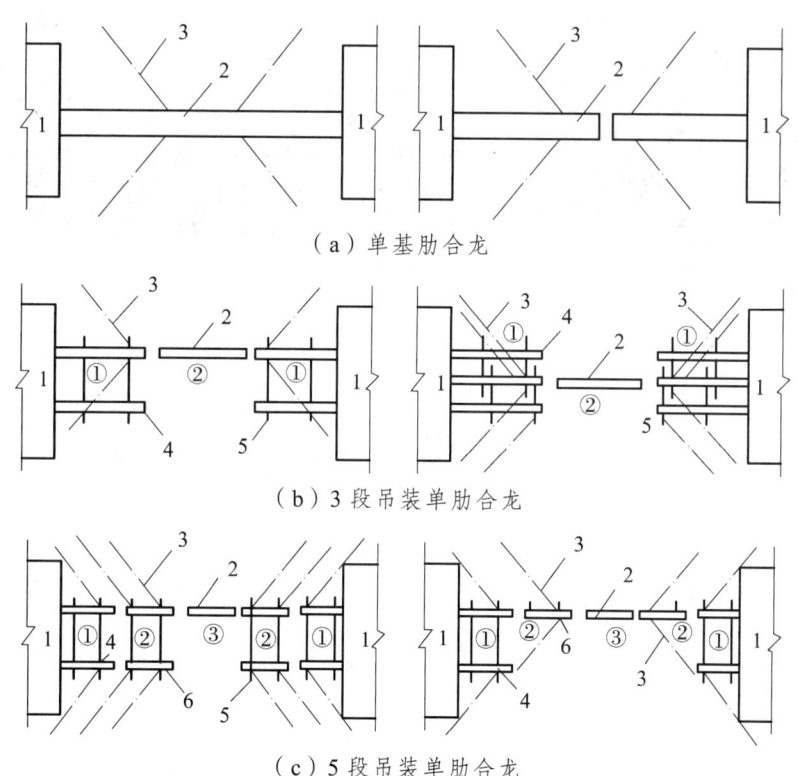

1—墩台；2—基肋；3—风缆；4—拱脚段；5—横夹木；6—次拱脚段；①②③—施工程序号。

图 13-1-19　拱肋合龙示意图

4. 松索

松索前应校正拱轴线位置及各接头高程，使之符合要求。松索应按照拱脚段扣索、次拱脚段扣索、起重索三者的先后顺序，并按比例定长、对称、均匀松卸。

每次松索时均应采用仪器观测，并应控制各接头、拱顶及 1/4 跨处的高程，防止拱肋接头发生非对称变形而导致拱肋失稳或开裂。每次的松索量宜小，各接头高程变化不宜超过 10 mm，松索压紧接头缝后应普遍旋紧接头螺栓一次。

（二）整体安装法

这种整体预制吊装方法比较适合于钢管混凝土系杆拱桥的整片起吊安装（图 13-1-20），因钢管混凝土拱肋在未灌注混凝土之前具有重量较轻的特点。如某跨径 45 m 的系杆拱片，经组合后，其吊装重量仅为 18.7 t，用起重量 20 t 的浮吊，仅用一天就把两片拱片全部安装完毕。

图 13-1-20　整体吊装

（三）节段拼装法（悬臂拼装法）

节段拼装法是将主拱圈划分成若干节段，节段在现场的地面或预制工厂预制，运送至施工现场，利用起吊设备提升就位，进行拼装，逐渐加长至成拱。每拼完一个节段，必须借助辅助设备临时固定悬臂段。

起重设备一般采用缆索吊装（见前述）和伸臂式起重机。

图 13-1-21 为利用伸臂式起重机在已拼装好了的悬臂端逐次起吊和拼装下一节段施工的示意图。每拼装好一个节段，即用辅助钢索临时拉住，每拼完三节，便用更粗的主钢缆拉住，然后拆除辅助钢索，以供重复使用。这种方法适用于特大跨径的拱桥施工。

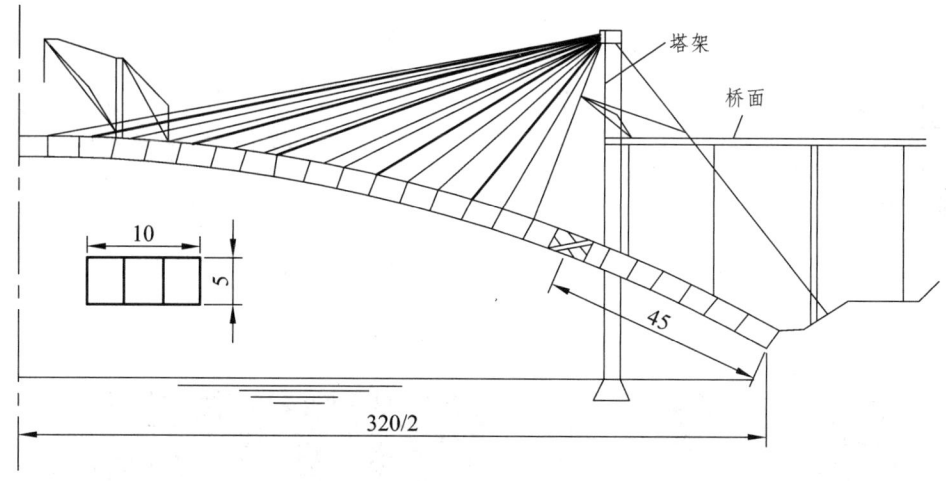

图 13-1-21 悬臂拼装示意图（单位：m）

三、转体施工

转体施工法是将主拱圈从拱顶截面分开，把主拱圈混凝土高空浇筑作业改为放在桥孔下或两岸进行，并预先设置好旋转装置，待主拱圈混凝土达到设计强度后，再将其就地旋转就位成拱。

1. 平面转体施工法

图 13-1-22 是主拱圈处在平面旋转过程中。此法是将主拱圈分为两个半跨，分别在两岸利用地形作简单支架（或土牛拱胎），现浇或者拼装拱肋，再安装拱肋间横向联系，把扣索的一端锚固在拱肋端部（靠拱顶）附近，经引桥桥墩延伸至埋入岩体内的锚碇中，最后用液压千斤顶收紧扣索，使拱肋脱模、借助环形滑道和卷扬机牵引，慢速地将肋拱转体，最后再进行主拱圈合龙段和拱上建筑施工。

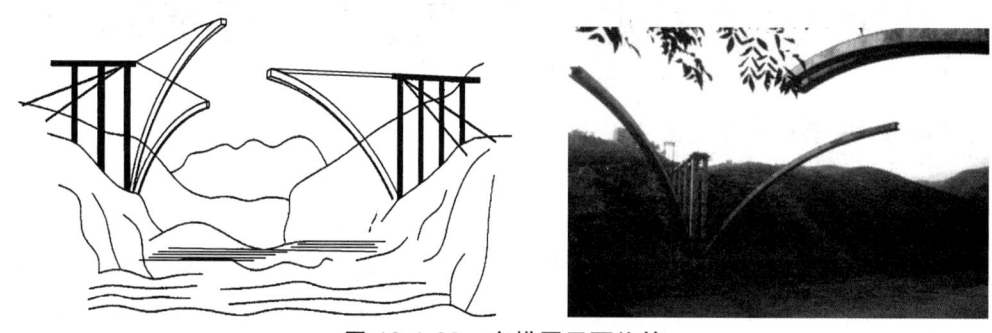

图 13-1-22 主拱圈平面旋转

平面旋转又分为有平衡重平转和无平衡重平转，如图 13-1-23 所示。

有平衡重平转施工时，对跨径较大、转动体系重心较高的拱桥，宜采用环道与中心支承相结合的转盘结构，如图 13-1-24 所示；对中、小跨径的拱桥，可采用中心支承的转盘结构。转体前应核对平衡体的重量和转动体系的重心；采用内、外锚扣体系时，扣索应采用钢绞线和带墩头锚的高强钢丝等高强材料，其安全系数应大于 2。

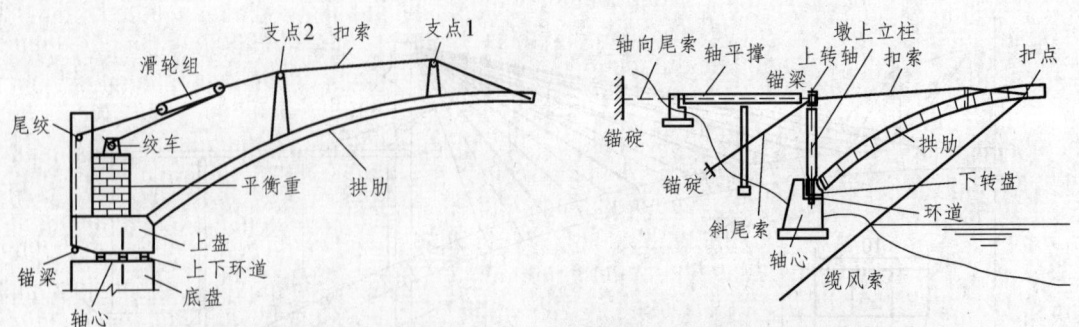

图 13-1-23 有平衡重、无平衡重转动体系一般构造示意图

图 13-1-24 施工中的环道与中心支承

无平衡重的平转转体系统由锚固体系、转动体系和位控体系等构成。对尾索张拉、扣索张拉、拱体平转、合龙卸扣等工序，施工时应进行索力、轴线、高程等监测。

2. 竖向转体施工法

当桥位处无水或水很浅时，可将拱肋分成两个半跨在桥下预制；如果桥位处水较深，可以在桥位附近预制，然后浮运至桥轴线处，再用起吊设备和旋转装置进行竖向转体施工。如图 13-1-25 所示。

竖转法施工中的转动系统由转动铰、提升体系、锚固体系等构成。竖转施工宜采用横向连接成整体的双肋为一个转动单元。扣索宜选用钢丝绳或钢绞线，扣索的锚碇宜采用钢筋混凝土锚。钢丝绳的安全系数应不小于 6，钢绞线的安全系数不小于 2，锚碇的抗拔、抗滑安全系数应不小于 2。转动铰可选用钢制的轴销铰、钢板包裹混凝土的弧形柱面铰或球面铰。

转动前应进行试转，检验竖转系统的可靠性；竖转速度宜控制在 0.005~0.01 rad/min。

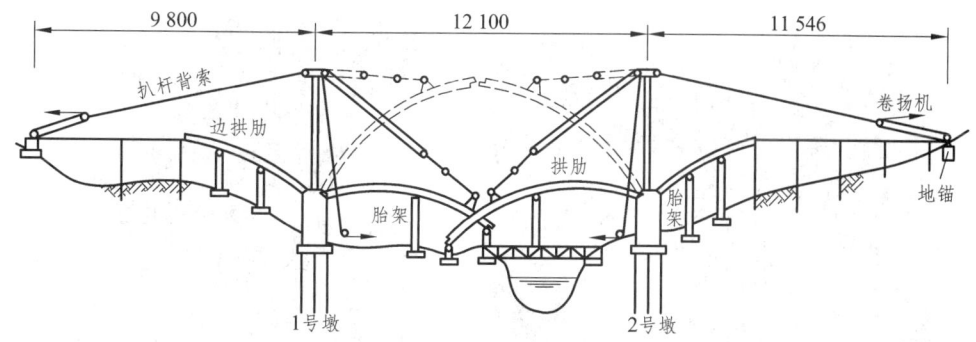

图 13-1-25 竖向转体示意图（单位：cm）

3. 平-竖结合的转体施工法

平转加竖转施工方法是先将拱肋平转到桥轴线位置，然后再竖转到设计高程。平转和竖转采用各自独立的转动系统，并应分别按平转和竖转的相关规定施工。我国著名的广州丫髻沙大桥即采用此法施工。

四、组合拱桥的其他方法施工

组合体系拱桥根据梁和拱的刚度不同以及施工环境、施工条件的不同，可采用"先梁后拱"或"先拱后梁"法施工，预应力混凝土拱及钢拱也有采用顶推施工法的。如图 13-1-26～图 13-1-28 所示。

图 13-1-26 组合体系拱桥的先拱后梁施工

图 13-1-27 组合体系拱桥的先梁后拱施工

图 13-1-28 钢拱桥的顶推施工

项目十四 斜拉桥、悬索桥施工

任务1 斜拉桥、悬索桥施工

【工作任务】

了解斜拉桥、悬索桥的施工方法和施工过程。

【任务目标】

知识目标：

了解斜拉桥的施工过程和常用的施工方法。

了解悬索桥的施工过程和常用的施工方法。

了解斜拉桥、悬索桥的施工控制项目。

技能目标：

能参与斜拉桥、悬索桥的施工。

【建议课时】

4课时。

【任务相关理论】

一、斜拉桥施工

斜拉桥的种类较多，有预应力混凝土斜拉桥、钢斜拉桥、钢-混凝土组合梁和混合梁斜拉桥，以及矮塔斜拉桥和无脊背斜拉桥等。索塔主要有混凝土索塔和钢索塔。

前面介绍的梁式桥和拱式桥的施工方法大体上可归纳为有支架施工法、悬臂施工法、顶推施工法和转体施工法等四种。其中悬臂施工法是更适宜斜拉桥的施工，其余三种方法一般只能用在河水较浅或者修建在旱地上的中、小跨径的斜拉桥上。

在斜拉桥上采用悬臂施工法比在T形刚构桥、连续梁桥等桥型上更为有利，因为梁式桥要增大悬臂施工的跨长，必须依靠增大梁高来实现，但当达到一定的跨长以后，即使再增大梁的高度，所提高的强度和刚度都将被其本身的自重和挂篮的重量所抵消，这也是梁式桥跨径受到限制的根本原因之一。而斜拉桥通过斜拉索提供的弹性支承可以大幅度地提高结构的强度和刚度，在施工中，它类似于多个弹性支承的悬臂梁，通过调整索力来减小主梁内力，这样就可以减小梁高、减轻自重，因而斜拉桥成为大跨度桥梁中具有竞争力的一种桥型。

斜拉桥的施工，一般分为基础、索塔、主梁、拉索等四部分。斜拉桥作为一个整体，它的塔、梁、索的施工必须互相配合，服从工程设计意图。

1. 塔的施工

（1）钢索塔施工一般为预制吊装、焊接。

钢索塔的构件在工厂制作时应进行试拼装，试拼装合格后方可起运，并根据不同的运输方式对构件进行必要的临时加固和保护。节段构件安装的吊点、导向件及临时匹配件宜在工厂内制作时设置。

安装施工前应编制详细的节段构件吊装施工工艺，并应核对各节段构件的编号和起吊重量。

钢索塔与基础的连接采用螺栓锚固时，承压板与混凝土之间应保持密贴，混凝土表面应抛光磨平并对承压板进行机械切削；采用埋入式锚固时，应确保按照底座设计施工程序并保证底座的安装精度符合设计要求。

（2）混凝土索塔施工大体上可分为支架现浇、预制吊装、翻模、爬模浇筑等几种方法。

塔柱节段施工长度应根据索塔的结构形式、钢筋定尺长度和施工条件等因素综合确定；塔柱模板应具有足够的刚度、强度和稳定性，用于高塔且风力较大地区的模板应进行抗风稳定性验算。塔座及塔柱实心段施工时，应控制好模板的平面位置和倾斜度，对混凝土采取降低水化热和温度控制措施；同时采取措施缩短塔座与承台、塔柱与塔座之间浇筑混凝土的间隔时间，间歇期不宜大于 10 d。

索塔与主梁不宜交叉施工。浇筑混凝土时应布料均匀，控制其倾落高度不超过 2 m，保证混凝土不产生离析；每一节段现浇混凝土的养护时间不应少于 7 d。

2. 主梁施工

一般说来，混凝土梁式桥施工中的任一种合适的方法，如支架上拼装或现浇、悬臂拼装或浇筑、顶推法和平转法等，都有可能在斜拉桥的上部结构施工中采用。斜拉桥最适宜的施工方法是悬臂施工，即悬臂拼装法和悬臂浇筑法，如图 14-1-1 所示。悬臂施工的程序、要点等见梁桥施工部分。

图 14-1-1　斜拉桥的悬臂浇筑与悬臂拼装施工图

3. 斜拉索安装

拉索安装大致分为引架作业和张拉作业两个步骤。

（1）斜拉索的引架作业是将斜拉索引架到桥塔锚固点和主梁锚固点之间的位置上。其作业方法为：在工作索道上引架，此法是先在斜拉索的位置下安装一条工作索道，斜拉索沿着工作索道引架就位；由临时钢索及滑轮吊索引架，此法是在待引架的斜拉索之上先安装一根临时钢索，称为导向索，斜拉索拉在沿导向索滑动并与牵引索相连接的滑动吊钩上，用绞车引架就位；利用卷扬机或吊机直接引架，这个方法最为简捷，也特别适合于密索体系悬臂施工，当索塔很高时，吊机没有那么高，则可以在浇筑桥塔时，先在塔顶预埋扣件，挂上滑轮组，利用桥面上的卷扬机和牵引绳通过转向滑轮和塔顶滑轮将斜拉索吊起，一端塞进箱梁，一端塞进桥塔。

（2）斜拉索的张拉作业。

张拉作业一般有三种方法，分别为：用千斤顶将塔顶鞍座顶起，每一对索都支承在各自的鞍座上，鞍座先就位在低于其最终的位置，当斜拉索引架就位后，将鞍座顶到其预定的高程，使斜拉索张拉达到其承载力；在支架上将主梁前端向上顶起，斜拉索引架时处于不受力状态，比受力状态时要短，为此，于主梁与斜拉索的连接点上将梁顶起，斜拉索引架完成后放下千斤顶使斜拉索受力；千斤顶直接张拉，这是最常用也是最方便的方法，张拉过程见预应力混凝土施工部分。

斜拉索的张拉一般可分为拉丝式（钢绞线夹片群锚）锚具张拉和拉锚式锚具张拉两种。其中拉锚式锚具张拉因施工操作方便及现场工作量较少等优点被更多地采用。根据设计要求及现场实际情况，有采用塔部一端张拉的，有采用梁部一端张拉的，也有采用塔、梁部两端张拉的，其中以塔部一端张拉使用最为广泛。

拉丝式夹片群锚钢绞线斜拉索的张拉：对于配装拉丝式夹片群锚锚具的钢绞线斜拉索，挂索时先要在拉索上方设置一根粗大钢缆作为辅助索，拉索的聚乙烯套管先悬挂在辅助索上，然后逐根穿入钢绞线，用单根张拉的小型千斤顶调好每根钢绞线的初应力，最后用群锚千斤顶整体张拉。新型的夹片群锚拉索锚具，第一阶段张拉使用拉丝方式，调索阶段使用拉锚方式。

拉锚式斜拉索的张拉：拉锚式斜拉索张拉均为整体张拉。根据目前的技术水平，国内外拉索锚具、千斤顶、拉索的设计吨位已达到"千吨"级水平,大吨位拉索整体张拉工艺已十分成熟。无论是一端张拉还是两端张拉,一般情况下都需在斜拉索端头接上张拉连接杆,之后使用大吨位穿心式千斤顶实施斜拉索的张拉调索。为方便施工,张拉杆大都采用分节接长,而非整根通长。

4. 斜拉桥施工控制

斜拉桥主梁纤细又是靠斜拉索支承着的,显然索力的大小和索的变形将给整个结构的状态带来很大影响,而且任一索力的改变对全桥都有影响。因此,必须很好地控制索力使梁塔处于最优的受力状态,并利用斜拉索的预拉力来调整主梁标高以符合设计要求。

索力调整的方法有以下几种:

(1) 一次张拉到设计索力。

在施工过程中每一根索都是一次张拉到设计索力,对于施工中出现的梁端挠度和塔顶的水平位移不用索力调整,任其自由发展,或保持索力为设计值条件下通过下一块件接续转角进行调整,直至跨中合龙时挠度的偏差采用施加外力(如压重)的方法强迫合龙。一次张拉法简单易行,应用很广,但对构件的制作要求较高。

一次张拉法对已完成主梁标高和索力不予再调整。结果,主梁线形不好,索力也不符合刚性支承连续梁计算结果,跨中强迫合龙更是进一步扰乱了内力状况。

(2) 多次张拉法。

在整个施工过程中对拉索进行分期分批张拉,其目的是使施工各阶段的索力较为合理,竣工后索力也基本达到期望值。一根索要重复张拉多次,通过索力补拉来调整主梁的轴线位置。多次张拉法成桥后的线形和内力状态优于一次张拉法,但施工比较复杂。

(3) 卡尔曼滤波法。

卡尔曼滤波法类似一次张拉法,但各阶段索的张拉力不是原来的设计索力,而是根据变位的实测数值经过滤波和反馈控制计算后给出索力的修正值。

5. 斜拉桥主梁的其他方法施工

斜拉桥的主梁根据其设计特点和施工环境特点,也可采用顶推、转体和落地支架等方法施工,图 14-1-2 所示。

图 14-1-2　斜拉桥主梁顶推、转体等施工图

二、悬索桥施工

悬索桥是以受拉主缆为主要承重构件的桥梁。悬索桥施工主要有锚碇、索塔、主缆和加劲梁的制作和安装，如图 14-1-3 所示。

图 14-1-3　施工中的悬索桥

1. 锚碇施工

锚碇是主缆锚固装置的总称，由混凝土锚块（含钢筋）及支架、锚杆、鞍座（散索鞍）等组成。主缆是由空中成束的形式进入锚碇，要经过一系列转向、展开、锚固的构件。悬索桥按锚固形式分为地锚式和自锚式。地锚式悬索桥：主缆拉力由梁端锚碇传递给地基，适用于地基具有良好持力岩层的情况和大跨度桥梁。

锚块的形式可分为重力式和隧道式。重力式锚碇：水平方向上依靠摩擦力抵抗主缆水平力，竖向靠重力抵抗上拔力，靠自身重力抵抗主缆拉力的倾覆力矩。隧道锚靠咬合力抵抗主缆拉力。

若锚碇处有坚实岩层靠近地表，修建隧道锚（或称岩洞式锚）有可能比较经济。

美国华盛顿桥新译西岸锚碇是隧道式，其混凝土用量为 22 200 m³，较之于纽约岸锚碇所用混凝土及花岗岩镶面工程量 107 000 m³，仅为其 21%。但隧道锚有传力机理不明确的缺点。美国金门大桥原设计两端部都用隧道锚，但考虑到隧道锚块混凝土将力传给周围基岩机理不明确，总工程师乃改变决定，全部采用重力式锚碇。

虎门大桥的东锚碇为山后重力式锚。若坚实基岩位于桥面之下深度不过 30~50 m，可修建直接坐落在基岩上的锚块。若坚实持力层埋深更大，而设计意图是使荷载完全传至该持力层，则必须设置沉井、沉箱、大直径桩（含斜桩）等深基础。这样的锚碇造价当然是比较昂贵的。虎门大桥的西锚碇基础原设计为沉井加桩基方案，后经细探，发现基岩严重不平，沉井施工将会遇到很大困难，进而改为地下连续墙方案。

2. 索塔施工

混凝土索塔通常采用滑模、爬模、翻模并配以塔吊或泵送浇筑，钢索塔一般为吊装施工。

3. 主缆架设

悬索桥的钢缆有钢丝绳钢缆和平行线钢缆。前者一般用于中、小跨度的悬索桥，后者主要用于主跨为 500 m 以上的大跨悬索桥。平行线钢缆根据架设方法分为空中送丝法（AS法）及预制索股法（PWS法）。

4. 加劲梁架设

加劲梁架设的主要工具是缆载起重机。架设顺序可以从主跨跨中开始，向桥塔方向逐段吊，也可以从桥塔开始，向主跨跨中及边跨岸边前进。

与多数地锚式悬索桥先缆后梁施工不同，自锚式悬索桥一般采用"先梁后缆"方法施工，如图 14-1-4 所示。

图 14-1-4　自锚式悬索桥及先梁后缆施工

5. 悬索桥总体施工顺序

施工准备工作→安装起重门架→安装鞍座下格栅→吊装主鞍、散索鞍→导索过江→安装施工步道→安装主缆牵引系统→架设主缆→调整主缆线型及锚跨拉力→挤紧→安装索夹→转换施工步道→安装吊索→吊装钢箱梁并分段调整索鞍位置→钢箱梁焊接→桥面系施工→缆索系统缠丝防护→安装主缆缆套、鞍盖及检修道→拆除施工步道。

单元五 涵洞施工

项目十五 涵洞施工

涵洞为小型排水结构物。一般单孔跨径小于 5 m 或多孔跨径总长小于 8 m 的称涵洞；但圆管涵和箱涵不论跨径多大、多孔跨径总长多少都称涵洞。所以从某种意义上说，涵洞可看成是跨径或规模更小的桥梁；不同材料、不同结构形式的涵洞，其施工程序、施工方法与同类型的桥梁基本相同。

根据设计习惯和特点，涵洞在开工前应根据设计文件进行现场核对，当设计文件与现场的实际情况差别较大，确需变更时，应及时办理设计变更手续。对地形复杂、斜交、平曲线和纵坡上的涵洞，应先绘出定位详图，再依图放样施工。

涵洞完成后，当涵洞砌体砂浆或混凝土强度达到设计强度的85%时，方可进行涵洞洞身两侧的回填。涵洞两侧紧靠涵台部分的回填土不宜采用大型机械进行压实施工，宜采用人工配合小型机械的方法夯填密实。填土的每侧长度均应符合设计规定；设计未规定时，应不小于洞身填土高度的 1 倍。填筑应在两侧同时对称、均衡地分层进行，填筑的压实度应不小于96%。涵洞顶部的填土厚度必须大于 0.5 m 方可通行车辆和筑路机械。

任务 1 拱涵、盖板涵施工

【工作任务】

阅读、叙述、分析盖板涵、拱涵的施工方案。

【任务目标】

知识目标：

熟悉盖板涵的各部分的组成及施工流程。

熟悉拱涵的各部分的组成及施工流程。

技能目标：

能指导盖板涵施工。

能指导拱涵施工。

能进行盖板涵、拱涵的质量监督、检查。

【建议课时】

6课时。

【任务相关理论】

一、盖板涵

1. 盖板涵的组成

盖板涵主要由盖板、涵台（涵墩）、基础、洞身铺底、沉降缝及防水层等组成，各部分构造如图 15-1-1 所示。

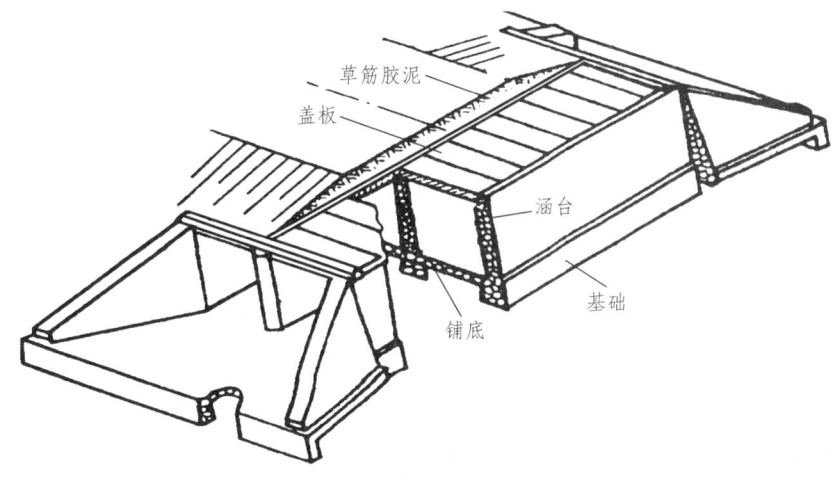

图 15-1-1　盖板涵各组成部分

盖板是涵洞的主要承重结构，宜采用钢筋混凝土盖板，跨径较小时亦可采用石盖板；涵墩、涵台及基础一般用浆砌片（块）石或混凝土修筑。

除设置在岩石地基上的涵洞外，涵洞的洞身和基础应根据地基土的情况，按设计要求设置沉降缝，以防不均匀沉降而引起涵身断裂。一般沿洞身每隔 4~6 m 设一道沉降缝，缝宽 20~30 mm，填缝料应具有弹性和不透水性（如沥青麻絮等），并应填塞紧密。沉降缝应在整个断面（包括基础）断开，且沉降缝处的两端面应竖直、平整，上下不得交错。

为了防止雨水从路基中浸入涵洞结构，影响结构的使用寿命和安全，应在涵洞洞身及端墙在基础面以上被土掩埋部分的表面设置防水层。常用的方法有涂刷热沥青层、设置防水砂浆和涂抹草筋胶泥等。如图 15-1-2 所示。

图 15-1-2　涵洞防水及台背回填

2. 盖板涵施工

盖板涵的施工程序及注意事项与相应的简支梁桥等基本相同。本任务只介绍不同之处。

（1）施工程序。

钢筋混凝土盖板涵施工一般分为盖板预制吊装和现场浇筑两种。预制吊装施工程序如图 15-1-3 所示；盖板涵施工实例图如图 15-1-4 所示。

（2）盖板的预制应注意检查盖板上、下面的方向，对斜交涵洞应注意斜交角的方向，避免发生反向错误。

（3）盖板安装。

预制构件的混凝土强度达到设计强度的 85%后，方可搬运安装，设计有规定时从其规定。

安装前，应检查构件、涵台的尺寸，检查锚栓孔的位置，并在涵台上划出盖板的安装位置；安装后，盖板上的吊装孔，应以砂浆填塞密实。

（4）盖板涵施工，对钢筋、模板支架、混凝土、砌体等的施工符合桥梁部分的要求。

（5）盖板涵混凝土的现场浇筑施工在涵长方向宜连续进行；当涵身较长不能一次连续完成时，可沿长度方向分段进行浇筑，施工缝设在涵身的沉降缝处。如图 15-1-4 所示。

（6）就地浇筑的盖板涵，宜采用钢模板或胶合板模板。

（7）基坑开挖应先准确放样开挖边线，材料、安全措施等应准备就绪，不能贸然开挖，以防地基暴露时间过长。开挖过程中注意排水和支护，确保安全。

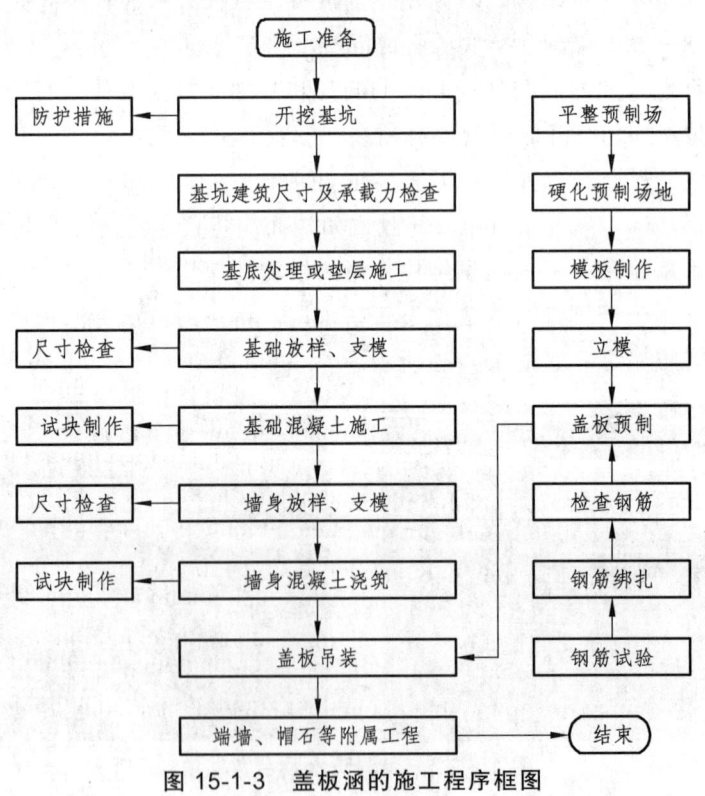

图 15-1-3　盖板涵的施工程序框图

图 15-1-4 盖板涵施工程序组图

二、拱涵施工

拱涵也是公路工程中比较常用的涵洞类型。其施工与相应的拱桥基本相同。

1. 拱涵的施工程序

拱涵的拱圈施工一般有用浆砌片（块）石砌筑和现场混凝土浇筑两种方法。施工程序如图 15-1-5 所示。

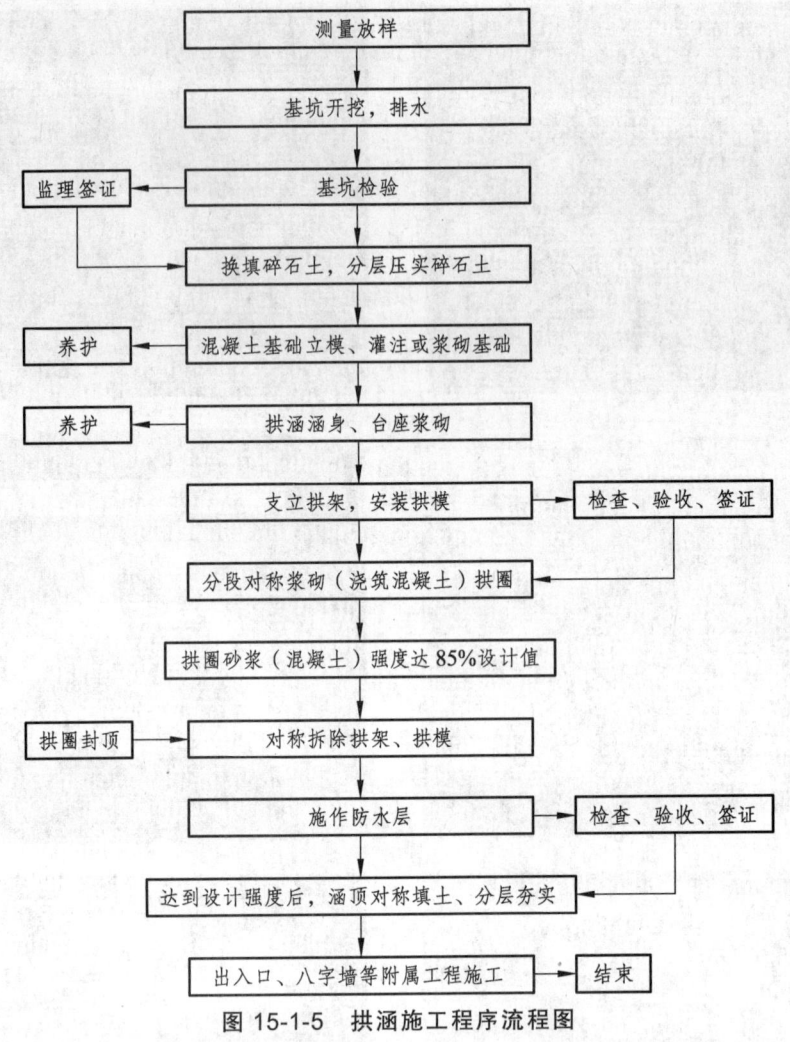

图 15-1-5　拱涵施工程序流程图

2. 拱涵的支架与拱架

拱涵施工的支架一般有钢拱架、木拱架和土牛拱胎支架，对钢拱架、木拱架一定要重视其支架的强度和刚度，防止不均匀变形。如图 15-1-6 所示。

图 15-1-6　拱涵支架拱架

在小桥涵施工中用土牛拱胎代替拱架，既安全又经济。根据河沟流水情况，土牛拱胎可做成全填拱胎（设有盲沟）的土拱胎、三角形木架木拱胎、木排架木拱胎等，如图 15-1-7 所示。

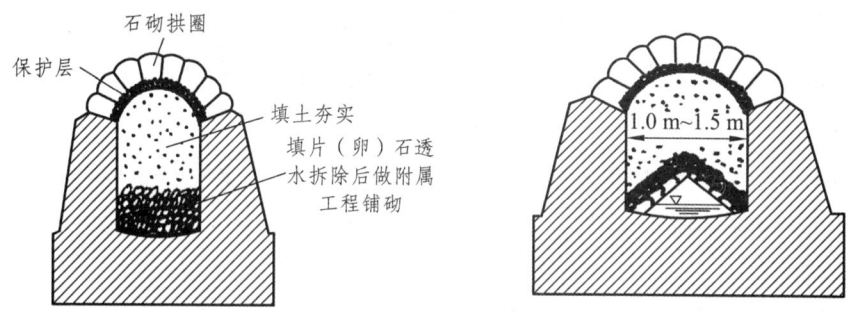

图 15-1-7　可渗水的土牛拱胎

全土牛拱胎施工步骤如下：拱胎填土应在涵台砌筑砂浆和现浇混凝土强度达到设计强度的 75%后，分层夯填，每层厚度宜为 0.2～0.3 m，土的压实度应在 90%以上。填土宽度在端墙外伸 0.5～1 m，并保持 1∶1.5 的边坡，填土将达拱顶时，分段用样板校正，每隔 0.3 m 挂线检查，如图 15-1-8 所示。

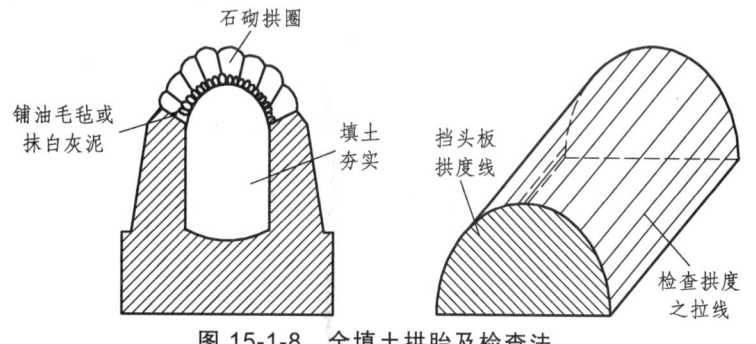

图 15-1-8　全填土拱胎及检查法

当用松散沙石料筑土胎时，表面应包 300 mm 厚黏土保护层；或铺设一层油毛毡或抹一层 15 mm 厚的水泥砂浆（1∶4～1∶6）作保护层。较好的保护层用砖或片石砌筑，厚约为 200 mm，然后抹厚 20 mm 的黏土，再铺油毡。最好的方法是石灰泥筋抹 200 mm 厚（石灰：

黏土：麻筋＝1：0.35：0.03，质量比)，抹后3 d即可浇筑混凝土。

3. 施工要点

（1）拱圈和出入口拱上端墙的砌筑施工，应由两侧向中间同时对称进行。

（2）现浇混凝土拱圈时，应对称浇筑，最后浇筑拱顶，或在拱顶预留合龙段最后浇筑并合龙。拱圈的现场浇筑在涵长方向宜连续进行；当涵身较长不能一次连续完成时，可沿长度方向分段进行浇筑，施工缝应设在涵身的沉降缝处。如图15-1-9所示。

图 15-1-9　拱圈砌筑与拱圈混凝土浇筑

（3）预制拱圈的混凝土强度要达到设计强度的85%后，才可搬运安装；拱座与拱圈、拱圈与拱圈的拼装接触面，应先拉毛或凿毛（沉降缝处除外），安装前应浇水湿润，再以M10水泥砂浆砌筑。

（4）拱架拆除和拱顶填土要符合以下要求。

先拆拱架再进行拱顶填土时，拱圈和护拱的砌筑砂浆或混凝土强度应符合设计规定，设计未规定时，应达到设计强度的85%后，方可拆除拱架，且在拱架拆除时应先完成拱脚以下部分回填土的填筑；达到设计强度的100%后，方可进行拱顶填土。

在拱架未拆除的情况下进行拱顶填土时，拱圈和护拱砌筑砂浆或混凝土强度应符合设计规定，设计未规定时，应达到设计强度的85%后，方可进行拱顶填土；拱架应在拱圈强度达到设计强度的100%后，方可拆除。

任务2　圆管涵、箱涵施工

【工作任务】

阅读、叙述、分析圆管涵、箱涵的施工方案。

【任务目标】

知识目标：

熟悉圆管涵的各部分的组成及施工流程。

熟悉箱涵的各部分的组成及施工流程。

技能目标：

能指导圆管涵施工。

能指导箱涵施工。

能进行管涵、箱涵的质量监督、检查。

【建议课时】

6课时。

【任务相关理论】

一、圆管涵施工

1. 圆管涵的组成

圆管涵主要由管身、基础、接缝及防水层等组成,如图 15-2-1 所示。管身是管涵的主要组成部分,通常由混凝土、钢筋混凝土或波纹钢制成。钢筋混凝土管身管径一般小于 1.50 m,管身多采用预制安装,预制长度通常有 0.5 m、1.0 m 和 2.0 m 等几种。

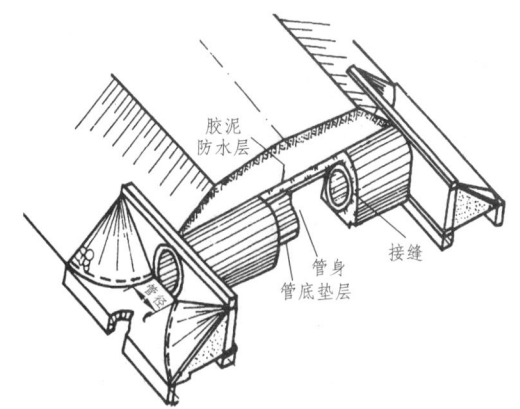 

图 15-2-1 圆管涵各组成部分

2. 管涵的施工流程

圆管涵的施工程序如图 15-2-2 所示。

3. 管涵的预制、运输要求

管涵管节成品要做到:管节端面平整并与其轴线垂直;斜交管涵进出水口管节的外端面应按斜交角度进行处理。混凝土圆管管节成品质量应符合表 15-2-1 的规定。

表 15-2-1 混凝土圆管管节成品质量标准

项次	检查项目	规定值或允许偏差	检查方法和频率
1△	混凝土强度/MPa	在合格标准内	按有关规定检查
2	内径/mm	不小于设计	尺量:2 个断面
3	壁厚/mm	正值不限,−3	尺量:2 个断面
4	顺直度	矢度不大于 0.2%管节长	沿管节拉线量,取最大矢高
5	长度/mm	+5,0	尺量

管节在运输、装卸过程中应采取措施防止管节因碰撞而损坏。运输管节的工具,可根据道路情况和设备条件采用汽车、拖拉机、拖车等。运输途中每个管节底面宜铺以稻草,

用木块圆木楔紧,并用绳索捆绑固定,防止管节滚动、相互碰撞破坏。管节的装卸可根据工地条件,使用各种起重设备,如龙门吊机、汽车吊和小型起重工具滑车、链滑车等。

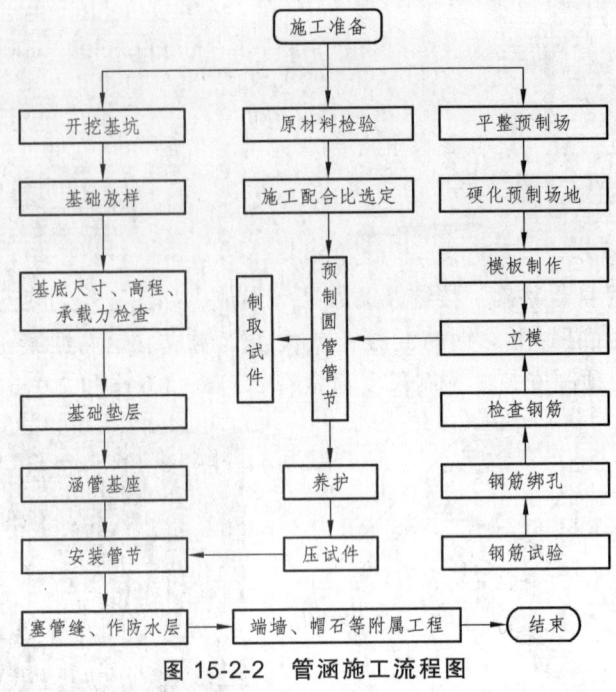

图 15-2-2　管涵施工流程图

4. 管节安装

管节的安装通常使用吊机、绳索配合滚木、撬杠等,如图 15-2-3 所示。管节安装应从下游开始,使接头面向上游;每节涵管应紧贴于垫层或基座上,管座或垫层的弧形面必须与管身弧度吻合,使其紧密贴合,保证涵管受力均匀;所有管节应顺水流方向安装平顺,符合轴线和图纸所示坡度。当管壁厚度不一致时调整高度使下部内壁齐平;管节应垫稳坐实,安装完成后管内不得遗留泥土等杂物。管涵施工如图 15-2-4 所示。

图 15-2-3　滚木微移与压绳下管

图 15-2-4 管涵施工组图

插口管安装时，其接口应平直，环形间隙应均匀，并安装特制的胶圈或用沥青、麻絮等防水材料填塞；平接管安装的接缝宽度宜为 10～20 mm，用有弹性的不透水材料嵌塞密实，严禁用加大接缝宽度的方式来满足涵洞长度要求。管节的接缝不得有间断、裂缝、空鼓、漏水等现象。管涵施工质量标准应符合表 15-2-2 的规定。

表 15-2-2 管涵施工质量标准

项次	检查项目		规定值或允许偏差
Δ1	管座或垫层混凝土强度		在合格标准内
2	管座或垫层宽度、厚度		≥设计值
3	相邻管节底面错台/mm	管径≤1 m	3
		管径>1 m	5
4	轴线偏位/mm		50
5	流水面高程/mm		±20
6	涵管长度/mm		+100，-50

二、箱涵施工

箱涵又称矩形涵，它与盖板涵的区别是：盖板涵的台身与盖板是分开的，台身还可以采用砌石圬工，为简支结构。而箱涵的顶板、底板与两侧墙身是连续浇筑的，称为刚性结构。箱涵的基础分为有圬工基础和无圬工基础两种，如图 15-2-5 所示。箱涵施工分预制安装和现场浇筑两种。

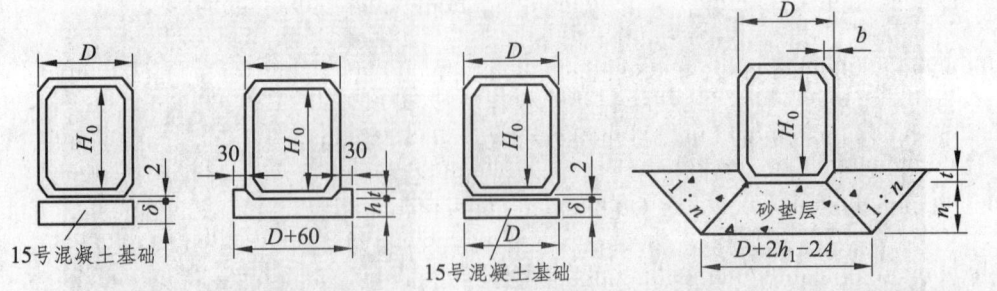

（a）出入口涵节基础　（b）洞身涵节无基础　（c）洞身涵节有基础　（d）洞身涵节在软弱地基土上换填砂垫层

图 15-2-5　箱形涵洞基础类型（单位：cm）

1. 预制钢筋混凝土箱涵

预制箱涵节段的质量要求应符合钢筋混凝土的施工要求。节段在运输、装卸过程中应使其受力符合设计规定，尤其注意吊点位置的选择；选择合适的运输和装卸机具，保证运输、装卸过程中构件的安全，使其免受碰撞。

设计未规定时，预制构件的混凝土强度达到设计强度的 85%，方可吊运、安装；构件安装前，应完成构件、地基、定位测量等验收工作。箱涵管节拼装时，接缝两侧的混凝土表面应采用清水冲洗干净，再按设计要求进行拼接施工。如图 15-2-6 所示。

图 15-2-6　预制箱形涵施工

2. 现浇箱涵施工

箱涵的挖基、基底处理，基础施工，模板支架的支立及要求，钢筋连接、混凝土浇筑等的程序、要求、注意事项与钢筋混凝土盖板涵基本相同。

就地浇筑箱涵可视情况分段施工，宜先进行底板和梗肋的混凝土浇筑，然后再完成剩余部分的混凝土浇筑，如图 15-2-7 所示。本阶段施工时前一阶段的混凝土强度要求以及施工缝的处理见混凝土部分。也可第一次浇筑底板和箱身 2/3 的高度，混凝土养护至设计强度的 70%后，再立顶模浇筑 1/3 墙身和顶板；若箱涵高度和跨径不是很大，也可设置整体内膜，浇筑完底板后支立或安放内膜，浇筑侧墙混凝土、绑扎顶板钢筋，浇顶板，即箱涵一次浇筑成型。

箱涵施工中应注意施工缝的设置位置，不应设置在受力较大处，底部倒角的混凝土应注意振捣密实，顶部仰角处，应注意钢筋的连接符合要求、模板不得漏浆并支立坚固。

混凝土强度到设计强度的 85%时，方可拆除支架；达到设计强度的 100%后，方可进行涵顶回填土。设计有具体要求时从其规定。

图 15-2-7　就地浇筑箱涵施工

现浇箱涵的施工流程一般如图 15-2-8 所示。箱涵施工质量标准见表 15-2-3。

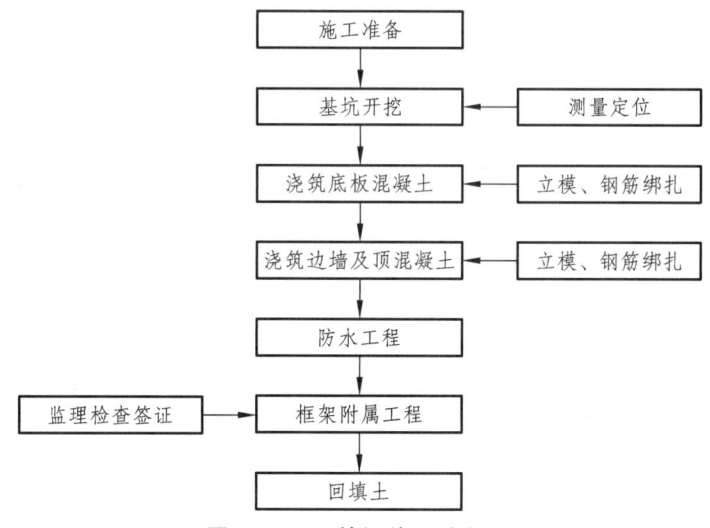

图 15-2-8　箱涵施工流程图

表 15-2-3　箱涵施工质量标准

项次	检查项目		规定值或允许偏差
1	轴线偏位/mm		明涵 20，暗涵 50
2	流水面高程/mm		±20
3	涵长/mm		+100，-50
4	混凝土强度/MPa		在合格标准内
5	高度/mm		+5，-10
6	宽度/mm		±30
7	顶板厚/mm	明涵	+10，-0
		暗涵	不小于设计值
8	侧墙和底板厚/mm		不小于设计值
9	平整度/mm		5

工程案例

现浇箱梁模板及满堂支架方案计算书

1 编制依据

1.1 施工图设计文件及地勘报告等。

1.2 现行有关施工技术规范、标准等。

1.3 参考《建筑施工扣件式钢管脚手架安全技术规范》《混凝土工程模板与支架技术》《铁路桥涵施工手册》《建筑施工计算手册》。

2 工程概况

本桥为（40+64+40）m 连续梁，跨越 G208 国道。G208 国道路面宽 22 m，与线路交角 129.12°。

梁全长 145.5 m，计算跨度为（40+64+40）m，中支点处梁高 6.05 m，跨中 10 m 直线段及边跨 13.75 m 直线段梁高为 3.05 m，边支座中心线至梁端 0.75 m，边支座横桥向中心距 5.6 m，中支座横桥向中心距 5.9 m。

梁体为单箱单室、变高度、变截面结构。箱梁顶宽 12.0 m，箱梁底宽 6.7 m。顶板厚度 40 cm，腹板厚 40～80 cm，底板厚 40～80 cm。全联在端支点、中支点及跨中共设 5 个横隔板，其中端支点横隔板厚 105 cm，中支点横隔板厚 150 cm，跨中横隔板厚 50 cm。全联采用满堂支架法现浇施工。

3 现浇箱梁满堂支架布置及搭设要求

采用 WDJ 碗扣式多功能脚手杆搭设，使用与立杆配套的横杆及立杆可调底座、立杆可调托撑。立杆顶设二层方木，立杆顶托上纵向设 15 cm×15 cm 方木；纵向方木上设 10 cm×10 cm 的横向方木，其中，在墩顶端横梁和跨中横隔梁下间距不大于 0.25 m（净间距 0.15 m），在跨中其他部位间距不大于 0.3 m（净间距 0.2 m）。模板宜用厚 18 mm 的优质竹胶合板，横板边角宜用 4 cm 厚木板进行加强，防止转角漏浆或出现波浪形，影响外观。

采用立杆横桥向间距×纵桥向间距×横杆步距为 60 cm×60 cm×90 cm 支架结构体系，支架纵横均设置剪刀撑，其中横桥向斜撑每 1.8 m 设一道，纵桥向斜撑沿横桥每 1.8 m 设一道。

4 现浇箱梁支架验算

本计算书分别以中支点最大截面预应力混凝土箱形连续梁（单箱单室）和跨中等截面预应力混凝土箱形连续梁（横隔板）处为例，对荷载进行计算及对其支架体系进行检算。

4.1 荷载计算

4.1.1 荷载分析

根据本桥现浇箱梁的结构特点，在施工过程中将涉及以下荷载形式：

(1)q_1——箱梁自重荷载,新浇混凝土密度取 2 600 kg/m³。

(2)q_2——箱梁内模、底模、内模支撑及外模支撑荷载,按均布荷载计算,经计算取 $q_2 = 1.0$ kPa(偏于安全)。

(3)q_3——施工人员、施工材料和机具荷载,按均布荷载计算,当计算模板及其下肋条时取 2.5 kPa,当计算肋条下的梁时取 1.5 kPa,当计算支架立柱及其他承载构件时取 1.0 kPa。

(4)q_4——振捣混凝土产生的荷载,对底板取 2.0 kPa,对侧板取 4.0 kPa。

(5)q_5——新浇混凝土对侧模的压力。

(6)q_6——倾倒混凝土产生的水平荷载,取 2.0 kPa。

(7)q_7——支架自重,经计算支架在不同布置形式时其自重如表1所示:

表1 满堂钢管支架自重

立杆横桥向间距×立杆纵桥向间距×横杆步距	支架自重q_7的计算值/kPa
60 cm × 60 cm × 90 cm	3.38

4.1.2 荷载组合(表2)

表2 模板、支架设计计算荷载组合

模板结构名称	荷载组合	
	强度计算	刚度检算
底模及支架系统计算	(1)+(2)+(3)+(4)+(7)	(1)+(2)+(7)
侧模计算	(5)+(6)	(5)

4.1.3 荷载计算

(1)箱梁自重——q_1计算。

根据跨 G208 国道现浇箱梁结构特点,我们取 5—5 截面(中支点横隔板两侧)、6—6 截面(跨中横隔板梁)两个代表截面进行箱梁自重计算,并对两个代表截面下的支架体系进行检算,首先分别进行自重计算。

① 5—5 截面(中支点横隔板梁两侧)处 q_1 计算(图1)。

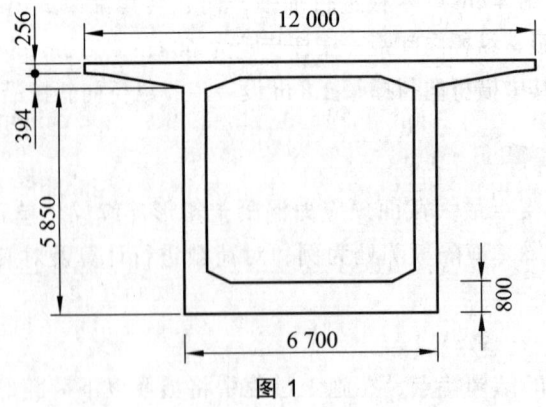

图1

根据横断面图，用 CAD 算得该处梁体截面面积 A=17.15 m^2，则：

$$q_1 = \frac{W}{B} = \frac{\gamma_c \times A}{B} = \frac{26 \times 17.15}{6.7} = 66.55 \text{ kPa}$$

取 1.2 的安全系数，则 q_1 = 66.55 × 1.2 = 79.86 kPa

注：B——箱梁底宽，取 6.7 m，将箱梁全部重量平均到底宽范围内计算偏于安全。

② 6—6 截面（跨中横隔板梁）处 q_1 计算（图 2）。

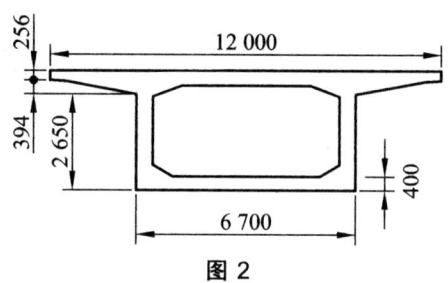

图 2

根据横断面图，用 CAD 算得梁体截面面积 A = 10.51 m^2，则：

$$q_1 = \frac{W}{B} = \frac{\gamma_c \times A}{B} = \frac{26 \times 10.51}{6.7} = 40.785 \text{ kPa}$$

取 1.2 的安全系数，则 q_1 = 40.785 × 1.2 = 48.942 kPa

注：B——箱梁底宽，取 6.7 m，将箱梁全部重量平均到底宽范围内计算偏于安全。

（2）新浇混凝土对侧模的压力——q_5 计算。

因现浇箱梁采取水平分层以每层 30 cm 高度浇筑，在竖向上以 v = 1.2 m/h 浇筑速度控制，混凝土入模温度 T=28 ℃ 控制，因此新浇混凝土对侧模的最大压力

$$q_5 = P_m = K \times r \times h$$

K 为外加剂修正系数，取掺缓凝外加剂 K = 1.2。

当 v/t = 1.2/28 = 0.043 > 0.035 时，

$$H = 1.53 + 3.8v/t = 1.69 \text{ m}$$

$$q_5 = P_m = K \times r \times h = 1.2 \times 25 \times 1.69 = 50.7 \text{ kPa}$$

4.2 结构检算

4.2.1 扣件式钢管支架立杆强度及稳定性验算

碗扣式钢管脚手架与支撑和扣件式钢管脚手架与支架一样，同属于杆式结构，以立杆承受竖向荷载作用为主，但碗扣式由于立杆和横杆间为轴心相接，且横杆的"卜"型插头被立杆的上、下碗扣紧固，对立杆受压后的侧向变形具有较强的约束能力，因而碗扣式钢管架稳定承载能力显著高于扣件架（一般都高出 20%以上，甚至超过 35%）。

本工程现浇箱梁支架按 ϕ48 × 3.5 mm 钢管扣件架进行立杆内力计算，计算结果同样也使用于 WDJ 多功能碗扣架（偏于安全）。

（1）中支点横隔板两侧 5—5 截面处。

在中支点横隔板，钢管扣件式支架体系采用 60 cm×60 cm×90 cm 的布置结构，如图 3 所示。

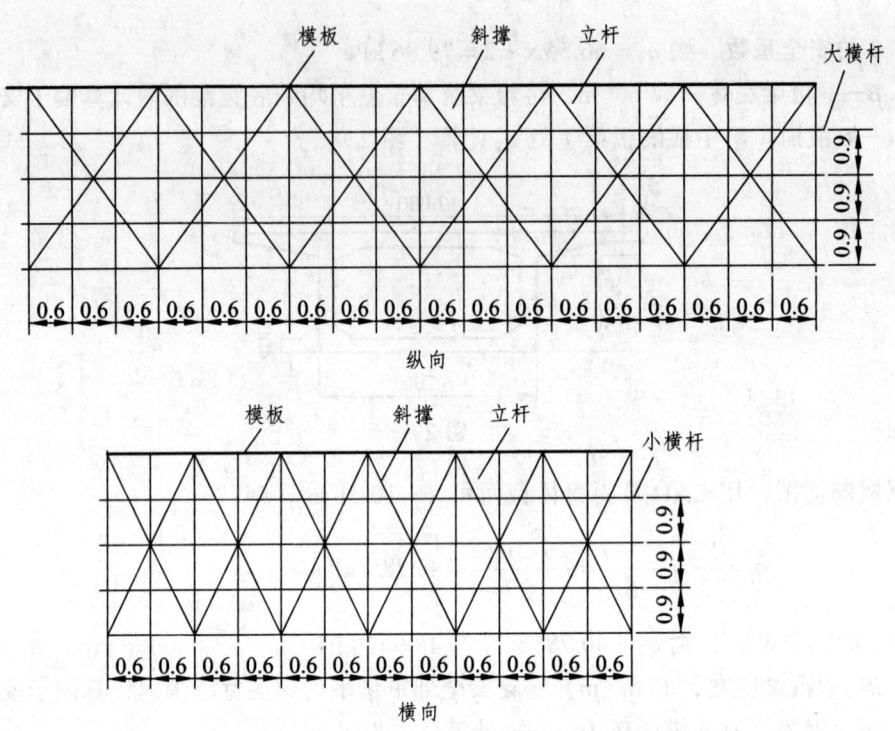

图 3

① 立杆强度验算。

根据立杆的设计允许荷载，当横杆步距为 90 cm 时，立杆可承受的最大允许竖直荷载为 $[N] = 35$ kN（参见《公路桥涵施工手册》中表 13-5 碗口式构件设计荷载 $[N] = 35$ kN《路桥施工计算手册》中表 13-5 钢管支架容许荷载 $[N] = 35.7$ kN）。

立杆实际承受的荷载为：$N = 1.2(N_{G1K} + N_{G2K}) + 0.85 \times 1.4 \sum N_{QK}$（组合风荷载时）

N_{G1K}——支架结构自重标准值产生的轴向力；

N_{G2K}——构配件自重标准值产生的轴向力；

$\sum N_{QK}$——施工荷载标准值。

于是，有：$N_{G1K} = 0.6 \times 0.6 \times q_1 = 0.6 \times 0.6 \times 76.08 = 27.38$ kN

$N_{G2K} = 0.6 \times 0.6 \times q_2 = 0.6 \times 0.6 \times 1.0 = 0.36$ kN

$\sum N_{QK} = 0.6 \times 0.6 \times 0.6(q_3 + q_4 + q_7) = 0.36 \times (1.0 + 2.0 + 3.38) = 2.296$ kN

则：$N = 1.2(N_{G1K} + N_{G2K}) + 0.85 \times 1.4 \sum N_{QK} = 1.2 \times (27.38 + 0.36) + 0.85 \times 1.4 \times 2.296$

$= 33.08$ kN $< [N] = 35$ kN

强度满足要求。

② 立杆稳定性验算。

根据《建筑施工扣件式钢管脚手架安全技术规范》(JGJ 130)有关模板支架立杆的稳定性计算公式：

$$N/\varphi A + M_w/W \leqslant f$$

式中：N——钢管所受的垂直荷载，$N=1.2(N_{G1K}+N_{G2K})+0.85 \times 1.4 \sum N_{QK}$（组合风荷载时），同前计算所得。

f——钢材的抗压强度设计值，$f = 205$ N/mm²，参考《建筑施工扣件式钢管脚手架安全技术规范》表 5.1.6 得。

A——$\phi 48$ mm × 3.5 mm 钢管的截面面积，$A = 489$ mm²。

φ——轴心受压杆件的稳定系数，根据长细比 λ 查表即可求得。

i——截面的回转半径，查《建筑施工扣件式钢管脚手架安全技术规范》附录 B 得 $i = 15.8$ mm。

长细比 $\lambda = L/i$。

L——水平步距，$L = 0.9$ m。

于是，$\lambda = L/i = 57$，参照《建筑施工扣件式钢管脚手架安全技术规范》查附录 C 得 $\varphi = 0.829$。

M_w——计算立杆段有风荷载设计值产生的弯矩：

$$M_w = 0.85 \times 1.4 \times W_K \times L_a \times h^2/10$$

$$W_K = 0.7 u_z \times u_s \times w_0$$

式中：u_z——风压高度变化系数，参考《建筑结构荷载规范》表 7.2.1 得 $u_z = 1.38$；

u_s——风荷载脚手架体型系数，查《建筑结构荷载规范》表 6.3.1 第 36 项得 $u_s = 1.2$；

w_0——基本风压，查《建筑结构荷载规范》附表 D.4，$w_0 = 0.8$ kN/m²；

L_a——立杆纵距，0.6 m；

h——立杆步距，0.9 m。

故：$W_K = 0.7 u_z \times u_s \times w_0 = 0.7 \times 1.38 \times 1.2 \times 0.8 = 0.927$ kN

$M_w = 0.85 \times 1.4 \times W_K \times L_a \times h^2/10 = 0.053\ 6$ kN

W——截面模量，查表《建筑施工扣件式脚手架安全技术规范》附表 B 得：

$$W = 5.08 \times 10^3 \text{ mm}^3$$

$$N/\varphi A + M_w/W = 33.08 \times 10^3/(0.829 \times 489) + 0.053\ 6 \times 10^6/(5.08 \times 10^3)$$
$$= 92.153 \text{ kN/mm}^2 \leqslant f = 205 \text{ N/mm}^2$$

计算结果说明支架是安全稳定的。

4.2.2 满堂支架整体抗倾覆验算

依据《公路桥涵技术施工技术规范实施手册》第 9.2.3 条的要求，支架在自重和风荷载作用下时，倾覆稳定系数不得小于 1.3。

$K_0 =$ 稳定力矩/倾覆力矩 $= y \times N_i / \sum M_w$

采用跨中 64 m 验算支架抗倾覆能力：

跨中支架宽 16 m，长 64 m 采用 60 cm×60 cm×90 cm 跨中支架来验算全桥：

支架横向 27 排；

支架纵向 106 排；

高度 11 m；

顶托 TC60 共需要 27×106 = 2 862 个；

立杆需要 27×106×11 = 31 483 m；

纵向横杆需要 27×11/0.9×64 = 21 120 m；

横向横杆需要 106×11/0.9×16 = 28 728 m；

故：钢管总重（40 608+26 880+26 737）×3.84 = 312.311 t；

顶托 TC60 总重为：2 862×7.2 = 20.606 t；

故 q = 312.311×9.8+20.606×9.8 = 3 262.58 kN；

稳定力矩 = $y \times N_i$ = 8×3 262.58 = 26 100.64 kN·m

依据以上对风荷载计算 $W_K = 0.7 u_z \times u_s \times w_0$ = 0.7×1.38×1.2×0.8 = 0.927 kN/m^2

跨中 64 m 共受力为：q = 0.927×11×64 = 652.6 kN；

倾覆力矩 = q×5 = 652.6×5 = 3 263 kN·m

K_0 = 稳定力矩/倾覆力矩 = 26 100.64/3 263 = 7.99>1.3

计算结果说明本方案满堂支架满足抗倾覆要求

4.2.3 箱梁底模下横桥向方木验算

本施工方案中箱梁底模底面横桥向采用 10 cm×10 cm 方木，方木横桥向跨度在箱梁跨中截面处按 L = 60 cm 进行受力计算，在中支点截面及跨中横隔板梁处按 L = 60 cm 进行受力计算，实际布置跨距均不超过上述两值。如图 4 将方木简化为如图的简支结构（偏于安全），木材的容许应力和弹性模量的取值参照杉木进行计算，实际施工时如油松、广东松等力学性能优于杉木的木材均可使用。

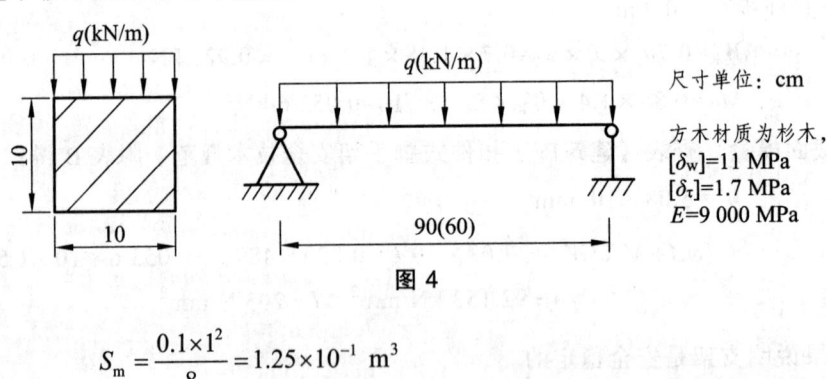

图 4

$$S_m = \frac{0.1 \times 1^2}{8} = 1.25 \times 10^{-1} \text{ m}^3$$

$$I_m = \frac{0.1 \times 0.1^3}{12} = 8.33 \times 10^{-6} \text{ m}^4$$

（1）中支点 5—5 截面（墩顶及横隔梁）处。

按中支点截面处 3 m 范围进行受力分析，按方木横桥向跨度 L = 60 cm 进行验算。

① 方木间距计算。

$$q = (q_1 + q_2 + q_3 + q_4) \times B = (66.55 + 1.0 + 2.5 + 2) \times 3 = 216.15 \text{ kN/m}$$
$$M = (1/8)qL^2 = (1/8) \times 216.15 \times 0.6^2 = 9.7 \text{ kN} \cdot \text{m}$$
$$W = (bh^2)/6 = (0.1 \times 0.1^2)/6 = 0.000\ 167 \text{ m}^3$$

则：$n = M/(W \times [\delta_w]) = 9.7/(0.000\ 167 \times 11\ 000 \times 0.9) = 5.8$（取整数 $n = 6$ 根）
$$d = B/(n-1) = 3/5 = 0.6 \text{ m}$$

注：0.9 为方木的不均匀折减系数。

经计算，方木间距小于 0.6 m 均可满足要求，实际施工中为满足底模板受力要求，方木间距 d 取 0.3 m，则 $n = 3/0.3 = 10$。

② 每根方木挠度计算。

方木的惯性矩 $I = (bh^3)/12 = (0.1 \times 0.1^3)/12 = 8.33 \times 10^{-6} \text{ m}^4$

则方木最大挠度：

$f_{max} = (5/384) \times [(qL^4)/(EI)] = (5/384) \times [(265.8 \times 0.6^4)/(12 \times 9 \times 10^6 \times 8.33 \times 10^{-6} \times 0.9)] = 5.54 \times 10^{-4} \text{ m} < l/400 = 0.6/400 = 1.5 \times 10^{-3} \text{ m}$（挠度满足要求）

③ 每根方木抗剪计算。

符合要求。

4.2.4 扣件式钢管支架立杆顶托上顺桥向方木验算

本施工方案中 WDJ 多功能碗扣架顶托上顺桥向采用 15 cm × 15 cm 方木，方木在顺桥向的跨距在箱梁跨中按 $L = 60$ cm（横向间隔 $l = 60$ cm 布置）进行验算，横桥向方木顺桥向布置间距在中支点桥墩两侧均按 0.25 m（中对中间距）布设，在箱梁跨中部位均按 30 cm 布设，如图 5 布置，将方木简化为如图的简支结构（偏于安全）。木材的容许应力和弹性模量的取值参照杉木进行计算，实际施工时如油松、广东松等力学性能优于杉木的木材均可使用。

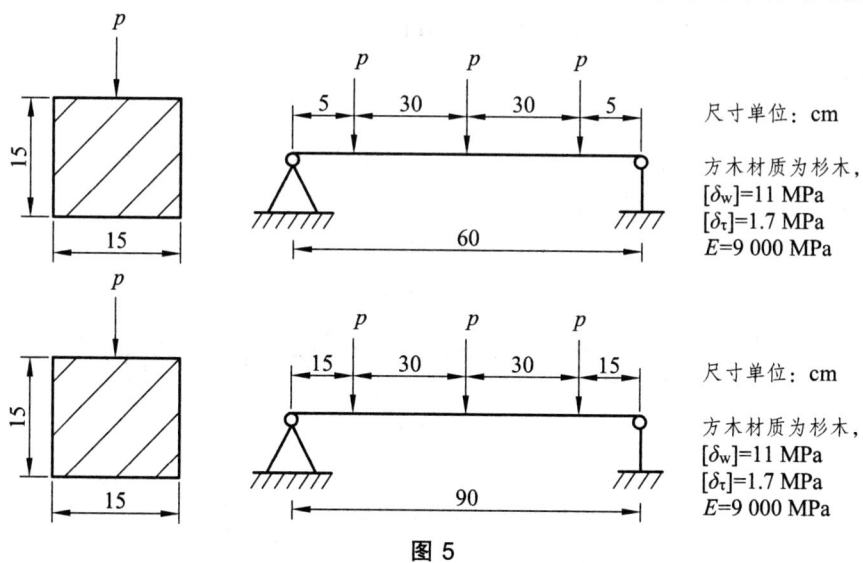

图 5

$$S_m = \frac{0.15 \times 0.15^2}{8} = 4.2 \times 10^{-4} \text{ m}^3$$

$$I_m = \frac{0.15 \times 0.15^3}{12} = 4.2 \times 10^{-5} \text{ m}^4$$

(1) 中支点两侧截面（按 5-5 截面受力）处。

① 方木抗弯计算。

$$P = lq/n = l(q_1 + q_2 + q_3 + q_4) \times B/n = 0.6 \times (29.1 + 1.0 + 2.5 + 2) \times 24/80 = 6.228 \text{ kN}$$

$$M_{max} = (a_1 + a_2)p = (0.45 + 0.15) \times 6.228 = 3.74 \text{ kN·m}$$

$$W = (bh^2)/6 = (0.15 \times 0.15^2)/6 = 5.6 \times 10^{-4} \text{ m}^3$$

$$\delta = M_{max}/W = 3.74/(5.6 \times 10^{-4}) = 6.68 \text{ MPa} < 0.9[\delta_w] = 9.9 \text{ MPa （符合要求）}$$

注：0.9 为方木的不均匀折减系数。

② 方木抗剪计算。

$$V_{max} = 3p/2 = (3 \times 6.228)/2 = 9.342 \text{ kN}$$

$$\tau = \frac{V_{max}S_m}{I_m b} = \frac{9.342 \times 4.2 \times 10^{-4}}{4.2 \times 10^{-5} \times 0.15} = 0.6228 \text{ MPa} < 0.9 \times [\tau] = 1.7 \times 0.9 = 1.53 \text{ MPa}$$

符合要求。

③ 每根方木挠度计算。

方木的惯性矩 $I = bh^3/12 = 0.15 \times 0.15^3/12 = 4.2 \times 10^{-5} \text{ m}^4$

则方木最大挠度：

$$f_{max} = \frac{pL^3}{48EI} + \frac{ap}{24EI}(3L^2 - 4d^2)$$

$$= \frac{6.228 \times 0.9^3}{48 \times 9 \times 10^6 \times 4.2 \times 10^{-5}} + \frac{0.05 \times 6.228}{24 \times 9 \times 10^6 \times 4.2 \times 10^{-5}} \times (3 \times 0.9^2 - 4 \times 0.15^2)$$

$$= 4.912 \times 10^{-5} < 0.9 \times L/400 = 0.9 \times 0.9/400 \text{ m} = 2.025 \times 10^{-3} \text{ m}$$

故挠度满足要求。

4.2.5 底模板计算

箱梁底模采用竹胶板，取各种布置情况下最不利位置进行受力分析，并对受力结构进行简化（偏于安全），如图 6 所示。

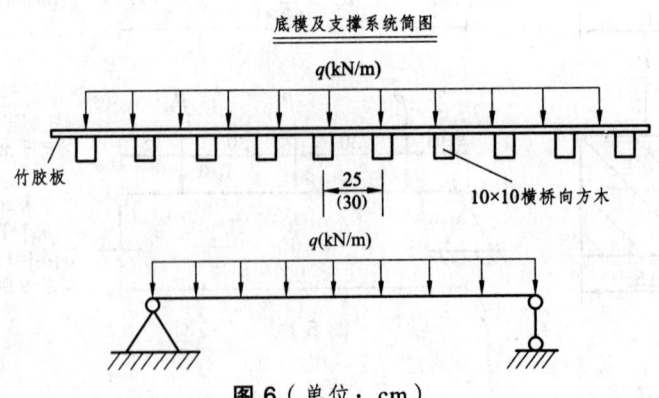

图 6（单位：cm）

通过前面计算，横桥向方木布置间距分别为 0.3 m 和 0.25 m 时最不利位置，则有：

竹胶板弹性模量 $E = 5\,000$ MPa

方木的惯性矩 $I = (bh^3)/12 = (1.0 \times 0.015^3)/12 = 2.812\,5 \times 10^{-7}$ m^4

（1）5－5 截面处底模板计算。

① 模板厚度计算。

$$q = (q_1 + q_2 + q_3 + q_4)l = (83.1+1.0+2.5+2) \times 0.25 = 22.15 \text{ kN/m}$$

则：$M_{max} = \dfrac{q \cdot l^2}{8} = \dfrac{22.15 \times 0.25^2}{8} = 0.173$ kN·m

模板需要的截面模量：$W = \dfrac{M}{[\sigma_w] \times 0.9} = \dfrac{0.173}{0.9 \times 6.0 \times 10^3} = 3.207 \times 10^{-5}$ m^2

模板的宽度为 1.0 m，根据 W、b 得 h 为：

$$h = \sqrt{\dfrac{6 \times W}{b}} = \sqrt{\dfrac{6 \times 3.207 \times 10^{-5}}{1}} = 0.013\,9 \text{ m} = 13.9 \text{ mm}$$

因此模板采用 1 220 mm × 2 440 mm × 18 mm 规格的竹胶板。

② 模板刚度验算。

$$f_{max} = \dfrac{ql^4}{128EI} = \dfrac{22.15 \times 0.25^4}{128 \times 5 \times 10^6 \times 2.812\,5 \times 10^{-7}} = 4.8 \times 10^{-4} \text{ m} < 0.9 \times 0.25/400 \text{ m} = 6.25 \times 10^{-3} \text{ m}$$

故挠度满足要求。

4.2.6 侧模验算

根据前面计算，分别按 10 cm × 10 cm 方木以 25 cm 和 30 cm 的间距布置，以侧模最不利荷载部位进行模板计算，则有：

（1）10 cm × 10 cm 方木以间距 30 cm 布置。

① 模板厚度计算。

$$q = (q_4 + q_5)l = (4.0+50.7) \times 0.3 = 16.41 \text{ kN/m}$$

则：$M_{max} = \dfrac{q \cdot l^2}{8} = \dfrac{16.41 \times 0.3^2}{8} = 0.18 \text{ kN·m}$

模板需要的截面模量：$W = W = \dfrac{M}{[\sigma_w] \times 0.9} = \dfrac{0.185}{0.9 \times 6.0 \times 10^3} = 3.426 \times 10^{-5}$ m^2

模板的宽度为 1.0 m，根据 W、b 得 h 为：

$$h = \sqrt{\dfrac{6 \times W}{b}} = \sqrt{\dfrac{6 \times 3.426 \times 10^{-5}}{1}} = 0.014\,3 \text{ m} = 14.3 \text{ mm}$$

因此模板采用 1 220 mm × 2 440 mm × 15 mm 规格的竹胶板。

② 模板刚度验算。

$$f_{max} = \dfrac{ql^4}{128EI} = \dfrac{16.41 \times 0.3^4}{128 \times 5 \times 10^6 \times 2.812\,5 \times 10^{-7}} = 7.384 \times 10^{-4} \text{ m} < 0.9 \times 0.3/400 \text{ m} = 7.5 \times 10^{-3} \text{ m}$$

（2）10 cm×10 cm 方木以间距 25 cm 布置（略）。

根据施工经验，为了保证箱梁底面的平整度，通常竹胶板的厚度均采用 12 mm 以上，因此模板采用 1 220 mm×2 440 mm×18 mm 规格的竹胶板。

4.2.7 跨中工字钢平台支架体系验算

本桥施工方案中跨中的门式通道采取钢管柱和工字钢平台支架体系，工字钢平台支架体系由门式立柱上铺设 I45a 工字钢横向分配梁，横向分配梁上铺设 I45a 工字钢（横桥向间距 0.6 m）、工字钢上横向满铺 15 cm×15 cm 方木、横向满铺方木上顺桥向铺设地梁（20 cm×25 cm 方木，间距 0.6 m，对应工字钢位置）及搭设满堂扣件式钢管支架。

门式通道支架体系构造图另见附图。

工字钢梁强度及刚度验算。

① 工字钢强度验算。

验算中将工字钢受力体系简化成如图 7 所示计算模式（偏于安全）。

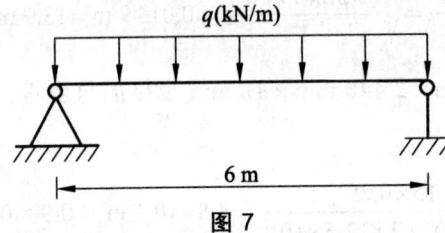

图 7

a. 工字钢间距计算。

$$q = (q_1 + q_2 + q_3 + q_4 + q_7) \times B = (76.08 + 1.0 + 1.0 + 2 + 2.21) \times 16 = 1\ 284 \text{ kN/m}$$

$$M = (1/8)qL^2 = (1/8) \times 1\ 284 \times 6^2 = 5\ 085 \text{ kN·m}$$

查《桥涵计算手册》得 I45b：$I_x = 16\ 574 \text{ cm}^4 = 0.000\ 165\ 74 \text{ m}^4$

$W_x = 920.8 \text{ cm}^3 = 0.000\ 920\ 8 \text{ m}^3$

$$\frac{I_x}{S} = \frac{16\ 574}{541.2} = 30.6 \text{ cm} = 306 \text{ mm} = 0.306 \text{ m}$$

则：$n = M/(W \times [\delta_w]) = 5\ 085/(0.000\ 920\ 8 \times 145\ 000 \times 0.9) = 42.3$（取整数 $n = 43$ 根）

$$d = B/(n-1) = 32/42 = 0.76 \text{ m}$$

注：0.9 为安全提高系数。

经计算，工字钢间距小于 0.76 m 均可满足要求，实际施工时为工字钢按间距 d 取 0.6 m，则 $n = 16/0.6 = 26.15$（取 27 根）。

b. 单根工字钢强度检算。

单位长度上的荷载为：

$$q = (q_1 + q_2 + q_3 + q_4 + q_7) \times b = (29.1 + 1.0 + 1.0 + 2 + 2.21) \times 0.6 = 21.186 \text{ kN/m}$$

跨中最大弯矩为：$M_{\max} = \dfrac{q \cdot l^2}{8} = \dfrac{21.186 \times 6^2}{8} = 95.337 \text{ kN·m}$

支点处最大剪力设计值：$V_{max} = \dfrac{q \cdot l}{2} = \dfrac{21.186 \times 6}{2} = 63.56 \text{ kN}$

初选截面：

梁所需要的截面抵抗矩为：

$$W = \dfrac{M_{max}}{[\sigma_x]} = \dfrac{95.337}{145 \times 10^3} = 0.6575 \times 10^{-3} \text{ m}^3 = 657.5 \text{ cm}$$

查《桥涵计算手册》得 I45b：$I_x = 16\,574 \text{ cm}^4 = 0.000\,165\,74 \text{ m}^4$

$W_x = 920.8 \text{ cm}^3 = 0.000\,920\,8 \text{ m}^3$

$\dfrac{I_x}{S} = \dfrac{16\,574}{541.2} = 30.6 \text{ cm} = 306 \text{ mm} = 0.306 \text{ m}$

I45b 自重为 0.66 kN/m（查）。

I45b 自重产生弯矩为：$M = \dfrac{q \cdot l^2}{8} = \dfrac{0.66 \times 6^2}{8} = 2.97 \text{ kN} \cdot \text{m}$

总弯矩 $M_x = 95.337 + 2.97 = 98.31 \text{ kN} \cdot \text{m}$

弯矩正应力为 $\sigma = \dfrac{M_x}{W_x} = \dfrac{98.31}{0.9208} = 106.77 \text{ MPa} < 1.3 \times 145 \text{ MPa} = 188 \text{ MPa}$（临时结构，取 1.3 的容许应力增加值）

支点处剪力为：$Q_x = 63.56 + 0.66 \times 3 = 65.54 \text{ kN}$

δ 为腹板板厚度，取 12 mm

$$\tau_{max} \dfrac{Q \cdot S_x}{I_x \cdot \sigma} = \dfrac{65.54}{0.306 \times 0.012} = 17.85 \text{ MPa} < 1.3 \times 85 \text{ MPa}（1.3 为容许应力增大值）$$

② 工字钢跨中挠度验算。

I45b 单位长度上的荷载标准值为：$q = 21.186 + 0.66 = 21.846 \text{ kN/m}$

$$f = \dfrac{5q \cdot l^4}{384 \cdot E \cdot I_x} = \dfrac{5 \times 21.846 \times 6^4}{384 \times 210\,000\,000 \times 0.000\,165\,74} = 0.01 \text{ m} \leqslant \dfrac{6}{600} = 0.01 \text{ mm}$$

I45b 刚度满足要求，所以采用 I45b。

4.2.8　立杆底座和地基承载力计算（图 8）

（1）立杆承受荷载计算。

在中支点两侧立杆的间距为 60×60 cm，每根立杆上荷载为：

$$\begin{aligned}N &= a \times b \times q = a \times b \times (66.55 + q_2 + q_3 + q_4 + q_7) \\ &= 0.6 \times 0.6 \times (66.55 + 1.0 + 1.0 + 2.0 + 2.94) = 26.45 \text{ kN}\end{aligned}$$

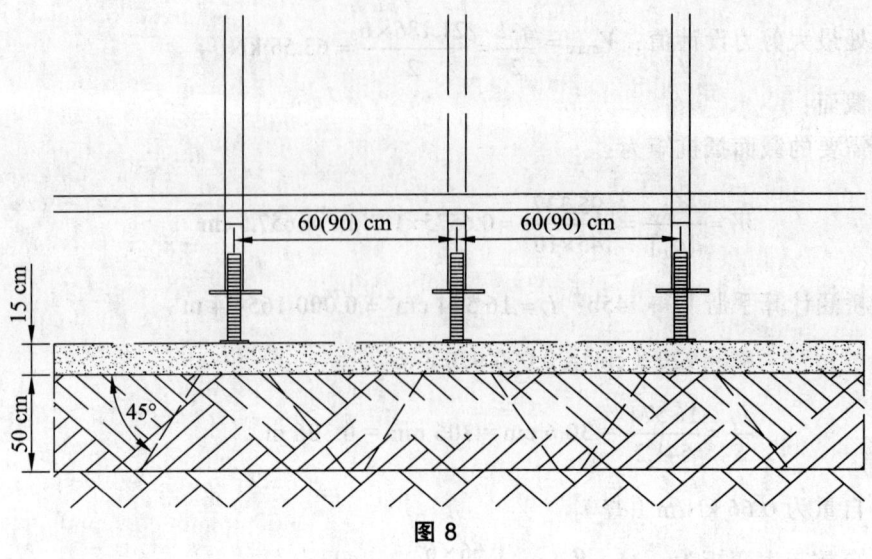

图 8

(2)立杆底托验算。

立杆底托验算:$N \leqslant R_d$

通过前面立杆承受荷载计算,每根立杆上荷载最大值为:

$$N = a \times b \times q = a \times b \times (q_1 + q_2 + q_3 + q_4 + q_7)$$
$$= 0.6 \times 0.6 \times (66.55 + 1.0 + 1.0 + 2.0 + 2.94) = 26.45 \text{ kN}$$

底托承载力(抗压)设计值,一般取 $R_d = 40$ kN;

得:26.45 kN < 40 kN,立杆底托符合要求。

(3)立杆地基承载力验算。

地基薄弱地段分层换填建筑弃渣或片石土等约 1.5 m 厚并填筑 30 cm 厚二灰碎石土,使压实度达到 94%后,根据经验及试验,地基承载力达到$[f_k]$ = 200 ~ 250 kPa(参考《建筑施工计算手册》)。

立杆地基承载力验算:

$$\frac{N}{A_d} \leqslant K \cdot f_k$$

式中 N——为脚手架立杆传至基础顶面轴心力设计值。

A_d——为立杆底座面积 $A_d = 15 \text{ cm} \times 15 \text{ cm} = 225 \text{ cm}^2$。

按照最不利荷载考虑,立杆底拖下混凝土基础承载力:

$$\frac{N}{A_d} = \frac{33.08}{0.0225} = 1\,470 \text{ kPa} < [f_{cd}] = 5\,800 \text{ kPa},底拖下混凝土基础承载力满足要求。$$

底托坐落在 15 cm 加筋混凝土层上,按照力传递面积计算:

$$A = (2 \times 0.15 \times \tan 45° + 15)^2 = 0.2025 \text{ m}^2$$

f_k 为地基承载力标准值(表 3)。

表 3　地基承载力标准值

试验锤击数	3	5	7	9	11	13	15	17	19	21	23
f_k/kPa	105	145	190	235	280	325	370	435	515	600	680

K 为调整系数，混凝土基础系数为 1.0。

按照最不利荷载考虑：

$$\frac{N}{A} = \frac{33.08 \text{ kN}}{0.202\,5 \text{ m}^2} = 163 \text{ kPa} \leqslant K \cdot [f_k] = 1.0 \times 235 \text{ kPa}$$

经过计算，地基处理要求贯入试验锤击数必须达到 11 下。基础处理时填土石混渣或建筑拆迁废渣，并用压路机压实后检测。

将混凝土作为刚性结构，按照间距 60 cm × 60 cm 布置，在 1 m² 面积上地基最大承载力 F 为：

$$F = a \times b \times q = a \times b \times (q_1 + q_2 + q_3 + q_4 + q_7)$$
$$= 1.0 \times 1.0 \times (83.1 + 1.0 + 1.0 + 2.0 + 2.94) = 90.04 \text{ kN}$$

则，$F = 90.04$ kPa $< [f_k] = 1.0 \times 235$ kPa

经过地基处理后，可以满足要求。

4.2.9　支架变形

支架变形量值 F 的计算：$F = f_1 + f_2 + f_3$

（1）f_1 为支架在荷载作用下的弹性变形量。

由上计算每根钢管受力为 33.08 kN，ϕ 48 mm × 3.5 mm 钢管的截面面积为 489 mm²。

于是 $f_1 = \sigma \times L/E$

$$\sigma = 33.08 \div 489 \times 10^3 = 67.65 \text{ N/mm}^2$$

则　　　　$f_1 = 67.65 \times 10 \div (2.06 \times 10^5) = 3.28$ mm

（2）f_2 为支架在荷载作用下的非弹性变形量。

支架在荷载作用下的非弹性变形 f_2 包括杆件接头的挤压压缩 δ_1 和方木对方木压缩 δ_2 两部分，分别取经验值为 2 mm、3 mm，即 $f_2 = \delta_1 + \delta_2 = 5$ mm。

（3）f_3 为支架地基沉降量。

支架地基沉降量按规范推荐地基最终沉降量公式计算：

$$f_3 = S = \psi_s \sum_{i=1}^{n} \frac{P_0}{E_{si}} (z_i a_i - z_{i-1} a_{i-1})$$

① 基础底面附加应力计算。

根据前面计算结果，支架基础（C15 加筋混凝土）底面以上最大荷载为 $F = 90.4 + 3.9 = 94.3$ kN/m²，同理基础底面的附加压力为 $P_0 = F = 94.3$ kN/m²。

② 地基土分层。

根据现场地质情况（以地勘报告 AK14 地质柱状图为例），将地基土按压缩性分层，设压缩层厚度为 3 m，其中换填砂夹石土层厚 1.5 m、压缩模量 7.0 MPa，中液限黏质土层厚

1.5 m、压缩模量 6.2 MPa。

③ 各分层的压缩量计算。

根据最不利荷载受力部位支架布置,将满堂支架基础底面积转化为 0.6 m×0.6 m 基础进行计算分析。

a. 换填砂夹石土层。

该土层的顶面及底面分别位于基础地面下 $Z_0 = 0$ m 及 $Z_1 = 1.5$ m 处,则:

$$\frac{A}{B} = \frac{0.6}{0.6} = 1,\ \frac{Z_0}{B} = 0,\ 查表得\ a_0 = 1.0;$$

$$\frac{A}{B} = \frac{0.6}{0.6} = 1,\ \frac{Z_1}{B} = \frac{1.5}{0.6} = 2.5,\ 查表得\ a_1 = 0.374。$$

于是换填砂夹石土层的压缩量 ΔS_1 为:

$$\Delta S_1 = \frac{P_0}{E_{s1}}(Z_1 a_1 - Z_0 a_0) = \frac{0.094\ 3}{7.0}(1\ 500 \times 0.374 - 0 \times 1.0) = 7.6\ \text{mm}$$

b. 中液限黏质土层。

该土层的顶面及底面分别位于基础地面下 $Z_1 = 1.5$ m 及 $Z_2 = 3.0$ m 处,则:

$$\frac{A}{B} = \frac{0.6}{0.6} = 1,\ \frac{Z_1}{B} = \frac{1.5}{0.6} = 2.5,\ 查表得\ a_1 = 0.374;$$

$$\frac{A}{B} = \frac{0.6}{0.6} = 1,\ \frac{Z_2}{B} = \frac{3.0}{0.6} = 5.0,\ 查表得\ a_2 = 0.206;$$

于是中液限黏质土层的压缩量 ΔS_2 为:

$$\Delta S_2 = \frac{P_0}{E_{s2}}(Z_2 a_2 - Z_1 a_1) = \frac{0.094\ 3}{6.2}(3\ 000 \times 0.206 - 1\ 500 \times 0.374) = 0.87\ \text{mm}$$

④ 确定压缩层厚度。

先计算深度 $Z_n = 3.0$ m 处向上取 0.3 m 的土层压缩量 $\Delta S_n'$:

$$\frac{A}{B} = \frac{0.6}{0.6} = 1,\ \frac{Z'}{B} = \frac{2.7}{0.6} = 4.5,\ 查表得\ a_1 = 0.226;$$

$$\frac{A}{B} = \frac{0.6}{0.6} = 1,\ \frac{Z_2}{B} = \frac{3.0}{0.6} = 5.0,\ 查表得\ a_2 = 0.206。$$

则 $\Delta S_n' = \frac{P_0}{E_{s2}}(Z_2 a_2 - Z' a') = \frac{0.094\ 3}{6.2}(3\ 000 \times 0.206 - 2\ 700 \times 0.226) = 0.12\ \text{mm}$

于是得:$\dfrac{\Delta S_n'}{\sum\limits_{i=1}^{n} \Delta S_i'} = \dfrac{0.12}{7.6 + 0.87} = 0.014\ 2 < 0.025$

故压缩厚度可取为 3.0 m(从 C15 加筋混凝土基础底面算起)。

⑤ 最终沉降量计算。

压缩层范围内各土层压缩模量加权平均值 E_{sp} 为：

$$E_{sp} = \frac{7.0 \times 1.5 + 6.2 \times 1.5}{3} = 6.6 \text{ MPa}$$

因 $4 < E_{sp} \leq 7$，查表取 $\psi_s = 0.745$，则地基最终总沉降量 S 为：

$$f_3 = S = \psi_s \sum_{i=1}^{n} \Delta S_i = 0.745 \times (7.6 + 0.87) = 6.31$$

故支架变形量值 F 为：$F = f_1 + f_2 + f_3 = 3.28 + 5 + 6.31 = 14.59$ mm

5 支架搭设施工要求及技术措施

现浇箱梁支架采用满堂扣件钢管脚手架或碗扣式钢管架搭设。搭设时，先在混凝土放置 15 cm×15 cm 钢板垫在钢管底下，垫板下用中粗砂找平。支架顶部设置顶托，顶托上设纵梁和横梁，其上铺设梁体模板。支架纵横向设置剪力撑，以增加其整体稳定性，支架上端与墩身间用方木塞紧。支架采用同种型号钢管进行搭设，剪力撑、横向斜撑谁立杆、纵向和横向水平杆等同步搭设，并且在混凝土浇筑和张拉过程中，进行全过程监测和专人检查。

上报监理检查，经监理同意后，进行支架预压：按箱梁重量 120%、模板重量及施工荷载组合，确定压载系数，采用砂袋（或水袋）均匀布设堆压于支架上进行堆载预压，预压前在底模和地基上布好沉降观测点，对支架预压及沉降观测。

5.1 模板支架立杆、水平杆的构造要求

（1）每根立杆底部应设置底座或垫板，并规定尺寸设置纵、横扫地杆。

（2）严格按照设计尺寸搭设，立杆和水平杆的接头均应错开在不同的框格层中设置，立杆步距不得大于设计要求，并应设置纵横水平拉杆。

（3）立杆接长必须采用对接扣件连接，严禁搭接连接，严禁不同直径混合施用。

（4）确保立杆的垂直偏差和横杆的水平偏差小于《建筑施工扣件式钢管脚手架安全技术规范》（JGJ 130）的要求。

（5）当梁模板支架立杆采用单根立杆时，立杆应设在模板中心线处，其偏心距不应大于 25 mm。

（6）钢管脚手架要排列整齐和顺直，并要及时设好纵横水平拉杆、剪刀撑等。上下层立杆采用的对接扣件应按规范要求交错布置。

（7）为保证支架整体稳定及安全，应按支架设计要点，在荷载集中处加密支架支撑。

（8）确保每个扣件和钢管的质量是满足要求的，每个扣件的拧紧力矩都要控制在 45～60 N·m，钢管不能选用已经长期使用发生变形的。

（9）地基支座的设计要满足承载力的要求。

5.2 满堂模板支架的支撑设置规定

（1）立杆应按设计纵横向间距设置，不得改变间距。

（2）剪刀撑应纵横设置，按设计间距布置，不得遗漏。

（3）满堂模板支架剪刀撑应由底至顶连续布置。

（4）高于4m的模板支架，其两端与中间每隔4排立杆从顶层开始向下每隔2步设置一道水平剪刀撑。剪刀撑的构造应符合有关规定。

（5）组架前认真测量框架底脚距离，准确铺设方木及安放底托。

（6）支架拼装每3层检查每根立杆底座下是否浮动，否则应旋紧可调座或用薄铁片垫实，在支架拼装头3层，每层用经纬仪、水平仪、线坠随时检查立杆的垂直度及每层横杆的水平，随时检查随时调整。

（7）支架拼装时要求随时检查横杆水平和立杆垂直度外，还应随时注意水平框的直角度，不致使脚手架偏扭，立杆垂直度偏差小于0.25%，顶部绝对偏差小于0.05m。

（8）浇筑过程中，派人检查支架和支承情况，发现下沉、松动和变形情况及时解决。

5.3 支架拆除要求

（1）支模的拆除必须经验算复核并符合《混凝土结构工程施工质量验收规范》（GB 50204—2002）及其他有关规定，严格控制拆模时间，拆模前必须有拆模申请并经监理审批。

（2）质检拆除时应遵循先上后下、后搭先拆、一步一清的原则，部件拆除的顺序与安装顺序相反，严禁上下同时进行，拆除时应采用可靠的安全措施。

（3）卸料时应由作业人员将各配件逐次传递到地面，严禁抛掷。

（4）运至地面的构配件应及时检查、整修与保养，清除杆件及螺纹上的沾污物，变形严重的，送回修整；配件经检查、修正后，按品种、规格分类存放，妥善保管。

（5）拆除杆件时，要互相告知，协调作业，已松开连接的杆部件要及时拆除运出，避免发生误扶误靠。

5.4 支架预压及沉降观测

支架搭设完后，为保证箱梁浇筑混凝土后满足设计的外形尺寸及拱度要求，采取对支架预压的方法以消除变形，具体做法如下：

（1）设置沉降观测点。

支架搭设、立模作业程序完成后，每跨向1/4跨、1/2跨、3/4跨及前后两支点处设置支架沉降观测截面，每个观测截面沿横向对称设置3个观测点，从而形成一个沉降观测网。

观测点采用吊尺法测量，即在观测点位箱梁底模底部打入一铁钉，测量时将钢卷尺吊在铁钉上进行观测。另外对应于支架沉降观测截面，在地基处理后的基础混凝土表面同样设置地基沉降观测点，以测量在预压过程中的地基沉降量。

（2）加载预压及卸载。

支架加载预压采用砂袋法辅助水袋法进行。箱梁的底腹板和翼板模板铺设完成后，在翼板模板边缘堆积砂袋，形成一个槽式空间，然后在箱梁模板和砂袋上铺设0.5mm厚塑料纸2层，再往内注水预压，砂袋和水的总重量为箱梁自重的120%。

加载采取分级进行，使加载过程尽量符合浇混凝土的状态。本桥加载可分三级进行，每级加载为总压载量的1/3，共加载3次。第一次加载模拟箱梁底板、腹板钢筋绑扎完成，钢绞线及各种模板和加固措施安装完毕后的荷载；第二次加载模拟底板、腹板混凝土浇筑安装完成后的荷载；第三次加载模拟顶板混凝土浇筑完成后的荷载。

全部加载后,不可立即卸载,需等压一段时间(一般 24～72 h)并在地基沉降稳定后,再逐级卸载,卸载后再观测 1 次,卸载前后的差值可认为是地基及支架的弹性变形,在安装箱梁底模时设预拱度以消除之。卸载完成后即可按加载顺序浇筑混凝土。

(3)沉降观测。

沉降观测应贯穿于加载及卸载的整个过程,在开始加载前必须进行首次观测,作为沉降观测的零点,接着加上第一次荷载,加载后立即再观测,得出施加第一次荷载后的瞬间沉降;施加第二次荷载前再观测,然后施加第二次荷载并立即观测,得出施加第二次荷载后的瞬间沉降;施加第三次荷载前再观测,然后施加第三次荷载并立即观测,观测工作在等压时间内一直进行,一直到沉降趋于稳定。加载及卸载必须在整个预压范围内分级进行,在一个连续的预压范围内不得分成几段后逐段一次加载或卸载到位。每级加载及卸载均应进行测量并详细记录,预压结束卸载完成后,根据沉降观测记录,结合预拱度计算,确定模板高度。

实施过程:

① 准确计算各施工区段的箱梁、模板、支架自重,以确定各施工区段的加载重量。

② 根据试验数据,绘制纵、横向的弹性变形和非弹性变形图,确定弹性变形调整值。

③ 加载试验结束后,请有关人员进行检查,确定安全,可行性签证后,方可进行下道工序施工。

6 安全防护措施及安全交底(略)

参考文献

[1] 邵旭东. 桥梁工程. 5版. 北京：人民交通出版社，2019.

[2] 刘治新，张风亭. 公路施工技术. 北京：人民交通出版社，2014.

[3] 杨万忠，张燕. 桥涵施工技术. 成都：西南交通大学出版社，2017.

[4] 中交一公局集团有限公司. 公路桥涵施工技术规范：JTG/T 3650—2020. 北京：人民交通出版社股份有限公司，2020.

[5] 中国建筑科学研究院，江苏南通二建集团有限公司. 建筑施工扣件式钢管脚手架安全技术规范：JGJ 130—2011. 北京：中国建筑工业出版社，2011.

[6] 江苏兴厦建设工程集团有限公司，重庆建工第九建设有限公司. 建筑施工碗扣式钢管脚手架安全技术规范：JGJ 166—2016. 北京：中国建筑工业出版社，2016.